谱域统计分析

——由航海安全问题驱动的数据科学

张世斌　著

科学出版社

北京

内 容 简 介

本书旨在介绍当代谱域统计分析的主流思想和方法及其在船体振动与受力等航海实测数据分析中的应用，主要内容包括谱域统计分析的基本理论、航海数据科学与谱域统计分析的联系、平稳谱的非参数估计、极端应力与疲劳损伤的谱域分析、时变谱非参数统计分析、基于分位数谱的统计分析等.

本书可作为概率论与数理统计、数据科学、载运工具运用工程等相关学科研究人员进行科学研究的参考书.

图书在版编目(CIP)数据

谱域统计分析：由航海安全问题驱动的数据科学/张世斌著. —北京：科学出版社，2021.4

ISBN 978-7-03-068418-9

Ⅰ.①谱… Ⅱ.①张… Ⅲ.①船舶安全-数据-统计分析 Ⅳ.①U675

中国版本图书馆 CIP 数据核字 (2021) 第 052220 号

责任编辑：胡庆家 李 萍／责任校对：彭珍珍
责任印制：吴兆东／封面设计：无极书装

科学出版社 出版
北京东黄城根北街 16 号
邮政编码：100717
http://www.sciencep.com

北京虎彩文化传播有限公司 印刷
科学出版社发行 各地新华书店经销
*
2021 年 4 月第 一 版 开本：720 × 1000 B5
2021 年 4 月第一次印刷 印张：12 1/4 插页：1
字数：245 000

定价：88.00 元

(如有印装质量问题，我社负责调换)

前　言

读研究生期间, 我本从事随机过程与随机分析的相关研究. 有一次, 张尧庭先生受邀到复旦大学数学所作报告, 他的有关 “贝叶斯统计” 的这次学术报告让我对数理统计产生了浓厚兴趣, 后来在博士生导师张新生教授的引导下, 我选择了过程统计作为博士研究生期间的研究方向. 屈指数来, 在这一研究方向上我已经探索了近十六载.

起初, 我主要从事带跳随机过程的统计推断, 研究 Lévy 过程驱动的 OU 型随机过程的参数推断 (如文献 [185,187—189]) 及该类过程的 Monte Carlo 算法 (如文献 [171,172,186]) 等.

2007 年年底, 上海海事大学的金永兴教授找我探讨数据分析在航海安全驾驶中是否可以起作用. 从他那里, 我了解到: 早在 1994 年 5 月, 由国际海事组织 (International Maritime Organization, IMO) 的海事安全委员会核准, 推荐安装船体应力监测系统. 而安装这类系统的主要目的在于: 利用监测系统收集数据, 用以建立与系统相关的可靠、可行的实际可预测应力变化的体系. 自那以后, 国际上已有很多船只安装了船体安全监测系统, 但长期以来有效利用这些系统所采集的数据对船体的结构强度, 尤其对船体的疲劳机理及控制进行研究的公开结论却十分罕见. 利用学校教学实习船上的船舶安全实时监控系统所采集的数据, 我们开始探索现有的统计模型与方法是否可以在船舶安全驾驶中有用武之地. 然而, 我却发现自己所掌握的统计模型与方法是如此匮乏, 除了简单的统计分析 (如文献 [87]) 外, 很难找到能够切实解决航海界所关切的具体问题的好方法.

无论是船舶振动还是船体关键部位的受力, 无不可以视作随机过程. 带着船舶安全营运的一些问题, 我开始思考随机过程的模型及过程统计的统计推断是否可以解决具体的航运安全问题. 这时, OU 型过程的自相关结构已经不能刻画船舶的振动和受力规律. 我开始关注自相关结构中更为复杂的连续型滑动平均过程. 随机过程具体模型统计推断的理论研究需要概率极限理论作为必要支撑和保障. 为进一步完善这方面的知识结构, 2011 年 9 月我开始在浙江大学林正炎教授处进行为期一年的访学. 在这及随后的两三年里, 在上海市自然科学基金的资助下, 我主要从事连续时间滑动平均的统计推断及其在船体受力分析中的应用这方面的研究, 在 Lévy 过程驱动的滑动平均的统计推断 (如文献 [182])、高斯滑动平均的经验似然方法 (如文献 [173])、带跳随机过程的幂变差理论 (如文献 [181]) 等方面做了一些工作. 这些研究的初衷自然是为了解决航运安全中的某些实际问题. 但是, 除了能够得到对数据拟合效果较好的统计模型外, 实在不敢讲我们的研究究竟对安全航运有多少指导价值.

在从事 OU 型过程及滑动平均统计推断研究的那几年里, 国际国内统计学界到处可见高维超高维统计推断的权威研究成果, 大量统计学者都在这一沃土中勤垦. 这方面, 我们可归为不忘初心者, 总想做点能解决实际航运问题的统计工作. 也许太过于孤芳自赏, 在这样一个统计界关心者寥寥无几的方向上仍想坚持下去. 为了不至于过度孤芳自赏, 在林正炎教授和张新生教授的鼓励下, 2013 年 10 月我开始在美国密歇根大学何旭铭教授处进行为期一年的访学. 在何教授的引导下, 我渐渐地对什么是有意义的统计问题加深了自己的理解, 我的研究也开始关注于自己认为既有实际意义又有统计意义的问题. 在何老师的指导下, 基于概率变换的适定统计方法研究 (参见文献 [180]) 也许是我选题改变的第一步. 为了找到能够处理手头航海数据的统计方法, 我阅读了统计学很多分支的参考文献. 其中 Rosen 等于 2012 年发表在 *JASA* 上的一篇文章 (参见文献 [140]) 引起了我的注意, 经过反复阅读, 我意识到这篇文章的统计方法很可能能够解决船舶在恶劣海况下航向角选择的问题. 经过仔细斟酌, 我将恶劣海况下航向角选择的问题归结为非平稳多变量时间序列的谱推断问题, 最后完成了文献 [140] 中的方法向多维情况的拓展 (参见文献 [174]).

回国以后, 我思考另一个问题: 什么样的统计问题既能体现过程统计区别于其他统计分支的特点, 又能够解决实际航运安全问题? 对于过程统计, 我们曾经认为其与其他统计分支的区别在于: 就随机过程而言, 在大多数情况下写出似然函数的闭形式 (closed-form) 是不可能的. 但同时我们也意识到: 面对复杂统计模型时, 这是统计问题的一个通病而非过程统计独占. 那么过程统计的特殊之处在哪里呢? 一维边际分布完全都相同的两个平稳过程, 它们的自相关结构却可以完全不同. 我们开始将注意力调整到关注随机过程自相关结构的统计推断上. 对于一个平稳高斯过程, 如果其自相关结构明确了, 整个模型也就确定了. 对于一般的平稳过程, 如果自相关结构明确了, 利用 Durbin-Levinson 算法 (参见文献 [26, 命题 5.2.1]) 便可对过程进行最优线性预测. 自相关结构是平稳过程特征刻画的重要工具, 但因为观测的非独立性, 在时域内研究自相关结构是十分不便的, 基于似然的统计推断也具有高度计算复杂性. 然而, 时间序列的 Fourier 变换在谱域内却具有独立性或渐近独立性 (参见文献 [24]). 更重要的是, 由于 Fourier 变换的可逆性, 过程的谱包含过程的一切二阶自相关性质.

我们的关注点转移到了谱域统计推断, 这也正是本书所极力阐述的内容. 更令人欣慰的是, 航运安全中的很多关键问题可以归结为谱密度的统计推断问题. 2016 年, 我们的课题 “由三类船舶安全营运问题驱动的统计问题研究” 获得国家自然科学基金的资助. 从这至今, 我们一直着力在谱域内思考和研究问题. 继文献 [174] 之后, 由航运安全问题驱动的统计问题研究的成果还有一部分是关于谱比较检验的, 如文献 [183,184] 等.

谱域统计分析无须对模型概率分布作具体的假定, 属于非参数的方法. 并且因时间序列 Fourier 变换的独立性 (或渐近独立性) 及快速 Fourier 变换的计算高效性, 利用 Whittle 似然 (参见文献 [164]) 等在谱域内对大数据的自相关性进行研究也具有明显的优势. 但是, 经典的谱域统计分析以刻画过程的二阶自相依性质为主, 并不能描述数据更一般化的自相依性质. 例如, Gamma-OU 过程与 CIR 模型的一维边际分布可以是相同的 Gamma 分布, 自相关函数可以具有相同的指数衰减性质, 但前者具有带跳的轨道, 而后者具有几乎处处连续的轨道, 自相依结构自然有所差别 (参见文献 [190]). Dette 等 2015—2016 年发表在 *Bernoulli* 上的两篇论文中提出的耦合谱密度核是一种典型的基于分位数的谱, 除了二阶自相依性, 通过变化分位数的水平, 它可用于刻画随机过程的一切自相依性质 (参见文献 [44,92]). 耦合谱密度核这一新型谱吸引到了我的注意. 在多变量时间序列贝叶斯非参数谱估计方法 (参见文献 [138]) 的基础上, 我们提出了可用于同时估计较多个分位数水平下的耦合谱密度核的贝叶斯统计分析方法 (参见文献 [175]). 同时, 根据耦合谱密度核的虚部性质, 我们还得到了成对时间可逆性的谱检验方法 (参见文献 [178]). 这些关于耦合谱密度核的估计和检验方法可以从自相依结构的角度全面检验一个备选模型是否与数据的性质相吻合.

近来, 随着研究的进一步深入, 另一个问题油然而生. 那就是: 一般随机过程模型与时间序列模型都可用于作为等距抽样数据统计分析的备选模型; 由于易于引入外生变量, 时间序列模型实际上对数据的拟合及预测能力更为强大, 谱域分析上二者也没有本质差异; 那么, 是否一般随机过程模型就可以淘汰了呢? 实际上, 当数据抽样时间间隔不规则时, 就谱域统计分析而言, 用时间序列模型来描述数据就会有失真的问题, 因为时间序列的谱域是一有限区间, 无法描述数据的高频信息. 这时候, 就非常有必要引入连续时间的随机过程模型对数据进行统计分析. 我们开始关注不规则抽样数据的谱推断. Brockwell 的连续时间 ARMA 模型 (如文献 [25]) 以及由 Matérn 自相关函数 (如文献 [37]) 决定的连续时间模型都为基于不规则抽样数据的谱推断方法的研究提供了非常好的验证模型, 因为这些模型的自相关函数与谱密度都具有闭形式. 在不规则抽样的谱推断方面, 我们的工作主要体现在谱密度函数的估计 (参见文献 [176]) 上.

因船体振动及受力数据具有多维非平稳性、非时齐、非马氏和非鞅等特征, 这些在迄今的时间序列谱及过程统计推断研究中都是新颖且具有挑战性的, 其统计推断的思想方法在处理其他工程数据分析时也有十分重要的借鉴意义. 例如, 振动传感器现已广泛安装于工程设备上, 用于检测设备的安全性, 而这些由传感器获取的数据与船体振动及受力数据的特征十分类似. 随着北极等新航道的开发, 借助于大数据的航运安全实时监控技术的研究更显其实际意义. 作为参与其中的一分子, 亦希望更多的学者参与到工程技术问题驱动的统计问题研究的行列中来. 于是, 萌生了将其中基于谱域统计分析的内容 (其他国际同行与本人研究的成果) 进行整理总结, 并加工成书的想法. 边思考, 边研究, 边体悟, 历时三年有余, 终成此书.

本书共七章. 第 1 章主要给出随机过程及其谱分析的基本概念和理论. 第 2 章主要阐述航海数据科学与谱域统计分析的联系. 第 3 章主要讲述平稳数据非参数谱估计的经典方法和基于贝叶斯框架的新方法. 第 4 章阐述基于实测数据的极端应力与疲劳损伤的谱域统计分析方法. 第 5 章介绍时变谱统计分析的新思想和新方法. 第 6 章是基于分位数谱的统计分析. 第 7 章是对本书的总结与对未来研究工作的展望.

成书之际, 我要向曾经给予我耐心指导的赵学雷教授、张新生教授、金永兴教授、林正炎教授、何旭铭教授等表达诚挚的感谢. 也要感谢为我匿名审稿的国际同行们, 这几年在谱域统计分析方面的摸索和进步离不开他们所提出的宝贵审稿意见. 还要感谢我上海海事大学与上海师范大学的同事们, 我的学生以及参与本书出版的编辑朋友们, 他们为本书的完成和出版给予了许多有益的帮助. 同时, 感谢我的妻子和儿子, 他们对我的事业给予了始终如一的支持和鼓励. 感谢上海师范大学及国家自然科学基金 (资助编号: 11671416) 对于本书出版的大力资助.

最后, 由于作者水平所限, 书中不妥之处在所难免. 请读者不吝赐教.

张世斌

2020 年秋于上海临港滴水湖畔

目　录

主要符号对照表

$*$	卷积
$\lvert\cdot\rvert$	绝对值或复数模
$\lVert\cdot\rVert$	向量或矩阵的 L^2 范数
$[x]$	不超过 x 的最大整数
$:=$	定义为
$=:$	被定义为
$\stackrel{d}{=}$	依概率分布相等
$\dot{\sim}$	近似服从
$\propto$	正比于
$\delta(x)$	在 0 点退化分布的概率密度函数, 即 Dirac delta 函数
$\kappa^2(\omega)$	两随机过程的平方协谱相关函数
$\lim_{n\to\infty} x_n$	序列 x_n 当 n 趋于无穷的极限
$\rightsquigarrow$	依分布收敛于
$\xrightarrow{\text{a.s.}}$	几乎处处收敛于
$\xrightarrow{L^2}$	在 L^2 距离下的收敛
$\xrightarrow{P}$	依概率收敛于
A^{T}	矩阵 A 的转置
A^*	矩阵 A 的共轭转置
$\bar{c}$	复数 c 的共轭
c^*	复数 c 的共轭复数
$\mathbf{Cov}(X, Y)$	随机变量 X 与 Y 的协方差
$\mathbf{Cov}(\boldsymbol{X}, \boldsymbol{Y})$	随机向量 $\boldsymbol{X}$ 与 $\boldsymbol{Y}$ 的协方差矩阵
$\det(\boldsymbol{A})$	矩阵 $\boldsymbol{A}$ 的行列式
$\mathrm{diag}(a_1, \cdots, a_n)$	主对角线元素为 $a_1, \cdots, a_n$ 的 n 阶对角阵
$\mathbf{E}(X)$	随机变量 X 的数学期望
$\mathbf{E}(X\|A)$	随机变量 X 在条件 A 下的条件数学期望
i	虚数单位, $\mathrm{i} = \sqrt{-1}$

$\mathbb{I}_A(.)$	集合 A 的示性函数
$\mathbb{N}$	自然数集
$o_P(1)$, $O_P(1)$	随机阶符号
$\mathbf{P}(A)$	集合 A 的概率
$\mathbb{R}$	实数集
$\Re(\cdot)$	取复元素实部
$\Im(\cdot)$	取复元素虚部
$R_{XX}(\tau)$, $R(\tau)$	随机过程的自协方差函数, 如 $R(\tau) = \mathbf{Cov}(X(t), X(t+\tau))$
$R_{XY}(\tau)$	随机过程 X 与 Y 的交互相关函数, 如 $R_{XY}(\tau) = \mathbf{E}[X(t)Y(t+\tau)]$
$\mathbf{R_{XX}}(\tau)$	向量值随机过程的自协方差函数矩阵
$\hat{R}_n(\tau)$	随机过程的样本自协方差函数
$f_{XX}(\omega)$, $f(\omega)$	弱平稳过程 $X(t)$ 的谱密度函数
$f_{XY}(\omega)$	两随机过程 $X(t)$ 与 $Y(t)$ 的交互谱密度函数
$g(x_0-)$	$\lim_{x\to x_0-} g(x)$
$\mathbb{T}$	时间集
$\mathbf{Var}(X)$	随机变量 X 的方差
$x \wedge y$	x 与 y 的最小者
$\hat{\mu}$	测度 μ 的特征函数
C^N	N 次连续可微函数集合
C^∞	无穷次连续可微函数集合
$\mathbb{R}^k$	k 维实向量空间
$\mathbb{Z}$	整数集
$\mathbb{Z}_+$	非负整数集
$\mathbb{D}(X\|A)$	随机变量 X 在条件 A 下的条件方差
$\widehat{\text{acf}}(\cdot)$	经验自相关函数
$\arg\max_{\lambda\in A}\{g(\lambda)\}$	在集合 A 内使函数 $g(\lambda)$ 达到最大的 λ 值
$\arg\min_{\lambda\in A}\{g(\lambda)\}$	在集合 A 内使函数 $g(\lambda)$ 达到最小的 λ 值
ρ_{XY}	随机变量 X 与 Y 的相关系数
$\rho(\cdot)$	随机过程的自相关函数
$\text{int}\Theta$	集合 Θ 的内部

第 1 章　谱域分析基础

本章首先给出随机过程及其平稳随机过程的概念、实例及性质; 其次给出一维与多维随机过程与时间序列的谱密度概念; 再次介绍基于谱的平稳高斯过程的仿真技术; 最后讨论弱平稳过程的调和分析.

1.1　随 机 过 程

本节主要介绍随机过程与平稳随机过程的概念及重要结果, 更详尽的内容可以参阅文献 [89,141,162].

随机过程是对随机现象演变过程统计规律性的描述. 确切地, 其定义如下.

定义 1.1 (随机过程)　设已知概率空间 $(\Omega, \mathcal{F}, \mathbf{P})$ 及参数集 $\mathbb{T} \subset (-\infty, \infty)$, 若对每个 $t \in \mathbb{T}$, 都有定义在此空间上的随机变量 $X(t,e)$ $(e \in \Omega)$, 就称 $\{X(t,e), t \in \mathbb{T}\}$ 为随机过程, 简记为 $\{X(t), t \in \mathbb{T}\}$. 这里, $\mathbb{T}$ 称为随机过程的时间集, $X(t)$ 的可能取值范围 $\mathbb{S}$ 称为随机过程的状态集.

对每个随机过程 $\{X(t), t \in \mathbb{T}\}$, 任意的正整数 n 及 $t_i \in \mathbb{T}, i = 1, \cdots, n$, 令

$$F_{t_1,\cdots,t_n}(x_1, \cdots, x_n) = \mathbf{P}(X(t_1) \leqslant x_1, \cdots, X(t_n) \leqslant x_n),$$

称 $F_{t_1,\cdots,t_n}(x_1, \cdots, x_n)$ 为随机过程 $\{X(t), t \in \mathbb{T}\}$ 的一个 n 维边际分布函数.

随机过程 $\{X(t,e), t \in \mathbb{T}\}$ 可视为 $t \in \mathbb{T}, e \in \Omega$ 的二元函数, 当 $t \in \mathbb{T}$ 固定时, $X(t,e)$ 为一随机变量, 当 $e \in \Omega$ 固定时, 作为 $t \in \mathbb{T}$ 的函数, $X(t,e)$ 是一定义在 $\mathbb{T}$ 上的普通函数, 称为随机过程的一条可能轨道.

例 1.1　设 $\{X(t), t \geqslant 0\}$ 是定义在概率空间 $(\Omega, \mathcal{F}, \mathbf{P})$ 上的随机过程. 称它是独立增量的随机过程, 如果 $\forall n \in \mathbb{N}$ 及 $\forall 0 \leqslant t_1 < t_2 < \cdots < t_{n+1} < \infty$, 随机变量 $\{X(t_{j+1}) - X(t_j), 1 \leqslant j \leqslant n\}$ 是相互独立的. 称其为平稳增量的随机过程, 如果 $X(t_{j+1}) - X(t_j) \overset{d}{=} X(t_{j+1} - t_j) - X(0)$.

例 1.2 (Lévy 过程)　既具有独立增量又具有平稳增量的一个例子是 Lévy 过程. 一维 Lévy 过程和无穷可分分布间具有密切联系 (参见文献 [8,9,143] 等).

设 μ 是 $\mathbb{R}$ 上的概率测度. $\mu^{*n} = \underbrace{\mu * \cdots * \mu}_{n}$ 表示测度 μ 的 n 重卷积. 如果 $\forall n \in \mathbb{N}$, 存在测度 μ_n, 使得 $\mu = \mu_n^{*n}$, 则称概率测度 μ 是无穷可分的.

Lévy 过程是运动着的无穷可分分布. 具体地, 称 $\{L(t):t\geqslant 0\}$ 为 Lévy 过程, 若它满足条件: ① $L(0)=0$, a.s.; ② $\{L(t):t\geqslant 0\}$ 具有独立平稳增量; ③ $\{L(t):t\geqslant 0\}$ 是随机连续的, 即: $\forall\varepsilon>0$ 及 $\forall s\geqslant 0$, $\lim_{t\to s}\mathbf{P}(|L(t)-L(s)|>\varepsilon)=0$.

无穷可分分布和 Lévy 过程之间存在如下关系: 若 $\{L(t):t\geqslant 0\}$ 是 Lévy 过程, 则对于每个固定的 $t\geqslant 0$, $L(t)$ 服从无穷可分分布.

Lévy 过程 $\{L(t):t\geqslant 0\}$ 的特征函数是

$$\mathbb{E}[\mathrm{e}^{\mathrm{i}zL(t)}]=\exp\left\{t\left[ibz-\frac{1}{2}Az^2+\int_{\mathbb{R}}(\mathrm{e}^{\mathrm{i}zx}-1-\mathrm{i}zx\mathbb{I}_{\{|x|\leqslant 1\}})\nu\,\mathrm{d}x\right]\right\},\tag{1-1}$$

其中 $b\in\mathbb{R}$, ν 为定义在 $\mathbb{R}$ 上的测度且满足 $\nu(\{0\})=0$, $\int_{\mathbb{R}}(1\wedge|x|^2)\nu\mathrm{d}x<\infty$. 这一结论称为 Lévy-Khintchine 表示 (或 Lévy-Khintchine 公式).

三元组 (b,A,ν) 可以完全刻画过程 $\{L(t):t\geqslant 0\}$ 的特征, 故称 (b,A,ν) 为 Lévy 过程的生成三元组.

当 $b=0$, $\nu(\mathbb{R})\equiv 0$ 时的 Lévy 过程即为布朗运动.

注 1.1　时间离散且等距的随机过程, 称为时间序列, 记为 $\{X_t;\, t=0,\pm1,\cdots,\pm T\}$.

定义 1.2 ((严) 平稳过程)　若随机过程 $\{X(t),t\in\mathbb{T}\}$ 满足: 对任意正整数 k 及 $t_1,\cdots,t_k,h\in\mathbb{T}$, 有

$$\{X(t_1),\cdots,X(t_k)\}\stackrel{d}{=}\{X(t_1+h),\cdots,X(t_k+h)\},$$

则称该随机过程为 (严) 平稳过程.

定义 1.3 ((弱) 平稳过程)　若随机过程 $\{X(t),t\in\mathbb{T}\}$ 具有有限的二阶矩, $\mathbf{E}\,[X(t)^2]<\infty$, 均值 $\mathbf{E}[X(t)]=m$ 为常数, 并且协方差 $\mathbf{E}[(X(t)-m)(X(s)-m)]$ 仅依赖于时间差 $|t-s|$, 则称该随机过程为弱平稳过程, 或宽平稳过程.

若一个随机过程的任意有限维分布都是正态分布, 则称该随机过程为高斯过程 (Gaussian process). 如果一高斯过程为弱平稳的, 则它也是严平稳的.

平稳随机过程 $X(t)$ 的自协方差函数仅取决于时间间隔, 即 $\forall\tau\in\mathbb{R}$,

$$\begin{aligned}\mathbf{Cov}(X(t),X(t+\tau))&=\mathbf{E}[(X(t)-\mathbf{E}(X(t)))(X(t+\tau)-\mathbf{E}(X(t+\tau)))]\\&=:R_{XX}(\tau)\end{aligned}\tag{1-2}$$

与 t 无关. 对于平稳随机过程, $\rho(\tau):=R_{XX}(\tau)/\mathbf{Var}(X(t))$ 的值也与 t 无关, 称其为平稳随机过程的自相关函数. 在不至于引起混淆的情况下, 下文中有时 $R_{XX}(\tau)$ 也简记为 $R(\tau)$.

例 1.3 (连续时间的滑动平均) 在 Lévy-Khintchine 表示 (1-1) 中, 若 ν 另外满足

$$\int_{|x|>1} |x|^2 \nu \mathrm{d}x < \infty,$$

则 Lévy 过程 $\{L(t)\}$ 具有有限的均值和方差 (参见文献 [143, 推论 25.8]), 其中方差为

$$\mathbf{Var}[L(t)] = t\mathbf{Var}[L(1)] = t\int_{\mathbb{R}} x^2 \nu \mathrm{d}x, \quad t \geqslant 0.$$

若限定 $\mathbf{E}[L(1)] = 0$, 则 $b = -\int_{|x|>1} x\nu\mathrm{d}x$ 且 (1-1) 简化为

$$\mathbb{E}[\mathrm{e}^{\mathrm{i}zL(t)}] = \exp\left\{t\psi(z)\right\}, \quad z \in \mathbb{R}, \tag{1-3}$$

其中

$$\psi(z) = -\frac{1}{2}Az^2 + \int_{\mathbb{R}} \left(\mathrm{e}^{\mathrm{i}zx} - 1 - \mathrm{i}zx\right) \nu \mathrm{d}x.$$

设 $\{L_1(t), t\geqslant 0\}$ 与 $\{L_2(t), t\geqslant 0\}$ 是相互独立且具有完全相同 Lévy-Khintchine 表示的 Lévy 过程. 可通过

$$L(t) = L_1(t)1_{\{t\geqslant 0\}} + L_2(-t-)1_{\{t<0\}}$$

定义时间集为 $\mathbb{R}$ 上的双侧 Lévy 过程 $\{L(t), t \in \mathbb{R}\}$.

定义随机过程

$$X(t) = \int_{\mathbb{R}} K(t-s)\,\mathrm{d}L(s), \quad t \in \mathbb{R}, \tag{1-4}$$

称其为由 Lévy 过程驱动的滑动平均 (Lévy-driven moving average) 或连续时间的滑动平均, 其中函数 $K(\cdot)$ 称为滑动平均的核函数. 需要指出的是, 这里的随机积分为 Riemann-Stieltjes 和的 L^2 极限.

连续时间滑动平均过程 (1-4) 存在的一个充分必要条件是

$$\int_{\mathbb{R}}\int_{\mathbb{R}} (|K(s)x|^2 \wedge |K(s)x|)\nu \mathrm{d}x\mathrm{d}s < \infty.$$

这时, 过程 (1-4) 的一维边际分布为无穷可分分布, 且具有特征函数

$$\mathbb{E}[\mathrm{e}^{\mathrm{i}zX(t)}] = \exp\left\{\int_{\mathbb{R}} \psi\big(zK(s)\big)\,\mathrm{d}s\right\}, \quad z \in \mathbb{R},$$

参见文献 [135, 182].

这里定义的连续时间滑动平均既为严平稳过程也为宽平稳过程, 其 n 维边际分布的特征函数为

$$\mathbb{E}\left[\mathrm{e}^{\mathrm{i}\sum\limits_{j=1}^{n} z_j X(t_j)}\right] = \exp\left\{\int_{\mathbb{R}} \psi\left(\sum_{j=1}^{n} z_j K(s+t_j-t_1)\right)\mathrm{d}s\right\}.$$

连续时间滑动平均的核函数与滞后时间为 t 的自相关函数间的关系为

$$\rho(t) = \frac{\displaystyle\int_{\mathbb{R}} K(s+|t|)K(s)\,\mathrm{d}s}{\displaystyle\int_{\mathbb{R}} K(s)^2\,\mathrm{d}s}. \tag{1-5}$$

由随机过程的泛函所构造的样本平均值收敛到该过程的一些基本参数的行为称为遍历性 (ergodicity). 如果一随机过程具有遍历性, 在统计推断中就无须独立地分别观测多条过程轨道, 而是直接通过观测一条时间跨度足够长的轨道来实现.

平稳过程与遍历性之间有密切的联系 (见文献 [89]). 以下三个定理是均方遍历的重要结果.

定理 1.1　若 $\{X_t\}$ 为具有自协方差函数为 $R(\tau)$ 的弱平稳过程, 则

$$\lim_{n\to\infty}\frac{1}{n}\sum_{\tau=0}^{n-1} R(\tau) = 0 \quad \text{当且仅当} \quad \lim_{n\to\infty}\mathbf{E}[(\bar{X}_n - m)^2] = 0,$$

其中 $\bar{X}_n = \dfrac{1}{n}\sum_{t=1}^{n} X_t$, m 为一确定的数. 这时称 $\bar{X}_n$ 在均方 (或 L^2) 意义下收敛于 m, 记为

$$\bar{X}_n \xrightarrow{L^2} m.$$

定理 1.2　若 $\{X_t\}$ 为一均值为 0 的平稳高斯过程, 且

$$\lim_{n\to\infty}\frac{1}{n}\sum_{\tau=0}^{n-1} R(\tau)^2 = 0,$$

则对任一固定的 $\tau = 0, \pm 1, \cdots$,

$$\lim_{n\to\infty}\mathbf{E}[|\hat{R}_n(\tau) - R(\tau)|^2] = 0,$$

其中 $\hat{R}_n(\tau) = \dfrac{1}{n}\sum_{l=0}^{n-1} X_l X_{l+\tau}$ 为样本自协方差函数.

定理 1.3　设 $\{X_t\}$ 为弱平稳过程, 则存在随机变量 $\bar{X}$, 使得

$$\lim_{n\to\infty}\mathbf{E}|\bar{X}_n - \bar{X}|^2 = 0.$$

以下定理为强遍历定理.

定理 1.4 设 $\{X_t, t=0,1,2,\cdots\}$ 为一具有有限均值的严平稳过程, 则存在一随机变量 $\bar{X}$, 使得

$$\mathbf{P}\Big(\lim_{n\to\infty}\bar{X}_n=\bar{X}\Big)=1.$$

即 $\bar{X}_n$ 几乎处处收敛到随机变量 $\bar{X}$, 记为 $\bar{X}_n \xrightarrow{\text{a.s.}} \bar{X}$.

若 $x=(x_0,x_1,\cdots)$ 是实值序列, $\mathcal{T}x$ 表示其一步转移序列 $(x_1,x_2,\cdots)$. $\mathcal{T}$ 称为转移算子 (shift operator). 设 A 是一个实值序列的集合, 若 $x\in A$ 当且仅当 $\mathcal{T}x\in A$, 则称 A 为转移不变的 (shift invariant).

若 A 是一转移不变集, 且 $\mathbf{P}((X_0,X_1,\cdots)\in A)$ 为非 0 即 1, 则称平稳过程 $\{X_t, t=0,1,\cdots\}$ 为遍历的.

定理 1.5 设 $\{X_t\}$ 为一平稳过程, 则以下命题等价:

(a) $\{X_t\}$ 是遍历的.

(b) 对任意 k 及 $k+1$ 个自变量的函数 ϕ, 当 $n\to\infty$ 时, 有

$$\frac{1}{n}\sum_{j=1}^{n}\phi(X_j,\cdots,X_{j+k})\xrightarrow{\text{a.s.}}\mathbf{E}[\phi(X_0,\cdots,X_k)].$$

这里假设数学期望存在.

(c) 对实随机序列 $(X_0,X_1,\cdots)$ 的函数 ϕ, 当 $n\to\infty$ 时, 有

$$\frac{1}{n}\sum_{j=1}^{n}\phi(X_j,X_{j+1},\cdots)\xrightarrow{\text{a.s.}}\mathbf{E}[\phi(X_0,X_2,\cdots)].$$

这里也假设数学期望存在.

1.2 谱密度函数

一般说来可以用两种不同的视角来估计像船舶振动等随机过程的统计特征. 一种是在时间域内得到统计特征的随机样本, 另一种是在谱域内进行谱分析.

谱分析的主要优点在于它能帮助我们: ① 理解像船舶运动这类随机过程的物理机理 (应答特征); ② 估计在任意给定随机波浪中线性系统的运动; ③ 获得在时间域内模拟随机运动的可能 (见文献 [118]).

谱分析主要基于如下两个定理:

(1) **Wiener-Khintchine 定理**, 它表明只要随机过程为弱平稳的, 则自相关函数和谱密度函数之间是由 Fourier 变换相联系着的.

(2) **时间不变线性系统的谱变换定理**, 它表明线性系统中的输出谱密度函数与输入谱密度函数之比等于该系统的脉冲应答函数 Fourier 变换的平方.

设 $X(t)$ 为一平稳随机过程. 对于任意的 $T>0$, 可以定义

$$X_T(t)=\begin{cases}X(t), & |t|\leqslant T,\\ 0, & |t|>T.\end{cases} \tag{1-6}$$

对于如此定义的截断随机过程 $X_T(t)$, 其 Fourier 变换存在 $\Bigg($使得 $\displaystyle\int_{-\infty}^{\infty}|X(t)|\,\mathrm{d}t$ 几乎 处处收敛的 $X(t)$, 其 Fourier 变换才存在$\Bigg)$, 即具有频谱

$$\xi_T(\omega):=\frac{1}{\sqrt{2\pi}}\int_{-\infty}^{\infty}X_T(t)\mathrm{e}^{-\mathrm{i}\omega t}\,\mathrm{d}t=\frac{1}{\sqrt{2\pi}}\int_{-T}^{T}X(t)\mathrm{e}^{-\mathrm{i}\omega t}\,\mathrm{d}t. \tag{1-7}$$

$\xi_T(\omega)$ 的 Fourier 逆变换为

$$X_T(t)=\frac{1}{\sqrt{2\pi}}\int_{-\infty}^{\infty}\xi_T(\omega)\mathrm{e}^{\mathrm{i}\omega t}\,\mathrm{d}\omega.$$

利用 Fourier 变换的 Parseval 定理[76,第 398 页], 随机过程 $X(t)$ 关于时间的均方值满足

$$\overline{X^2}:=\lim_{T\to\infty}\frac{1}{2T}\int_{-T}^{T}\{X(t)\}^2\,\mathrm{d}t=\lim_{T\to\infty}\frac{1}{2T}\int_{-T}^{T}\{X_T(t)\}^2\,\mathrm{d}t.$$

也就是说, $\overline{X^2}$ 可用频谱表示为

$$\overline{X^2}=\lim_{T\to\infty}\frac{1}{2T}\left\{\int_{-\infty}^{\infty}|\xi_T(\omega)|^2\,\mathrm{d}\omega\right\}. \tag{1-8}$$

而随机过程 $\{X(t)\}$ 的谱密度函数 $f_{XX}(\omega)$ 定义为

$$f_{XX}(\omega)=\lim_{T\to\infty}\frac{1}{2T}|\xi_T(\omega)|^2,\quad -\infty<\omega<\infty. \tag{1-9}$$

不难看出, f_{XX} 是一个实的取正值的函数, 而且当 $X_T(t)$ 为实值随机过程时, 它关于原点对称. 由 (1-8) 与 (1-9) 可得

$$\overline{X^2}=\int_{-\infty}^{\infty}f_{XX}(\omega)\,\mathrm{d}\omega=2\int_{0}^{\infty}f_{XX}(\omega)\,\mathrm{d}\omega. \tag{1-10}$$

也就是说, $X(t)$ 关于时间的均方值等于在频率从负无穷远处到正无穷远处谱密度函数下曲边梯形的面积.

在某些文献中, $f_{XX}(\omega)$ 被称为功率谱密度函数 (power spectral density). 这是因为, 如果 $X(t)$ 表示通过负荷为 1 欧姆电阻的电流, 则 $\overline{X^2}$ 就是平均功率. 因

此, 从 (1-10) 可以把 $f_{XX}(\omega)$ 看作在 ω 处每单位频带平均功率的增加量. 假定 $X(t)$ 是力学系统的随机位移, 则 $\overline{X^2}$ 表示平均势能. 这种情况下, $f_{XX}(\omega)$ 可称为能量谱密度函数. 在不至于引起混淆的情况下, 下文中 $f_{XX}(\omega)$ 常简记为 $f(\omega)$.

下面借助自相关函数来表示谱密度. 假设 $X(t)$ 是一弱平稳的随机过程且具有遍历性, 则由 (1-2) 定义的自相关函数可以表示为

$$\begin{aligned}R(\tau)&=\mathbf{E}[(X(t)-\mathbf{E}(X(t)))(X(t+\tau)-\mathbf{E}(X(t+\tau)))]\\&=\lim_{T\to\infty}\frac{1}{2T}\int_{-\infty}^{\infty}X_T(t)X_T(t+\tau)\,\mathrm{d}t.\end{aligned}\tag{1-11}$$

由 (1-7) , (1-9) 及 (1-11), 得

$$\begin{aligned}f(\omega)&=\lim_{T\to\infty}\frac{1}{2T}|\xi_T(\omega)|^2\\&=\lim_{T\to\infty}\frac{1}{4\pi T}\int_{-\infty}^{\infty}X_T(t)\mathrm{e}^{\mathrm{i}\omega t}\,\mathrm{d}t\int_{-\infty}^{\infty}X_T(t+\tau)\mathrm{e}^{-\mathrm{i}\omega(t+\tau)}\,\mathrm{d}(t+\tau)\\&=\int_{-\infty}^{\infty}\frac{1}{2\pi}\left\{\lim_{T\to\infty}\frac{1}{2T}\int_{-\infty}^{\infty}X_T(t)X_T(t+\tau)\,\mathrm{d}t\right\}\mathrm{e}^{-\mathrm{i}\omega\tau}\,\mathrm{d}\tau\\&=\frac{1}{2\pi}\int_{-\infty}^{\infty}R(\tau)\mathrm{e}^{-\mathrm{i}\omega\tau}\,\mathrm{d}\tau=\frac{1}{\pi}\int_0^{\infty}R(\tau)\cos(\omega\tau)\,\mathrm{d}\tau,\end{aligned}\tag{1-12}$$

其中, $-\infty<\omega<\infty$. 反之,

$$R(\tau)=\int_{-\infty}^{\infty}f(\omega)\mathrm{e}^{\mathrm{i}\omega\tau}\,\mathrm{d}\omega=2\int_0^{\infty}f(\omega)\cos(\omega\tau)\,\mathrm{d}\omega,\tag{1-13}$$

其中, $-\infty<\tau<\infty$.

由 (1-12) 与 (1-13) 所给出的谱密度函数与自相关函数之间的关系式是平稳过程 Wiener-Khintchine 定理的表示形式. 由 (1-13) 可知

$$\mathbf{Var}(X(t))=\int_{-\infty}^{\infty}f(\omega)\,\mathrm{d}\omega=2\int_0^{\infty}f(\omega)\,\mathrm{d}\omega.$$

特别地, 若随机过程定义在离散时间集上, 即随机过程为 $\{X_t,\ t=0,\pm1,\cdots,\pm T\}$, 则 (1-7) 变为

$$\xi_T(\omega)=\frac{1}{\sqrt{2\pi}}\sum_{t=-T}^{T}X_t\mathrm{e}^{-\mathrm{i}\omega t},\quad \omega\in[-\pi,\pi].\tag{1-14}$$

相应地, 随机过程的谱密度与自相关函数之间具有关系

$$f(\omega)=\lim_{T\to\infty}\frac{1}{2T}|\xi_T(\omega)|^2=\frac{1}{2\pi}\sum_{\tau=-\infty}^{\infty}R(\tau)\mathrm{e}^{-\mathrm{i}\omega\tau}$$
$$=\frac{1}{\pi}\sum_{\tau=0}^{\infty}R(\tau)\cos(\omega\tau),\quad \omega\in[-\pi,\pi]$$

与

$$R(\tau)=\int_{-\pi}^{\pi}f(\omega)\mathrm{e}^{\mathrm{i}\omega\tau}\,\mathrm{d}\omega=2\int_{0}^{\pi}f(\omega)\cos(\omega\tau)\,\mathrm{d}\omega,\quad \tau=0,\pm1,\cdots. \tag{1-15}$$

假设连续时间随机过程 $\{X(t)\}$ 具有谱密度函数 $f(\omega)$, $\omega\in(-\infty,\infty)$. 如果 $\{X(t)\}$ 仅可以在 n 个时间间隔为 $\Delta>0$ 的等距间隔时间点可以被观测到, 则观测序列 $\{X(k\Delta), k=1,\cdots,n\}$ 可视为一时间序列, 该序列的谱密度函数可以由

$$f_\Delta(\omega)=\sum_{i=-\infty}^{\infty}f\left(\omega+\frac{2\pi i}{\Delta}\right),\quad \omega\in[-\pi/\Delta,\pi/\Delta]$$

给出 (参见文献 [57]).

有些具有特殊自相关结构的模型其谱密度都具有闭形式, 这里列举几个实例.

例 1.4 (ARMA 过程)　设 $\{X(t), t\in\mathbb{Z}\}$ 是一离散时间自回归滑动平均 (ARMA(p,q)) 过程 (参见文献 [26]). 它由标准方程 $a(B)X(t)=b(B)Z_t$ $(t\in\mathbb{Z})$ 来表示, 其中 B 表示满足 $B^iX(t)=X(t-i)$ 的向后转移算子, $\{Z_t, t\in\mathbb{Z}\}$ 是一方差单位化的白噪声过程, $a(z)=a_0+a_1z+\cdots+a_pz^p$, $b(z)=b_0+b_1z+\cdots+b_qz^q$. 若 $a(z)$ 与 $b(z)$ 没有公共根, 且 $a(z)$ 没有单位根, 则由文献 [26, 定理 4.4.2] 知, 时间序列 $\{X(t)\}$ 的谱密度为

$$f(\omega)=\frac{1}{2\pi}\left|\frac{b(\mathrm{e}^{-\mathrm{i}\omega})}{a(\mathrm{e}^{-\mathrm{i}\omega})}\right|^2,\quad \omega\in[-\pi,\pi]. \tag{1-16}$$

例 1.5 (CARMA 过程)　设 $\{X(t), t\in\mathbb{R}\}$ 是一连续时间自回归滑动平均 (CARMA(p,q)) 过程 (参见文献 [25]), 其中 $q+1\leqslant p$. 它由标准方程 $a(D)X(t)=b(D)DL(t)$ $(t\in\mathbb{R})$ 的状态-空间表示来定义, 其中 D 表示关于 t 的微分, $\{L(t), t\in\mathbb{R}\}$ 是一方差单位化的双侧 Lévy 过程, $a(z)=\prod_{i=1}^{p}(z+\theta_i)$, $b(z)=b_0+b_1z+\cdots+b_qz^q$, $\theta_1,\cdots,\theta_p$ 是实部为正且互不相同的复数. 状态-空间表示含有观测方程和状态方程两部分, 即

$$X(t)=b^{\mathrm{T}}\boldsymbol{y}(t)\quad 与\quad \mathrm{d}\boldsymbol{y}(t)-A\boldsymbol{y}(t)\,\mathrm{d}t=\boldsymbol{e}\,\mathrm{d}L(t)$$

两部分, 其中

$$A=\begin{pmatrix} 0 & 1 & 0 & \cdots & 0 & 0 \\ 0 & 0 & 1 & \cdots & 0 & 0 \\ \vdots & \vdots & \vdots & \ddots & \vdots & \vdots \\ 0 & 0 & 0 & \cdots & 1 & 0 \\ 0 & 0 & 0 & \cdots & 0 & 1 \\ -a_1 & -a_2 & -a_3 & \cdots & -a_{p-1} & -a_p \end{pmatrix}_{p\times p}, \quad \boldsymbol{e}=\begin{pmatrix} 0 \\ 0 \\ \vdots \\ 0 \\ 0 \\ 1 \end{pmatrix}_{p\times 1}, \quad \boldsymbol{b}=\begin{pmatrix} b_0 \\ \vdots \\ b_q \\ 0 \\ \vdots \\ 0 \end{pmatrix}_{p\times 1},$$

a_i 为 $a(z)$ 展开式合并同类项后 z^i 的系数, $i=0,1,\cdots,p$. 状态方程的解可以表示为积分形式

$$\boldsymbol{y}(t)=\mathrm{e}^{At}\boldsymbol{y}(0)+\int_0^t \mathrm{e}^{A(t-u)}\boldsymbol{e}\,\mathrm{d}L(u).$$

由文献 [25] 中的公式 (7), 可得随机过程 $\{X(t)\}$ 的自相关函数与谱密度分别为

$$R(\tau)=\sum_{r=1}^{p}\frac{b(\theta_r)b(-\theta_r)}{a'(-\theta_r)a(\theta_r)}\exp(\theta_r|\tau|),\quad \tau\in\mathbb{R}$$

与

$$f(\omega)=\frac{1}{2\pi}\left|\frac{b(\mathrm{i}\omega)}{a(\mathrm{i}\omega)}\right|^2,\quad \omega\in\mathbb{R}.$$

例 1.6 (Matérn 过程) 考虑具有 Matérn 自协方差函数 (参见文献 [37,57]) 的平稳随机过程 $\{X(t)\, t\in\mathbb{R}\}$, 其自协方差函数定义为

$$R(\tau)=\frac{2^{1-\nu}\sigma^2}{\Gamma(\nu)}\left(\frac{\sqrt{2\nu}|\tau|}{\rho}\right)^{\nu}K_\nu(\sqrt{2\nu}|\tau|/\rho),\quad \tau\in\mathbb{R},$$

其中 σ^2 是一方差参数, ρ 是一范围参数, ν 是一光滑参数, $K_\nu(\cdot)$ 表示指数为 ν 的第二类修正的 Bessel 函数. 相应地, 这类平稳随机过程的谱密度定义为

$$f(\omega)=\frac{\sigma^2\,\Gamma(\nu+1/2)(4\nu)^\nu}{\sqrt{\pi}\rho^{2\nu}\Gamma(\nu)(4\nu/\rho^2+\omega^2)^{\nu+1/2}},\quad \omega\in\mathbb{R}.$$

1.3 交互谱与谱矩阵

1.3.1 交互谱

与单一随机过程关于时间的均方值类似, 利用 Fourier 变换的 Parseval 定理 [76,第 398 页], 可知两个随机过程 $X(t)$ 与 $Y(t)$ 关于时间的乘积平均值满足

$$\overline{XY}:=\lim_{T\to\infty}\frac{1}{2T}\int_{-T}^{T}X(t)Y(t)\,\mathrm{d}t=\lim_{T\to\infty}\frac{1}{2T}\int_{-T}^{T}X_T(t)Y_T(t)\,\mathrm{d}t,$$

其中 $X_T(t)$ 与 $Y_T(t)$ 为像 (1-6) 那样定义的截断随机过程. 于是, $\overline{XY}$ 可用频谱表示为

$$\overline{XY} = \lim_{T\to\infty} \frac{1}{2T}\left\{\int_{-\infty}^{\infty} \xi_T^*(\omega)\eta_T(\omega)\,\mathrm{d}\omega\right\}, \tag{1-17}$$

其中 $\xi_T(\omega)$ 与 $\eta_T(\omega)$ 分别表示像 (1-7) 那样定义的随机过程 $\{X(t)\}$ 与 $\{Y(t)\}$ 的频谱, $\xi_T^*(\omega)$ 表示 $\xi_T(\omega)$ 的共轭复数. 另一方面, 两个随机过程 $\{X(t)\}$ 与 $\{Y(t)\}$ 的交互谱密度 (cross-spectral density)$f_{XY}(\omega)$ 定义为

$$f_{XY}(\omega) = \lim_{T\to\infty} \frac{1}{2T}\xi_T^*(\omega)\eta_T(\omega), \quad -\infty < \omega < \infty. \tag{1-18}$$

由 (1-17) 与 (1-18) 可见

$$\overline{XY} = \int_{-\infty}^{\infty} f_{XY}(\omega)\,\mathrm{d}\omega.$$

由随机过程的遍历性,

$$R_{XY}(\tau) = \mathbf{E}[X_T(t)Y_T(t+\tau)] = \lim_{T\to\infty}\frac{1}{2T}\int_{-\infty}^{\infty} X_T(t)Y_T(t+\tau)\,\mathrm{d}t.$$

利用 Fourier 变换的逆变换, (1-18) 可以表示为

$$\begin{aligned} f_{XY}(\omega) &= \lim_{T\to\infty} \frac{1}{2T}\xi_T^*(\omega)\eta_T(\omega) \\ &= \lim_{T\to\infty} \frac{1}{4\pi T}\int_{-\infty}^{\infty} X_T(t)\mathrm{e}^{\mathrm{i}\omega t}\,\mathrm{d}t \int_{-\infty}^{\infty} Y_T(t+\tau)\mathrm{e}^{-\mathrm{i}\omega(t+\tau)}\,\mathrm{d}(t+\tau) \\ &= \int_{-\infty}^{\infty} \frac{1}{2\pi}\left\{\lim_{T\to\infty}\frac{1}{2T}\int_{-\infty}^{\infty} X_T(t)Y_T(t+\tau)\,\mathrm{d}t\right\}\mathrm{e}^{-\mathrm{i}\omega\tau}\,\mathrm{d}\tau \\ &= \frac{1}{2\pi}\int_{-\infty}^{\infty} R_{XY}(\tau)\mathrm{e}^{-\mathrm{i}\omega\tau}\,\mathrm{d}\tau, \quad -\infty < \omega < \infty. \end{aligned} \tag{1-19}$$

由 Fourier 变换与其逆变换的关系, 可知

$$R_{XY}(\tau) = \int_{-\infty}^{\infty} f_{XY}(\omega)\mathrm{e}^{\mathrm{i}\omega\tau}\,\mathrm{d}\tau, \quad -\infty < \tau < \infty. \tag{1-20}$$

(1-19) 表明, 两个随机过程的交互谱密度函数是交叉协方差函数 $R_{XY}(\tau)$ 的 Fourier 变换. 对于离散时间的随机过程, (1-19) 与 (1-20) 分别变为

$$f_{XY}(\omega) = \frac{1}{2\pi}\sum_{\tau=-\infty}^{\infty} R_{XY}(\tau)\mathrm{e}^{-\mathrm{i}\omega\tau} \quad 与 \quad R_{XY}(\tau) = \int_{-\pi}^{\pi} f_{XY}(\omega)\mathrm{e}^{\mathrm{i}\omega\tau}\,\mathrm{d}\omega,$$

其中, $\omega\in[-\pi,\pi]$, $\tau = 0, \pm 1, \cdots$.

由于交叉协方差函数不是一个偶函数, 它的 Fourier 变换, 即交互谱密度函数具有复数形式

$$f_{XY}(\omega) = C_{XY}(\omega) + \mathrm{i}Q_{XY}(\omega),$$

其中实部 $C_{XY}(\omega)$ 称为共谱, 它表示 $f_{XY}(\omega)$ 的同相位分量, 而虚部 $Q_{XY}(\omega)$ 称为正交谱, 它表示 $f_{XY}(\omega)$ 的异相位分量. 注意如下关系成立:

$$\begin{aligned} C_{XY}(\omega) &= C_{XY}(-\omega) = C_{YX}(\omega), \\ Q_{XY}(\omega) &= -Q_{XY}(-\omega) = -Q_{YX}(\omega), \\ f_{XY}(-\omega) &= f_{YX}(\omega) = f_{XY}^*(\omega). \end{aligned}$$

交互谱的大小称为振幅谱, 即为

$$|f_{XY}(\omega)| = \sqrt{\{C_{XY}(\omega)\}^2 + \{Q_{XY}(\omega)\}^2}.$$

$Y(t)$ 过程相对于 $X(t)$ 过程的相位滞后为

$$\varepsilon(\omega) = \arctan\left\{-\frac{Q_{XY}(\omega)}{C_{XY}(\omega)}\right\}.$$

定义刻画两随机过程谱密度间相关关系的量

$$\kappa^2(\omega) = \frac{|f_{XY}(\omega)|^2}{f_{XX}(\omega)f_{YY}(\omega)},$$

称为平方协谱相关函数 (squared coherency function), 它满足 $\kappa^2(\omega) \leqslant 1$(见文献 [58]).

1.3.2 向量值随机过程的谱密度矩阵

设 $\{\boldsymbol{X}(t) = (X_1(t), \cdots, X_p(t))^{\mathrm{T}},\ t \in \mathbb{T}\}$ 为一 $p(p > 1)$ 维向量值随机过程. 我们可以定义谱密度矩阵

$$\boldsymbol{f_{XX}}(\omega) = \left(f_{X_i,X_j}(\omega)\right)_{p\times p}, \quad \omega \in [-\pi, \pi],$$

其中

$$f_{X_i,X_j}(\omega) := \begin{cases} \text{一维随机过程}\{X_i(t),\ t \in \mathbb{T}\}\text{的谱密度}, & \text{当 } i = j \text{ 时}, \\ \text{一维随机过程}\{X_i(t),\ t \in \mathbb{T}\}\text{与}\{X_j(t),\ t \in \mathbb{T}\}\text{的交互谱密度}, & \text{当 } i \neq j \text{ 时}. \end{cases}$$

事实上, 若定义 $\boldsymbol{X}_T(t)=(X_{1T}(t),\cdots,X_{pT}(t))^{\mathrm{T}}$, 其中 $X_{iT}(t)$ 像 (1-6) 那样定义. 进一步定义截断随机过程 $\boldsymbol{X}_T(t)$ 的频谱为 $\boldsymbol{\xi}_T(\omega)=\dfrac{1}{\sqrt{2\pi}}\displaystyle\int_{-\infty}^{\infty}\boldsymbol{X}_T(t)\mathrm{e}^{-\mathrm{i}\omega t}\,\mathrm{d}t$, 则类似于 (1-9), 随机过程 $\{\boldsymbol{X}_t\}$ 的谱密度矩阵为

$$\boldsymbol{f}_{\boldsymbol{XX}}(\omega)=\lim_{T\to\infty}\frac{1}{2T}\boldsymbol{\xi}_T(\omega)\boldsymbol{\xi}_T(\omega)^*,\quad -\infty<\omega<\infty.$$

定义 p 维向量值随机过程 $\{\boldsymbol{X}(t)\}$ 的自协方差函数矩阵为

$$\boldsymbol{R}_{\boldsymbol{XX}}(\tau)=\begin{pmatrix} R_{X_1X_1}(\tau) & R_{X_1X_2}(\tau) & \cdots & R_{X_1X_p}(\tau)\\ R_{X_2X_1}(\tau) & R_{X_2X_2}(\tau) & \cdots & R_{X_2X_p}(\tau)\\ \vdots & \vdots & & \vdots\\ R_{X_pX_1}(\tau) & R_{X_pX_2}(\tau) & \cdots & R_{X_pX_p}(\tau)\end{pmatrix},$$

其中 $R_{X_iX_j}(\tau)$ 为分量过程 $X_i(t)$ 与 $X_j(t)$ 的自协方差函数. 根据 (1-12), (1-13), (1-19) 及 (1-20), 可得谱密度矩阵 $\boldsymbol{f}_{\boldsymbol{XX}}(\omega)$ 与自协方差函数矩阵 $\boldsymbol{R}_{\boldsymbol{XX}}(\tau)$ 之间的关系为

$$\boldsymbol{f}_{\boldsymbol{XX}}(\omega)=\frac{1}{2\pi}\int_{-\infty}^{\infty}\boldsymbol{R}_{\boldsymbol{XX}}(\tau)\mathrm{e}^{-\mathrm{i}\omega\tau}\,\mathrm{d}\tau \quad 与 \quad \boldsymbol{R}_{\boldsymbol{XX}}(\tau)=\int_{-\infty}^{\infty}\boldsymbol{f}_{\boldsymbol{XX}}(\omega)\mathrm{e}^{\mathrm{i}\omega\tau}\,\mathrm{d}\omega, \tag{1-21}$$

其中, $-\infty<\omega<\infty$, $-\infty<\tau<\infty$.

值得注意的是, 当 $\{\boldsymbol{X}_t\}$ 为离散时间随机向量值过程时,

$$\boldsymbol{\xi}_T(\omega)=\frac{1}{\sqrt{2\pi}}\sum_{t=-T}^{T}\boldsymbol{X}_t\mathrm{e}^{-\mathrm{i}\omega t}. \tag{1-22}$$

相应地, 关系 (1-21) 变为

$$\boldsymbol{f}_{\boldsymbol{XX}}(\omega)=\frac{1}{2\pi}\sum_{\tau=-\infty}^{\infty}\boldsymbol{R}_{\boldsymbol{XX}}(\tau)\mathrm{e}^{-\mathrm{i}\omega\tau} \quad 与 \quad \boldsymbol{R}_{\boldsymbol{XX}}(\tau)=\int_{-\pi}^{\pi}\boldsymbol{f}_{\boldsymbol{XX}}(\omega)\mathrm{e}^{\mathrm{i}\omega\tau}\,\mathrm{d}\omega,$$

其中, $\omega\in[-\pi,\pi]$, $\tau=0,\pm1,\cdots$. 在不至于引起混淆的情况下, 下文中 $\boldsymbol{f}_{\boldsymbol{XX}}(\omega)$ 与 $\boldsymbol{R}_{\boldsymbol{XX}}(\tau)$ 分别简记为 $\boldsymbol{f}(\omega)$ 与 $\boldsymbol{R}(\tau)$.

1.4 基于谱的平稳高斯过程仿真

如果一个平稳高斯过程的谱密度函数已知, 我们便可以产生平稳高斯过程的一条轨道. 具体地, 若已知一平稳高斯过程 $\{X(t),t\in\mathbb{R}\}$ 的谱密度函数为 $f(\omega)$, 要产生一有限区间内过程的样本序列, 可以按以下步骤进行 (参见文献 [104]):

第 1 步, 选择需要的时间区间 $[0,T)$.

第 2 步, 选择抽样间隔 Δ 或样本点数目 $n=2^m$. 也就是, 欲产生序列 $X(j\Delta)$, $j=0,1,\cdots,n-1$.

第 3 步, 计算实值截断离散谱

$$\sigma_j^2=\frac{2\pi}{n\Delta}\sum_{k=-J}^{J}f\left(\omega_j+\frac{2\pi k}{\Delta}\right),\quad j=0,1,\cdots,n-1,$$

其中, $\omega_j=2\pi j/T$, J 取得充分大, 使得对于 $\omega>2\pi(J+1)/\Delta$, $f(\omega)\approx 0$.

第 4 步, 生成独立的标准正态随机变量

$$U_j,\ V_j,\quad j=0,1,\cdots,n-1.$$

第 5 步, 设 $Z(j)=\sigma_j(U_j+\mathrm{i}V_j)$, 并计算 Fourier 逆变换

$$z(k)=\sum_{j=0}^{n-1}Z(j)\exp(\mathrm{i}2\pi jk/n).$$

第 6 步, 取实部即得想要的序列

$$X(k\Delta)=\Re(z(k)),\quad k=0,1,\cdots,n-1.$$

第 5 步中, $\{Z(j)\}$ 相当于周期图 (见 3.2.1 小节) 的一次实现. 第 5 步中的 Fourier 逆变换与第 6 步中的取实部操作相当于由观测序列求周期图的逆过程.

如果 $f(\omega)$ 未知, 但已知一列自协方差函数序列信息: $R(j\Delta)=\mathbf{E}[X(0)\,X(j\Delta)]$, $j=0,\cdots,2n-1$, 我们也可以得到满足这些自相关结构的随机过程在有限区间内的样本序列, 具体步骤 (参见文献 [167,173]) 如下.

第 1 步, 令 $m=2n$, 并计算 $c_j=R(j\Delta)$, $0\leqslant j\leqslant m/2$; $c_j=R((m-j)\Delta)$, $m/2<j\leqslant m-1$.

第 2 步, 用 Fourier 变换计算

$$\lambda_k=\sum_{j=0}^{m-1}c_j\exp(-2\pi\mathrm{i}jk/m),\quad k=0,1,\cdots,m-1. \tag{1-23}$$

第 3 步, 生成独立的随机变量 $U_j\sim N(0,1)$ 与 $V_j\sim N(0,1)$, 取 $a(0)=\sqrt{\lambda_0/m}\,U_0$, $a(m/2)=\sqrt{\lambda_{m/2}/m}\,V_0$. 当 $0\leqslant j<m/2$ 时, 取 $a(j)=\sqrt{\lambda_j/(2m)}\times(U_j+\mathrm{i}V_j)$; 当 $1\leqslant j<m/2$ 时, 取 $a(m-j)=\sqrt{\lambda_j/(2m)}\,(U_j-\mathrm{i}V_j)$.

第 4 步, 利用 Fourier 变换得

$$X(k\Delta)=\sum_{j=0}^{m-1}a(j)\exp(-2\pi \mathrm{i}jk/m),\quad 0\leqslant k\leqslant n-1.$$

这样便得到了平稳高斯过程的一条长度为 n、抽样间隔为 Δ 的样本序列.

这里, (1-23) 中所给出的量正是随机过程谱密度在若干离散点的值的一个近似. 如果我们有了有限个滞后时间的自协方差函数, 实际上便有了谱密度的近似值.

例如, 对于高斯滑动平均过程的情况, $\{X(t),t\in\mathbb{R}\}$ 由

$$X(t)=\sigma\int_{\mathbb{R}}K(t-s)\mathrm{d}W_s,\quad t\in\mathbb{R} \tag{1-24}$$

定义, 其中 $\sigma>0$ 为一波动参数, $W=\{W_t,t\in\mathbb{R}\}$ 为一双边的标准布朗运动, 即为一连续的高斯过程且具有协方差

$$\mathbf{Cov}(W_t,W_s)=\frac{1}{2}(|t|+|s|-|t-s|),\quad t,s\in\mathbb{R}. \tag{1-25}$$

$K:\mathbb{R}\to\mathbb{R}$ 为一可测函数 (称为滑动平均的核函数). 显然高斯滑动平均的方差存在, 则核函数与滞后时间 t 的自相关函数间的关系为 (1-5). 取不同的核函数即可得到不同的自相关系数, 表 1-1 列出了许多核函数与过程自相关性之间关系的若干实例. 利用自相关函数及基于谱的高斯过程仿真算法, 图 1-1 给出了 10 条具有不同自相关性的高斯滑动平均的轨道, 它们是由同一条双侧布朗运动的轨道所驱动的.

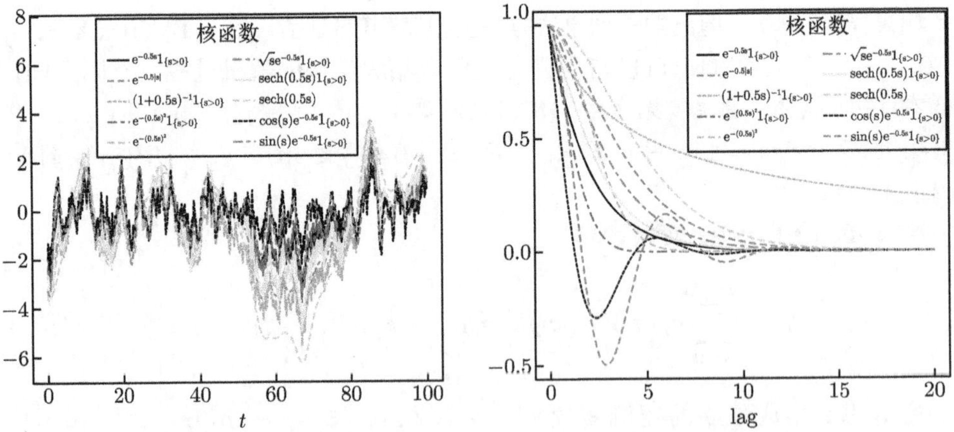

(a) $X(t)$随t的变化　　(b) 自相关系数图

图 1-1　10 条具有不同核函数 K 的高斯滑动平均的轨道 (后附彩图)

表 1-1 滑动平均的核函数与自相关性

$K(s)$	$\rho(t)$	sgn	$\sim (t\to\infty)$	$\mathbf{Var}(X(t))$
$\mathrm{e}^{-\lambda s}1_{\{s>0\}}$ $(\lambda>0)$	$\mathrm{e}^{-\lambda\|t\|}$	$+$		$\dfrac{\sigma^2}{2\lambda}$
$\mathrm{e}^{-\lambda\|s\|}$ $(\lambda>0)$	$(1+\lambda\|t\|)\mathrm{e}^{-\lambda\|t\|}$	$+$	$\lambda\|t\|\mathrm{e}^{-\lambda\|t\|}$	$\dfrac{\sigma^2}{\lambda}$
$1/(1+\lambda s)1_{\{s>0\}}$ $(\lambda>0)$	$\log(1+\lambda\|t\|)/(\lambda\|t\|)$	$+$	$(\lambda\|t\|)^{-1}\log\|t\|$	$\dfrac{\sigma^2}{\lambda}$
$1/(1+\lambda s)^{3/2}1_{\{s>0\}}$ $(\lambda>0)$	$4/\{2(1+\lambda\|t\|)+(2+\lambda\|t\|)\sqrt{1+\lambda\|t\|}\}$	$+$	$4(\lambda\|t\|)^{-3/2}$	$\dfrac{\sigma^2}{2\lambda}$
$1/(1+\lambda s)^{2}1_{\{s>0\}}$ $(\lambda>0)$	$3(\lambda\|t\|)^{-2}\{1+(1+\lambda\|t\|)^{-1}$ $-2(\lambda\|t\|)^{-1}\log(1+\lambda\|t\|)\}$	$+$	$3(\lambda\|t\|)^{-2}$	$\dfrac{\sigma^2}{3\lambda}$
$\mathrm{e}^{-\lambda^2s^2}1_{\{s>0\}}$ $(\lambda>0)$	$\mathrm{e}^{-\lambda^2\|t\|^2/2}\mathrm{erfc}(\lambda\|t\|/\sqrt{2})$	$+$		$\dfrac{\sqrt{\pi/2}\sigma^2}{2\lambda}$
$\mathrm{e}^{-\lambda^2s^2}$ $(\lambda>0)$	$\mathrm{e}^{-\lambda^2\|t\|^2/2}$	$+$		$\dfrac{\sqrt{\pi/2}\sigma^2}{\lambda}$
$\mathrm{sech}(\lambda s)1_{\{s>0\}}$ $(\lambda>0)$	$\mathrm{csch}(\lambda\|t\|)(\log 2-\log(1+\mathrm{e}^{-2\lambda\|t\|}))$	$+$	$2\log 2\,\mathrm{e}^{-\lambda\|t\|}$	$\dfrac{\sigma^2}{\lambda}$
$\mathrm{sech}(\lambda s)$ $(\lambda>0)$	$\lambda\|t\|\mathrm{csch}(\lambda\|t\|)$	$+$	$2\lambda\|t\|\mathrm{e}^{-\lambda\|t\|}$	$\dfrac{2\sigma^2}{\lambda}$
$s^{\kappa-1}\mathrm{e}^{-\lambda s}1_{\{s>0\}}$ $(\kappa>1/2,\ \lambda>0)$	$\dfrac{2^{3/2-\kappa}}{\Gamma(\kappa-1/2)}(\lambda\|t\|)^{\kappa-1/2}K_{\kappa-1/2}(\lambda\|t\|)$	$+$	$\dfrac{2^{1-\kappa}\sqrt{\pi}}{\Gamma(\kappa-1/2)}(\lambda\|t\|)^{\kappa-1}$ $\times\,\mathrm{e}^{-\lambda\|t\|}$	$(2\lambda)^{1-2\kappa}\Gamma(2\kappa-1)\sigma^2$
$(1+\alpha s)\mathrm{e}^{-\lambda s}1_{\{s>0\}}$ $(\lambda>0,\ \alpha\geqslant 0)$	$(1+\dfrac{\alpha\lambda(\alpha+2\lambda)}{(\alpha+\lambda)^2+\lambda^2}\|t\|)\mathrm{e}^{-\lambda\|t\|}$	$+$	$\dfrac{\alpha\lambda(\alpha+2\lambda)}{(\alpha+\lambda)^2+\lambda^2}\|t\|\mathrm{e}^{-\lambda\|t\|}$	$\dfrac{(\alpha+\lambda)^2+\lambda^2}{4\lambda^3}\sigma^2$
$(1+\alpha s)\mathrm{e}^{-\lambda s}1_{\{s>0\}}$ $(\lambda>0,\ \alpha\in(-2\lambda,0))$	$(1+\dfrac{\alpha\lambda(\alpha+2\lambda)}{(\alpha+\lambda)^2+\lambda^2}\|t\|)\mathrm{e}^{-\lambda\|t\|}$	$+,-$	$\dfrac{\alpha\lambda(\alpha+2\lambda)}{(\alpha+\lambda)^2+\lambda^2}\|t\|\mathrm{e}^{-\lambda\|t\|}$	$\dfrac{(\alpha+\lambda)^2+\lambda^2}{4\lambda^3}\sigma^2$

续表

$K(s)$	$\rho(t)$	sgn	$\sim (t \to \infty)$	$\mathbf{Var}(X(t))$
$e^{-\lambda s}(1-e^{-\alpha s})1_{\{s>0\}}$ $(\lambda > 0,\ \alpha \geqslant 0)$	$(1+\lambda/\alpha)e^{-\lambda\|t\|} - (\lambda/\alpha)e^{-(\alpha+\lambda)\|t\|}$	$+$	$(1+\lambda/\alpha)e^{-\lambda\|t\|}$	$\dfrac{\alpha^2\sigma^2}{2\lambda(\alpha+\lambda)(\alpha+2\lambda)}$
$e^{-\lambda s}(1-e^{-\alpha s})1_{\{s>0\}}$ $(\lambda > 0,\ \alpha \in (-\lambda, 0))$	$(1+\lambda/\alpha)e^{-\lambda\|t\|} - (\lambda/\alpha)e^{-(\alpha+\lambda)\|t\|}$	$+$	$-(\lambda/\alpha)e^{-(\lambda+\alpha)\|t\|}$	$\dfrac{\alpha^2\sigma^2}{2\lambda(\alpha+\lambda)(\alpha+2\lambda)}$
$\cos(\omega s)\, e^{-\lambda s}1_{\{s>0\}}$ $(\lambda > 0,\ \omega > 0)$	$\{\cos(\omega\|t\|) - \dfrac{\lambda\omega}{2\lambda^2+\omega^2}\sin(\omega\|t\|)\}e^{-\lambda\|t\|}$	$+,-$		$\dfrac{2\lambda^2+\omega^2}{4\lambda(\lambda^2+\omega^2)}\sigma^2$
$\sin(\omega s)\, e^{-\lambda s}1_{\{s>0\}}$ $(\lambda > 0,\ \omega \in \mathbb{R})$	$\{\cos(\omega\|t\|) + (\lambda/\omega)\sin(\omega\|t\|)\}e^{-\lambda\|t\|}$	$+,-$		$\dfrac{\omega^2\sigma^2}{4\lambda(\lambda^2+\omega^2)}$

注：书中所有的 log 都代表以自然数 e 为底数的对数.

1.5 弱平稳过程的调和分析

设随机过程 $\{X(t), -\infty < t < \infty\}$ 表示一信号过程. 该信号在时刻 t 处的值 $X(t)$ 经过一物理系统扭曲后变成新的值 $Y(t)$. 假设 $X(t)$ 与 $Y(t)$ 之间存在关系

$$Y(t) = \int_{-\infty}^{\infty} X(t-u)h(u)\,\mathrm{d}u = \int_{-\infty}^{\infty} h(t-u)X(u)\,\mathrm{d}u, \tag{1-26}$$

则随机过程 $\{X(t), -\infty < t < \infty\}$ 与 $\{Y(t), -\infty < t < \infty\}$ 分别称为输入和输出过程. 函数 $h(\cdot)$ 称为脉冲响应函数 (impulse response function). 若当 $t < 0$ 时 $h(t) = 0$, 由于这时方程 (1-26) 中 $Y(t)$ 表示给定过程在 t 之前的值 $\{X(s), s \leqslant t\}$ 利用 $h(s)$ 加权后的积分, $h(\cdot)$ 称为加权函数.

由方程 (1-26) 表示的关系是一时间不变线性过滤. 之所以称为过滤是因为输入过程 $\{X(t)\}$ 经过某介质后过滤为输出过程 $\{Y(t)\}$. 该过滤是一线性过滤是因为: 若输入过程 $\{X_i(t)\}$ 经同一介质过滤后变为输出过程 $\{Y_i(t)\}$, $i = 1, 2$, 则输入过程 $\{a\,X_1(t) + b\,X_2(t)\}$ 经过该介质后变为输出过程 $\{a\,Y_1(t) + b\,Y_2(t)\}$. 该过滤是时间不变的, 是因为: 若记 $\tilde{X}(t) = X(t+\tau)$, $\tilde{Y}(t) = Y(t+\tau)$, 则

$$\int_{-\infty}^{\infty} \tilde{X}(t-u)h(u)\,\mathrm{d}u = \int_{-\infty}^{\infty} X(t+\tau-u)h(u)\,\mathrm{d}u = Y(t+\tau) = \tilde{Y}(t).$$

现假设输入过程 $\{X(t), -\infty < t < \infty\}$ 是弱平稳的且

$$\mathbf{E}[X(t)] = 0, \quad \mathbf{Cov}(X(t), X(t+s)) = R_{XX}(s).$$

现在来计算输出过程 $\{Y(t)\}$ 的均值和自协方差函数.

假设期望和积分算子可以交换 $\left(\text{充分条件为} \int |h(u)|\,\mathrm{d}u < \infty, \text{且存在有限的 } M > 0, \text{使得对所有 } t, \mathbf{E}|X(t)| < M \text{ 成立}\right)$, 我们有

$$\mathbf{E}[Y(t)] = \int \mathbf{E}[X(t-u)]h(u)\,\mathrm{d}u = 0.$$

类似地,

$$\begin{aligned}\mathbf{Cov}(Y(t_1), Y(t_2)) &= \mathbf{Cov}\left[\int X(t_1-u_1)h(u_1)\,\mathrm{d}u_1, \int X(t_2-u_2)h(s_2)\,\mathrm{d}s_2\right] \\ &= \iint \mathbf{Cov}[X(t_1-u_1), X(t_2-u_2)]h(u_1)h(u_2)\,\mathrm{d}u_1\mathrm{d}u_2 \\ &= \iint R_{XX}(t_2-u_2-t_1+u_1)h(u_1)h(u_2)\,\mathrm{d}u_1\mathrm{d}u_2. \end{aligned} \tag{1-27}$$

因此, $\mathbf{Cov}(Y(t_1), Y(t_2))$ 对 t_1, t_2 的依赖关系完全由 t_2-t_1 决定, 记 $R_{YY}(t_2-t_1) = \mathbf{Cov}(Y(t_1), Y(t_2))$. 故 $\{Y(t)\}$ 也是弱平稳的.

现在讨论两过程 $\{X(t)\}$ 与 $\{Y(t)\}$ 的功率谱密度

$$f_{XX}(\omega) = \frac{1}{2\pi}\int_{-\infty}^{\infty} R_{XX}(\tau)\mathrm{e}^{-\mathrm{i}\omega\tau}\,\mathrm{d}\tau \quad 与 \quad f_{YY}(\omega) = \frac{1}{2\pi}\int_{-\infty}^{\infty} R_{YY}(\tau)\mathrm{e}^{-\mathrm{i}\omega\tau}\,\mathrm{d}\tau$$

之间的关系. 设 $\tilde{h}(\omega) = \int \mathrm{e}^{-\mathrm{i}\omega\tau} h(\tau)\,\mathrm{d}\tau$. 由 (1-27), 得

$$\begin{aligned} f_{YY}(\omega) &= \frac{1}{2\pi}\iiint \mathrm{e}^{-\mathrm{i}\omega\tau} R_{XX}(\tau-\tau_2+\tau_1)h(\tau_1)h(\tau_2)\,\mathrm{d}\tau_1\mathrm{d}\tau_2\mathrm{d}\tau \\ &= \frac{1}{2\pi}\iiint \mathrm{e}^{-\mathrm{i}\omega(\tau-\tau_2+\tau_1)} R_{XX}(\tau-\tau_2+\tau_1)\,\mathrm{d}\tau\,\mathrm{e}^{\mathrm{i}\omega\tau_2}h(\tau_2)\,\mathrm{d}\tau_2\,\mathrm{e}^{-\mathrm{i}\omega\tau_1}h(\tau_1)\,\mathrm{d}\tau_1 \\ &= f_{XX}(\omega)\tilde{h}(-\omega)\tilde{h}(\omega) \\ &= f_{XX}(\omega)|\tilde{h}(\omega)|^2. \end{aligned} \tag{1-28}$$

即过程 $\{Y(t)\}$ 的功率谱等于过程 $\{X(t)\}$ 的功率谱与脉冲响应函数 $h(\cdot)$ 的 Fourier 变换振幅平方的乘积. 这一结论即为时间不变线性系统的谱变换定理.

当输入过程与输出过程都是离散时间的随机过程时, $\{X_t, t=0,\pm1,\cdots\}$ 与 $\{Y_t, t=0,\pm1,\cdots\}$ 两者之间的关系 (1-26) 变为

$$Y_t = \sum_{u=-\infty}^{\infty} h(t-u)X_u. \tag{1-29}$$

在 (1-29) 中, 若输入过程是平稳的, 且 $\sum_{t=-\infty}^{\infty}(1+|t|^2)|h(t)| < \infty$ 与 $\mathbf{E}|X(t)| < \infty$ 都成立, 则输出过程也是平稳的随机过程. 进一步, 对于任意的 $k>0$, 如果 $\mathbf{E}|X(t)|^k < \infty$, 则 $\mathbf{E}|Y(t)|^k < \infty$(见文献 [24, 引理 2.7.3]). 特别地, 当 $\{X_s\}$ 是独立同分布的随机变量序列时, 随机过程 $\{Y_t\}$ 称为**线性过程** (linear process). 对于 (1-29) 中的随机过程, 谱关系 (1-28) 仍然成立, 只不过其中的连续型 Fourier 变换用离散型 Fourier 变换代替. 线性过程的连续时间版本

$$Y_t = \int_{-\infty}^{\infty} h(t-u)\,\mathrm{d}Z_u \tag{1-30}$$

称为**连续时间滑动平均**, 其中随机过程 $\{Z_t\}$ 是独立平稳增量过程.

类似于 (1-26), 多维线性不变过滤的 s 维输入过程 $\{\boldsymbol{X}(t), -\infty<t<\infty\}$ 与 r 维输出过程 $\{\boldsymbol{Y}(t), -\infty<t<\infty\}$ 之间的关系为

$$\boldsymbol{Y}(t) = \int_{-\infty}^{\infty} H(t-u)\boldsymbol{X}(u)\,\mathrm{d}u, \tag{1-31}$$

其中 $H(\cdot)$ 为 $r \times s$ 的时变矩阵. 这时过程 $\{\boldsymbol{X}(t)\}$ 与 $\{\boldsymbol{Y}(t)\}$ 功率谱间的关系为

$$\boldsymbol{f}_{\boldsymbol{YY}}(\omega) = \tilde{H}(\omega)\boldsymbol{f}_{\boldsymbol{XX}}(\omega)\tilde{H}(\omega)^*, \tag{1-32}$$

其中 $\tilde{H}(\omega) = \int \mathrm{e}^{-\mathrm{i}\omega\tau} H(\tau)\,\mathrm{d}\tau$ 为脉冲响应函数 $H(\cdot)$ 的 Fourier 变换.

当输入过程与输出过程都是离散时间的随机过程时, $\{\boldsymbol{X}_t, t = 0, \pm 1, \cdots\}$ 与 $\{\boldsymbol{Y}_t, t = 0, \pm 1, \cdots\}$ 之间的关系 (1-31) 变为

$$\boldsymbol{Y}_t = \sum_{u=-\infty}^{\infty} H(t-u)\boldsymbol{X}_u. \tag{1-33}$$

在 (1-33) 中, 若输入过程是平稳的, 且 $\sum_{t=-\infty}^{\infty}(1+|t|^2)\|H(t)\| < \infty$ 与 $\mathbf{E}\|\boldsymbol{X}(t)\| < \infty$ 都成立, 则输出过程也是平稳的随机过程. 进一步, 对于任意的 $k > 0$, 如果 $\mathbf{E}\|\boldsymbol{X}(t)\|^k < \infty$, 则 $\mathbf{E}\|\boldsymbol{Y}(t)\|^k < \infty$ (见文献 [24, 引理 2.7.3]). 特别地, 当 $\{\boldsymbol{X}_s\}$ 是独立同分布的随机变量序列时, 随机过程 $\{\boldsymbol{Y}_t\}$ 称为 r 维的**线性过程**. 对于 (1-33) 中的随机过程, 谱关系 (1-32) 仍然成立, 只不过其中的连续型 Fourier 变换用离散型 Fourier 变换代替. 线性过程的连续时间版本

$$\boldsymbol{Y}_t = \int_{s=-\infty}^{\infty} H(t-u)\,\mathrm{d}\boldsymbol{Z}_u$$

称为 r 维的**连续时间滑动平均**, 其中随机过程 $\{\boldsymbol{Z}_t\}$ 是向量值独立平稳增量过程.

1.6 本章小结

本章给出了随机过程的基本概念、基本理论和基本方法, 是后继章节相关内容的重要基础. 在随机过程的实例中, Lévy 过程是用于驱动更为复杂的随机过程的基础过程, 连续时间滑动平均过程是一类具有较复杂相依结构的平稳随机过程. 与时间序列模型类似, 连续时间的滑动平均过程 (CMA) 还可以进一步拓展到自相依性质更为复杂的连续时间自回归滑动平均过程 (CARMA, 参见文献 [25]) 以及空间 CARMA 模型 (参见文献 [27]). 这些基本的随机过程无论在统计建模中, 还是作为统计问题的研究对象都具有重要的研究价值.

频域统计分析的研究对象主要是随机过程或时间序列的谱密度. 本章给出的谱的概念主要是指经典谱, 主要用于描述过程的二阶自相关性质. 关于更为一般的描述过程二阶相关性之外的相依性质的谱, 我们将在第 6 章介绍. 此外, 谱的概念还可进一步扩展到空间自相关性质的描述上, 这方面的详细介绍可参见文献 [11,56] 等.

利用谱密度函数仿真高斯过程的最大优势是可以借助于快速 Fourier 变换进行计算, 计算复杂度大大降低. 在时间不变线性过滤下, 无论在过程表达形式上还是在谱密度关系上都能用简单的表达式描述输入过程与输出过程间的联系. 对简单的输入过程进行线性过滤得到输出过程, 不仅可以用于刻画非常一般化的自相关结构, 而且周期图的很多重要渐近性质与谱推断的重要结论都是在线性过滤假设下才得以实现, 参见文献 [26,45] 等.

第 2 章　谱域分析与航海数据科学

本章在介绍传统航海数据分析参数化模型的基础上, 讨论用参数化模型进行船体受力及疲劳损伤研究的背景及其存在的问题, 以及大数据背景下非参数谱方法的特点、优势及发展方向等.

在基于参数化模型研究波浪诱导的极端应力分布规律及船体疲劳损伤时, 需要事先对波浪高度进行建模, 尤其需要明确波浪在时间方向的谱 (见 4.1节). 因此, 我们先介绍两类参数化水波模型——随机场水波模型与由自相关结构决定的模型.

2.1　随机场水波模型

早在 20 世纪 20 年代, St. Denis 和 Pierson 研究了一维时间相依过程的表示形式, 并首次将其推广到随机水波模型. 随机水波是具有齐次性 (homogeneous) 的一类特殊随机场 (random field)(见文献 [150]), 随机场实际上是指参数集 $\mathbb{T}$(见定义 1.1) 为多维空间中子集的随机过程. 随机水波的特殊性主要体现在其时空频率间存在一类特殊关系 (见文献 [104]). 一维时间相依的高斯基本波具有形式

$$A_{\boldsymbol{\omega}}\cos(\omega t-\kappa s+\phi_{\boldsymbol{\omega}}), \tag{2-1}$$

其中 $\boldsymbol{\omega}=(\omega,\kappa)$, ω 代表位置固定时波的振动频率, κ 表示时间固定时单位长度内波的数量, t 代表时间, s 代表沿坐标轴离原点的距离, $A_{\boldsymbol{\omega}}$ 代表波的振幅, $\phi_{\boldsymbol{\omega}}$ 为振动相位. 根据物理推导可知, 单位长度内波的数量 (wave number)κ 与频率 ω 间的关系通过色散方程 (dispersion relation)

$$\omega^2=\kappa g\tanh(h\kappa)$$

产生联系, 其中 g 代表重力加速度常数, h 代表水深, $\tanh(x)=(\mathrm{e}^x-\mathrm{e}^{-x})/(\mathrm{e}^x+\mathrm{e}^{-x})$. 当 $h\to\infty$ 时, 色散方程变为 $\omega^2=\kappa g$. 为简单起见, 以下主要考虑水深趋于无穷的情况.

在由 (2-1) 决定的高斯基本波中, 若 ω 与 κ 的符号相同, 则随着 t 的增大, 波将向右移动 (即 t 变大时, 只有在原位置的右侧才能找到与原位置处原波形相同的波形); 若 ω 与 κ 的符号相反, 则随着 t 的增大, 波将向左移动.

一个高斯随机波波高 (wave elevation) 是形如 (2-1) 的基本波的混合, 即

$$X(t,s)=\sum_{\omega}A_{\omega}\cos(\omega t-\kappa s+\phi_{\omega}). \tag{2-2}$$

可以根据基本波的传播方向对 $X(t,s)$ 进行分解, 即为

$$X(t,s)=X_{+}(t,s)+X_{-}(t,s).$$

随着 t 的增加, 由 $X_{+}(t,s)$ 表示的波向右移动, 而由 $X_{-}(t,s)$ 表示的波向左移动.

固定 $t=t_0$ 或 $s=s_0$, 我们可以分别得到空间波 $X(t_0,s)$ 和时间波 $X(t,s_0)$. 由色散方程 $\omega^2=g\kappa>0$, 可得时间波与空间波谱密度之间具有如下关系:

$$f^{\text{time}}(\omega)=\frac{2\omega}{g}f^{\text{space}}\left(\frac{\omega^2}{g}\right),$$

$$f^{\text{space}}(\kappa)=\frac{1}{2}\sqrt{\frac{g}{\kappa}}f^{\text{time}}(\sqrt{g\kappa}).$$

二维时间相依的高斯波 $X(t,s_1,s_2)$ 是基本波

$$A_{\omega}\cos(\omega t-\kappa(s_1+s_2)+\phi_{\omega})$$

的混合, 其中 $\omega>0$ 与 $\kappa>0$ 由色散方程建立联系.

对于固定的空间点 $\boldsymbol{s}_0$, 时间波的谱实际上是方向 $\theta\in[-\pi,\pi)$ 的函数, 称为随机波 $X(t,s_1,s_2)$ 在空间点 $\boldsymbol{s}_0$ 处的方向谱 (directional spectrum), 记为 $f(\omega,\theta)$(对于空间齐次的波, 方向谱与 $\boldsymbol{s}_0$ 无关). 记 $f^{\text{time}}(\omega)=\int_0^{2\pi}f(\omega,\theta)\,\mathrm{d}\theta$, 它与方向 θ 无关, 称为随机波的时间谱. 容易发现

$$f(\omega,\theta)=f^{\text{time}}(\omega)D(\omega,\theta),$$

其中, $D(\omega,\theta)$ 满足 $\int_0^{2\pi}D(\omega,\theta)\,\mathrm{d}\omega=1$, 称为扩散函数 (spread function), 用于刻画不同方向波对随机波的相对贡献. 有关海洋波的方向谱建模研究的一些方法可参见文献 [169].

例 2.1 在不同天气条件下的海洋波动谱是在船舶运动模型中的一个重要输入量. 有关典型的一些波动谱的设计和估计一直都得到研究人员的重视. 最常见的谱之一是 Pierson-Moskowitz 谱, 具有形式

$$f_{\text{PM}}^{\text{time}}(\omega)=\frac{\alpha g^2}{\omega^5}\mathrm{e}^{-1.25(\omega_m/\omega)^4}.$$

另一类常见谱称为 JONSWAP 谱, 具有形式

$$f_{\mathrm{J}}^{\mathrm{time}}(\omega)=\frac{\alpha g^2}{\omega^5}\mathrm{e}^{-1.25(\omega_m/\omega)^4}\gamma^{\exp(-(1-\omega/\omega_m)^2/2\sigma_m^2)},$$

其中, 参数 $\gamma>1$ 与 $\sigma_m=\sigma_1\mathbb{I}_{\{\omega\leqslant\omega_m\}}+\sigma_2\mathbb{I}_{\{\omega>\omega_m\}}$ 决定着谱的峰值. 在这两个模型中, 参数 α 是正态方差的一个主要参数, g 为重力加速度常数, ω_m 决定着峰频率.

在平稳的海况下, t 时刻 (x,y) 平面上海面高度 $H(t,x,y)$ 可以用无穷级数模型

$$H(t,x,y)=\sum_{i=1}^{\infty}A_i\cos(\omega_i t-k_i x-k_i y+\phi_i)$$

来刻画, 其中 $k_i=\omega_i^2/g$, $\phi_i\sim U(0,2\pi)$, 且关于 i 独立. 根据小振幅波理论 (见文献 [154]), $A_i\approx\sqrt{f(\omega_i,\theta)\Delta\omega_i}$, 其中 $\Delta\omega_i=\omega_{i+1}-\omega_i$, $\theta=\arctan(y/x)$.

取时间谱为 JONSWAP 谱, 其中 $\alpha=0.009$, $\gamma=3.3$, $\sigma_1=0.07$, $\sigma_2=0.09$, $\omega_m=3$, $\Delta\omega=0.3$, 频率波动范围为 1.8—6.0, 取 $D(\omega,\theta)=D(\theta)=\dfrac{2}{\pi}\cos^2\theta$, $|\theta|\leqslant\dfrac{\pi}{2}$, 得 $t=0$ 时刻高斯随机海平面高度的图像如图 2-1 所示.

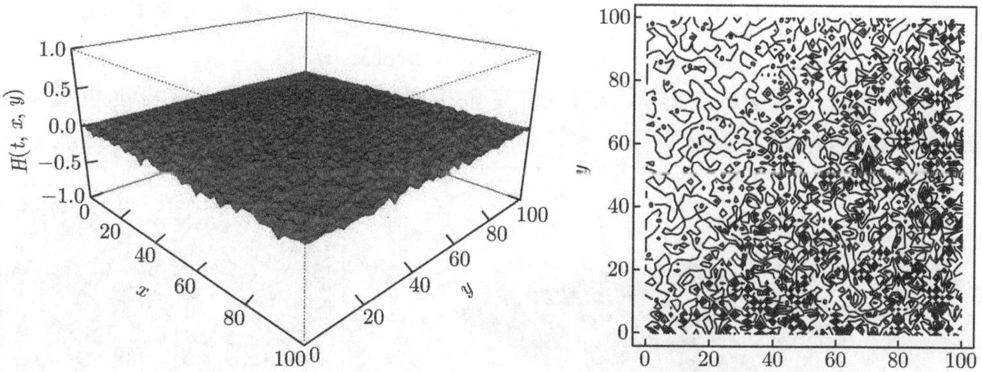

(a) 三维图像　　(b) 等高线图

图 2-1　海面高度模拟图示

考虑模型 (2-2) 的有限和形式

$$X(t,s)=\sum_{i=1}^{m}A_i\cos(\omega_i t-\kappa_i s+\phi_i).$$

设变量 $\underline{u}=\{u_i,\bar{u}_i\}_{i=1,2,\cdots}$ 为相互独立的标准正态随机变量, 并令

$$A_i=\sigma_i\sqrt{u_i^2+\bar{u}_i^2},\quad \phi_i=\arctan\left(\frac{\bar{u}_i}{u_i}\right),$$

利用三角函数的运算公式 $\cos(x+y)=\cos(x)\cos(y)-\sin(x)\sin(y)$, $\arctan x = \operatorname{sgn}(x)\arccos\dfrac{1}{\sqrt{1+x^2}}=\arcsin\dfrac{x}{\sqrt{1+x^2}}$, 得 (参见文献 [79])

$$X(t,s)=\sum_{i=1}^{m}(u_i c_i(x,t)+\bar{u}_i\bar{c}_i(x,t)), \tag{2-3}$$

其中

$$c_i(x,t)=\sigma_i\cos(\omega_i t-k_i x), \qquad \bar{c}_i(x,t)=-\sigma_i\sin(\omega_i t-k_i x).$$

一维空间形式的波 (2-3) 也可推广为海面高度的二维空间模型.

例 2.2 (例 2.1续) 在平稳的海况下, t 时刻 (x,y) 平面上海面高度 $H(t,x,y)$ 也可以用模型 (参见文献 [79,80])

$$H(t,x,y)=\sum_{i=1}^{m}(u_i c_i(x,y,t)+\bar{u}_i\bar{c}_i(x,y,t))$$

来刻画, 其中

$$c_i(x,y,t)=\sigma_i\cos(\omega_i t-k_i x-k_i y), \quad \bar{c}_i(x,y,t)=-\sigma_i\sin(\omega_i t-k_i x-k_i y),$$

$k_i=\omega_i^2/g$, $\underline{u}=\{u_i,\bar{u}_i\}_{i=1,2,\cdots,m}$ 为相互独立的标准正态随机变量序列. 这里, $\sigma_i^2=f(\omega_i,\theta)\Delta\omega_i$, 其中 $\Delta\omega_i=\omega_{i+1}-\omega_i$, $\theta=\arctan(y/x)$.

与例 2.1中对参数与方向谱的设置完全相同, 可得 $t=0$ 时刻高斯随机海平面高度的图像如图 2-2 所示.

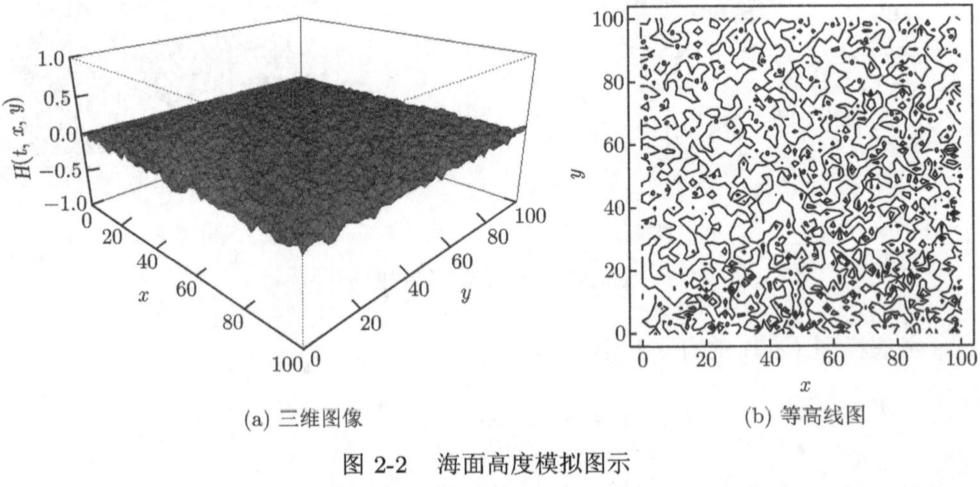

(a) 三维图像 (b) 等高线图

图 2-2 海面高度模拟图示

自 20 世纪 50 年代初开始, 高斯波的应用便获得了巨大的成功. 但高斯波是对称的, $X(t)$, $-X(t)$, $X(-t)$ 都具有相同的分布. 对于深水、无风等温和、平稳的海况, 用高斯波来对波高进行建模是合理的. 然而, 在恶劣海况下, 这是不符合实际的. 因此, 现在很多研究致力于非线性的随机波动模型, 相对于线性的高斯模型, 具有不同频率的非线性基本波可以相互作用.

2.2 由自相关性决定的模型

对海浪、摇摆和应力等过程的自相关函数, 根据实验资料可写出的经验表达式有

$$\rho(t) = \left\{\cos(\omega|t|) - \frac{\lambda\omega}{2\lambda^2+\omega^2}\sin(\omega|t|)\right\}\mathrm{e}^{-\lambda|t|}, \tag{2-4}$$

$$\rho(t) = \{\cos(\omega|t|) + (\lambda/\omega)\sin(\omega|t|)\}\mathrm{e}^{-\lambda|t|}, \tag{2-5}$$

其中, 参数 $\lambda > 0$ 表征自相关性随时间间隔的衰减速度; $\omega > 0$ 表征自相关曲线的频率 (参见文献 [170]). 由表 1-1 可见, (2-4) 与 (2-5) 分别是核函数为 $\cos(\omega s)\,\mathrm{e}^{-\lambda s}\mathbb{I}_{\{s>0\}}$ 与 $\sin(\omega s)\,\mathrm{e}^{-\lambda s}\mathbb{I}_{\{s>0\}}$ 的高斯滑动平均的自相关函数. 文献 [173] 给出了自相关函数为 (2-4) 与 (2-5) 的平稳过程离散样本 $\{X(kh),\,k=0,1,\cdots\}$ 对应的谱密度函数, 它们分别为

$$\begin{aligned} f_h(\omega) =& \frac{(2\lambda^2+\omega^2)\sigma^2}{8\lambda(\lambda^2+\omega^2)}\left[\frac{\sinh(\lambda h) - \dfrac{\lambda\omega}{2\lambda^2+\omega^2}\sin(\omega h+z)}{\cosh(\lambda h)-\cos(\omega h+z)}\right. \\ & \left. + \frac{\sinh(\lambda h) - \dfrac{\lambda\omega}{2\lambda^2+\omega^2}\sin(\omega h-z)}{\cosh(\lambda h)-\cos(\omega h-z)}\right] \end{aligned}$$

与

$$f_h(\omega) = \frac{\omega^2\sigma^2}{8\lambda(\lambda^2+\omega^2)}\left[\frac{\sinh(\lambda h)+\dfrac{\lambda}{\omega}\sin(\omega h+z)}{\cosh(\lambda h)-\cos(\omega h+z)} + \frac{\sinh(\lambda h)+\dfrac{\lambda}{\omega}\sin(\omega h-z)}{\cosh(\lambda h)-\cos(\omega h-z)}\right],$$

其中 $\omega \in [-\pi,\pi]$.

利用实船实测的船体垂向加速度 (vertical acceleration, VAC) 数据, 文献 [173] 研究了核函数是 $\cos(\omega s)\,\mathrm{e}^{-\lambda s}\mathbb{I}_{\{s>0\}}$ 与 $\sin(\omega s)\,\mathrm{e}^{-\lambda s}\mathbb{I}_{\{s>0\}}$ 的高斯滑动平均对真实数据的拟合, 拟合效果见图 2-3. 模型的参数是通过文献 [173] 中的经验似然方法估计得到的. 从一维边际平稳和自相关函数的拟合情况来看, 两个模型的拟合效果都相当不错. 但是, 通过借助参数自助法 (bootstrap) 对核函数的经验似

然 (empirical likelihood) 检验结论来看, 当 H_0 表示核函数为 $\sin(\omega s)\,\mathrm{e}^{-\lambda s}\mathbb{I}_{\{s>0\}}$ 的情况时, 所计算的 p-值几乎为 0, 而 H_0 表示核函数为 $\cos(\omega s)\,\mathrm{e}^{-\lambda s}\mathbb{I}_{\{s>0\}}$ 的情况时, 所计算的 p-值超过 0.4. 所以核函数为 $\sin(\omega s)\,\mathrm{e}^{-\lambda s}\mathbb{I}_{\{s>0\}}$ 的高斯滑动平均模型不适合作为船体垂向加速度的模型. 显然, 垂向加速度数据与海浪浪高、船体摇摆和所受应力等都有着相似的性态.

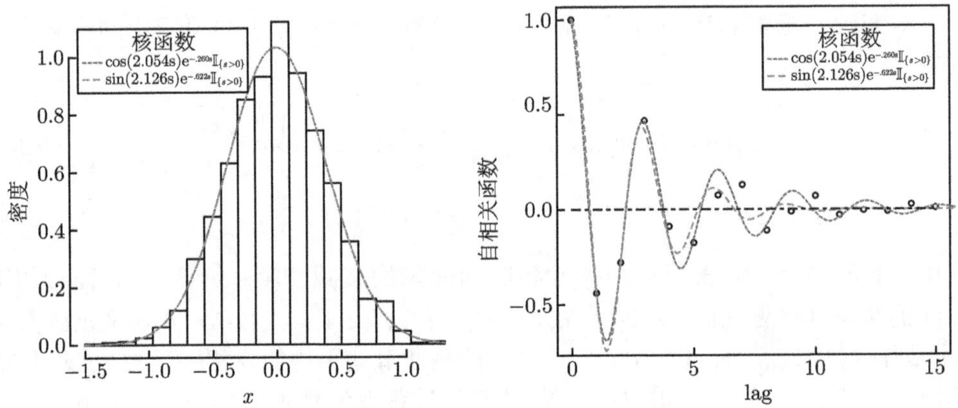

(a)　　(b)

图 2-3　利用高斯滑动平均对船体垂向加速度的拟合效果图

2.3　大数据背景下航海数据科学的新变化

2.3.1　安全航运中的数据科学问题

集装箱船舶在当今航运市场上占有极为重要的地位. 近二十年来, 集装箱船舶大型化趋势明显. 由于其结构固有特点, 大型集装箱船舶存在抗扭转和屈曲强度弱、所受切应力变化幅度大、舱口角隅部位的应力集中等问题 (参见文献 [86]). 加之在实际营运过程中船舶在波浪中航行时受载情况变化无常, 船体构件长期受到突变应力和交变应力的作用, 因此船体强度不足和疲劳破坏等 (图 2-4) 而引起的事故时有发生 (如文献 [77,146]). 因此, 确保集装箱船舶的安全营运始终是航海界的重要课题.

现有的安全营运中的研究方法大多基于实验室模拟数据, 侧重于模型化的理论计算, 缺乏实践性, 特别是缺乏实船的实际测量验证数据. 目前, 国内外集装箱船舶广泛安装了船体振动和应力实时监测系统, 这些系统可以采集有关集装箱船体振动和关键部位所受应力的实测数据. 为确保船舶的安全营运, 有一些基本问题受到普遍关注. 例如, 在大风浪条件下, 如何选择合适的入浪角 (wave-approach angel) 和船速驾驶以减少船体的疲劳损伤? 如何利用船体振动和应力实时监测系统所采集的振动数据建立船舶疲劳损伤实时预警系统? 如何通过所采集的船体关键部位所受应力数据检测船体构件的疲劳损伤情况?

图 2-4 集装箱船舶船体波浪载荷损伤示意图

经研究分析: 船体振动的幅度、振动频率及不同部位振动的协调性在引起船体疲劳损伤中起着重要作用; 海浪驱动的船体振动的边际谱密度与谱相关系数根据海况和航向的不同存在随时间变化的特点; 船体构件的疲劳损坏情况可以通过检测船体构件所受应力谱的变化情况来实现. 因此, 很多船舶安全营运问题最终可归结为谱统计推断的问题. 例如, 非平稳多变量时间序列谱密度估计的理论和方法; 非平稳多变量时间序列边际谱密度是否相同或成比例的检验理论和方法等.

2.3.2 从参数化方法到谱域非参数方法的必然

同应用统计学的其他分支类似, 在航海数据统计分析中, 用参数化模型对船体受力或疲劳损伤等进行研究有其故有优势. 主要体现在两个方面: 一是海浪对船体的作用机理描述清晰, 模型的可解释性强; 二是在模型假设准确的情况下, 统计方法的效率一般较高. 但是, 用参数化模型对航海数据进行统计分析所得到的结论对船舶安全驾驶或造船技术所起到的实际参考价值有限. 在平静的海况中, 或在用鼓型离心机装置模拟的海况中, 海浪对船体的作用是基本符合既有物理规律的, 参数化模型自然可以体现它们的优势. 但在实际的航运环境下, 尤其是在恶劣海况下, 海浪的起伏复杂多变, 很难用参数化模型描述清楚. 海浪对船体的作用机理也无法用参数化模型进行描述, 于是船体的振动及受力都很难用参数化模型进行描述.

参数化模型无法描述恶劣海况下的船体振动及受力情况, 于是非参数化方法自然是一个良好的接替者. 但是, 早期在钢质船体上安装设备对船舶振动和受力等进行实时监控的实践较少. 近几十年来, 随着技术的不断发展, 在船体上安装振动和受力监控的传感器，用于实测数据收集的成本大大降低，这一实践已广泛开展. 很多航运公司都实际上存储着记录船舶航运的大数据. 自然，在这些船舶航行实时监控数据中蕴含着船体振动、受力、疲劳损伤等的真实面目信息.

谱密度蕴含着随机过程或时间序列的一切自相关信息 (见 1.2 节). 利用船体振动数据的谱可以非常好地描述船体不同位置的振动能量大小及船体不同位置振动的协调性，这些信息又能非常好地描述船体所受到的突变应力或交变应力情况，进一步反映船体的疲劳损伤情况. 另一方面，相较于时间域内的研究方法，因时间序列 Fourier 变换的独立性 (或渐近独立性) 及快速 Fourier 变换的计算高效性，利用 Whittle 似然 (参见文献 [164]) 等在谱域内对大数据的自相关性进行研究更加方便. 因此，大数据背景下，非参数谱推断或者非参数谱分析成为航运数据科学领域船舶安全营运策略研究的必然选择.

一般情况下，一个谱密度的相合估计量可以通过将周期图 (periodogram) 光滑来得到. 但这类非参数谱估计 (esimated spectrum) 方法中光滑参数的选择是一个很大的问题. 在谱密度的估计中，基于将对数谱密度表示成线性光滑样条的非参数贝叶斯推断具有重要的地位. 通过适定地将数据分成小片段，这类方法可以估计非平稳时间序列的时变谱 (参见文献 [139, 140]). 通过将 Hermite 矩阵进行复的 Cholesky 分解，这类方法还可以用于估计多维时间序列的谱矩阵 (参见文献 [119,138,175]) 与时变多变量谱矩阵 (参见文献 [99,173]). 基于可以提供谱矩阵灵活且简约表示的一种新型频率域因子模型，这类方法还可用于高维多变量非平稳时间序列的谱分析 (参见文献 [99]). 通过利用光滑样条模型，文献 [28] 中的条件适定贝叶斯谱分析可用于分析同时包含突变和缓变的时变与协变谱的关联性. 近来，多个时间序列的条件谱分析 (参见文献 [88]) 与空间谱估计 (参见文献 [176]) 等也都基于贝叶斯光滑样条模型. 由于光滑样条先验在处理各式复杂时间序列中的良好兼容性，除了传统的光滑周期图估计外，在第 3 章与第 5 章中将介绍这类贝叶斯统计分析方法及其在处理航海数据中的应用.

在船舶制造和航行中，一类经典的问题是：在相应概率模型结构假设下，讨论波浪诱导的极端响应的分布规律与船体疲劳损伤的计算，以及抨击响应引起的最大突变应力分布等问题. 然而，在大数据背景下，借助实船实测数据的极端应力分布规律与船体疲劳损伤计算的研究思路也将发生变化. 第 4章将探讨经典方法的缺陷及大数据背景下基于谱估计的研究方法.

谱比较自 20 世纪 60 年代以来就在科学研究和实践中被广泛关注. 现有的大部分有关谱比较的文献都假设谱是时间不变的，且检验统计量依赖于谱密度函数的非参数估计，如文献 [48, 49, 81] 等. 而非参数谱密度估计进一步依赖于光滑参数的选择. 虽然文献 [45] 提出的检验统计量不再依赖于非参数估计量，但适用范围为高斯线性过程. 因样本数据的多样性和谱比较问题的重要性，提出可以适用于非高斯模型的谱比较检验但不依赖于任何参数或非参数估计的检验方法是十分有意义的. 第 5 章还将探讨这类谱比较方法.

时间可逆性的检验一般用于探测模型对正态性或线性性的偏离. 现有的关于成对时间可逆性的检验方法主要是检验时间可逆性的某些充分条件, 在这方面的研究中, 时间域上的方法主要有文献 [32, 132, 134, 136] 等; 频率域上的方法主要有文献 [71, 166] 等. 这些现有研究的一个共同缺陷是: 检验统计量是从成对时间可逆性的某个充分条件出发的, 但非充分必要条件. 因此, 研究从时间序列二阶边际分布出发检验过程成对时间可逆性的问题是有重要理论和现实意义的. 第 6 章中将基于耦合谱探讨成对时间可逆性的检验问题.

2.4 本章小结

本章主要给出刻画船体振动及受力统计分析的经典参数模型以及大数据背景下统计分析方法和思路的新变化, 其目的是解释由船舶安全营运问题驱动的统计问题研究为何以谱域统计分析理论方法作为重点, 这也是本著作所选内容的主要依据.

第 3 章　平稳谱的非参数估计

经典谱 (谱分布或谱密度) 包含着随机过程或时间序列的所有二阶自相关性信息. 对经典谱进行研究无须像自相关函数那样考虑滞后阶数, 使用方便. 谱估计提供自相依结构的直观描述, 易于据此发现数据的自相依模式, 进而为数据选择合适的模型. 从非参数统计的角度, 谱估计方法所得到的谱密度估计本身就对应着一类自相依结构, 也可以认为模型已指定, 据此进行进一步的统计分析及其他应用.

经典的谱密度估计方法是先计算周期图, 再对其进行光滑从而得到谱密度的相合估计量 (如文献 [24, 第五章], 文献 [147, 第四章等]). 这类方法所得的谱估计虽然较为粗糙, 但简单易行. 本章在介绍完预备知识后, 先给出光滑周期图的谱估计方法.

对周期图进行光滑化以得到谱密度的相合估计, 这类方法虽然简单, 但在实际工作中如何确定周期图的加权权重是一项十分困难的工作. 周期图光滑化的另一个问题是在对多变量谱密度矩阵进行估计时, 为保证谱密度矩阵的正定性, 需要对谱密度矩阵中的所有元素施加同样的权重. 但是, 在大多数情况下, 谱密度矩阵的不同元素往往具有不同的光滑化特征. 文献 [42] 中的非参数谱估计方法从一个粗糙的谱密度矩阵估计值出发, 对其进行 Cholesky 分解, 通过对 Cholesky 分解中的元素进行不同的光滑化实现谱矩阵中不同元素的不同光滑化. 但文献 [42] 的方法没有用到所有观测数据, 所得的估计是次优的. 文献 [94] 中提出的惩罚 Whittle 似然方法也允许谱矩阵中的不同元素采用不同的光滑参数进行光滑, 但其算法依赖于高维半正定规划问题的求解, 速度较慢. 文献 [138] 中的方法则是在贝叶斯框架下, 基于 Whittle 似然采用 Markov 链 Monte Carlo 技术对谱密度矩阵 Cholesky 分解中的元素进行不同的光滑化. 贝叶斯谱估计方法可以实现谱元素的自动光滑. 在给出 Whittle 似然的原理后, 本章首先提供了一种简单易于操作并且光滑性质优于光滑周期图的谱估计方法——基于平稳过程自回归表示的谱估计; 接着, 在基于文献 [140] 与 [138] 方法的基础上, 重点阐述贝叶斯框架下单变量与多变量的自动谱估计方法.

经典的谱估计大多是基于等距观测样本进行的, 所估计的谱也是定义在有限区间内. 但是, 由于测量设备的抖动或者设备本身抽样的随机性等原因, 数据抽样的时间间隔呈现不规则性. 对于不规则抽样的数据, 因为抽样间隔有长有短, 其谱信息涵盖的频率域将更广. 因此, 所估计的谱在理论上可以定义于整个实数轴上. 相应地, 应该在连续时间随机过程模型假设下来讨论数据的谱估计. 本章最后将在贝叶斯框架下给出基于不规则间距数据的自动谱估计方法.

作为预备知识, 下面先引入关于时间序列的一些正则化条件和离散 Fourier 变换.

3.1 正则化条件及时间序列离散 Fourier 变换

考虑 r 维的随机变量 $\boldsymbol{X}=(X_1,\cdots,X_r)^{\mathrm{T}}$, 其中 $\mathbf{E}|X_j|^r<\infty$ 对所有的 $j=1,\cdots,r$ 都成立.

定义 3.1 随机向量 $\boldsymbol{X}$ 的 r 阶联合累积 (joint cumulant) 定义为

$$\mathrm{cum}(\boldsymbol{X})=\sum(-1)^{p-1}(p-1)!\left(\mathbf{E}\prod_{j\in\nu_1}X_j\right)\cdots\left(\mathbf{E}\prod_{j\in\nu_p}X_j\right),$$

其中的求和在 $\{1,\cdots,r\}$ 的所有划分 $\{\nu_1,\cdots,\nu_p\}$, $p=1,\cdots,r$ 上进行.

特别地, 当 $r=1$ 时, $\mathrm{cum}(X)=\mathbf{E}(X)$; 当 $r=2$ 时, $\mathrm{cum}(\boldsymbol{X})=\mathbf{Cov}(X_1,X_2)$.

注 3.1 事实上, $\mathrm{cum}(\boldsymbol{X})$ 为 $\boldsymbol{X}$ 的对数特征函数 $\log(\mathbb{E}(\mathrm{i}\boldsymbol{t}^{\mathrm{T}}\boldsymbol{X}))$ 在原点处的 Taylor 展式中含 $(i)^r t_1\cdots t_r$ 项的系数, 其中 $\boldsymbol{t}=(t_1,\cdots,t_r)^{\mathrm{T}}$.

给定 r 维向量值时间序列 $\{\boldsymbol{X}_t=(X_{1t},\cdots,X_{rt})^{\mathrm{T}},\ t=0,\pm1,\cdots\}$. 设 $\mathbf{E}|X_{jt}|^k<\infty$. 对于 $j_1,\cdots,j_k=1,\cdots,r$, $t_1,\cdots,t_k=0,\pm1,\cdots$, 定义

$$c_{j_1,\cdots,j_k}(t_1,\cdots,t_k):=\mathrm{cum}\{(X_{j_1t_1},\cdots,X_{j_kt_k})^{\mathrm{T}}\},$$

称为序列 $\{\boldsymbol{X}_t,\ t=0,\pm1,\cdots\}$ 的 k 阶联合累积函数 (joint cumulant function). 当 $\{\boldsymbol{X}_t,\ t=0,\pm1,\cdots\}$ 为严平稳序列且 $\mathbf{E}|X_{jt}|^k<\infty$ $(j=1,\cdots,r)$ 时, 对任一 $u=0,\pm1,\cdots$,

$$c_{j_1,\cdots,j_k}(t_1+u,\cdots,t_k+u)=c_{j_1,\cdots,j_k}(t_1,\cdots,t_k).$$

此时, 为了移除冗余变量, 常记

$$c_{j_1,\cdots,j_k}(t_1,\cdots,t_{k-1})=c_{j_1,\cdots,j_k}(t_1,\cdots,t_{k-1},0).$$

我们将经常假设序列满足如下结论.

假设 3.1 $\{\boldsymbol{X}_t=(X_{1t},\cdots,X_{rt})^{\mathrm{T}},\ t=0,\pm1,\cdots\}$ 为严平稳的 r 维向量值序列, 其各分量矩存在, 并且对于 $j_1,\cdots,j_k=1,\cdots,r$, $k=2,3,\cdots$,

$$\sum_{t_1,\cdots,t_{k-1}=-\infty}^{\infty}|c_{j_1,\cdots,j_k}(t_1,\cdots,t_{k-1})|<\infty.$$

对于高斯过程的情况, 假设 3.1 可以变为 $\sum_{u=-\infty}^{\infty}|c_{j_1,j_2}(u)|<\infty$, $j_1,j_2=1,\cdots,r$. 进一步, 若 $r=1$, 则假设 3.1 变为 $\sum_{\tau=-\infty}^{\infty}|R(\tau)|<\infty$, 其中 $R(\tau)$ 为高斯过程的自协方差函数.

注 3.2　根据文献 [24, 定理 2.8.1] 可知, 在 (1-29) 与 (1-33) 中, 假设 $\sum_{t=-\infty}^{\infty}(1+|t|^2)|h(t)|<\infty$ 及 $\sum_{t=-\infty}^{\infty}(1+|t|^{s+t})\|H(t)\|<\infty$, 则有: 若输入过程满足假设 3.1, 则输出过程也满足假设 3.1.

一 r 维向量值时间序列的观测 $\{\boldsymbol{X}_t,\ t=1,\cdots,T\}$ 的离散 Fourier 变换定义为

$$\boldsymbol{y}_T(\omega_k)=\frac{1}{\sqrt{T}}\boldsymbol{\xi}_T(\omega_k)=\frac{1}{\sqrt{2\pi T}}\sum_{t=1}^{T}\boldsymbol{X}_t\mathrm{e}^{\mathrm{i}\omega_k t},$$

其中 $\boldsymbol{\xi}_T(\omega)$ 由 (1-22) 定义, $\omega_k=2\pi k/T$, $k=0,1,\cdots,[T/2]$. 我们将 $\boldsymbol{y}_T(\cdot)$ 的定义扩展到 $[-\pi,\pi]$ 上的分段常值函数:

$$\boldsymbol{y}_T(\omega)=\begin{cases}\boldsymbol{y}_T(\omega_k), & \omega_k-\pi/T<\omega\leqslant\omega_k+\pi/T\ \text{且}0\leqslant\omega\leqslant\pi,\\ \boldsymbol{y}_T(-\omega), & \omega\in[-\pi,0).\end{cases}\tag{3-1}$$

由文献 [24, 定理 4.4.1] 可以得到如下结论.

定理 3.1　若 $\{\boldsymbol{X}_t,\ t=0,\pm1,\cdots\}$ 为一 r 维零均值向量值时间序列且满足假设 3.1, 则对任意的 $0<\omega_1<\cdots<\omega_J<\pi$, 当 $T\to\infty$ 时, $\boldsymbol{y}_T(\omega_1),\cdots,\boldsymbol{y}_T(\omega_J)$ 为渐近独立的随机变量序列, 并且 $\boldsymbol{y}_T(\omega_j)\rightsquigarrow CN(\mathbf{0},\boldsymbol{f}(\omega_j))$; $\boldsymbol{y}_T(0)$ 与 $\boldsymbol{y}_T(\pi)$ 也渐近相互独立, 且也渐近独立于之前的离散 Fourier 变换, 并且它们都依分布收敛到 $N(\mathbf{0},\boldsymbol{f}(\omega))(\omega=0$ 或 $\pi)$, 其中 $CN(\mathbf{0},\boldsymbol{\Sigma})$ 表示均值向量为 $\mathbf{0}$、协方差矩阵为 $\boldsymbol{\Sigma}$ 的 r 维向量值圆对称复高斯分布, "$\rightsquigarrow$" 表示依分布收敛.

注 3.3 (圆对称复高斯分布)　若 $\boldsymbol{Z}=\boldsymbol{X}+\mathrm{i}\boldsymbol{Y}$, 且

$$\begin{pmatrix}\boldsymbol{X}\\ \boldsymbol{Y}\end{pmatrix}\sim N\left(\begin{pmatrix}\Re\boldsymbol{\mu}\\ \Im\boldsymbol{\mu}\end{pmatrix},\frac{1}{2}\begin{pmatrix}\Re\Gamma & -\Im\Gamma\\ \Im\Gamma & \Re\Gamma\end{pmatrix}\right),$$

则称 $\boldsymbol{Z}$ 服从具有均值为 $\boldsymbol{\mu}$、协方差阵为 Γ 的**圆对称复高斯分布** (circularly-symmetric complex Gaussian distribution), 记作 $\boldsymbol{Z}\sim CN(\boldsymbol{\mu},\Gamma)$(参见文献 [63]). $CN(\mathbf{0},\Gamma)$ 分布的密度函数为

$$f(\boldsymbol{z})=\frac{1}{\pi^k\det(\Gamma)}\exp\{-\boldsymbol{z}^*\Gamma^{-1}\boldsymbol{z}\},$$

其中 k 为 $\boldsymbol{Z}$ 的维数. 这一表达式的指数部分解释了 "圆对称" 名称的来历.

注 3.4　对于线性过程

$$\boldsymbol{X}_t=\sum_{u=-\infty}^{\infty}H(t-u)\boldsymbol{Z}_u,\tag{3-2}$$

若 $\mathbf{E}\|\boldsymbol{Z}_1\|^3 < \infty$, 且 $\sum_{t=-\infty}^{\infty} \|H(t)\| |t|^{1/2} < \infty$, 则定理 3.1 中的结论仍然成立 (见文献 [70]).

3.2 一维实值时间序列的周期图及其光滑化

3.2.1 周期图及其性质

假设 $\{X_t, t = 0, \pm 1, \cdots\}$ 为一均值为 μ_X 的平稳时间序列, 其谱密度为 $f(\omega)$, $\omega \in (-\pi, \pi]$. 假设可以得到该时间序列的观测值 $X_1, \cdots, X_T$. 由定理 3.1可知

$$y_T(\omega) \rightsquigarrow \begin{cases} CN(0, f(\omega)), & \omega \in (-\pi, \pi)\backslash\{0\}, \\ N(0, f(\omega)), & \omega = 0, \pi. \end{cases}$$

根据这一渐近分布, $f(\omega)$ 的一个自然的估计量为

$$I_T(\omega) = |y_T(\omega)|^2. \tag{3-3}$$

由 (3-3) 定义的统计量 $I_T(\omega)$ 称为**二阶周期图**或周期图. 根据 $y_T(\omega)$ 的定义可知, $I_T(\omega)$ 也是 $(-\pi, \pi)$ 上的分段常值函数.

既然

$$y_T(\omega_k) = \frac{1}{\sqrt{2\pi T}} \sum_{t=1}^{T} X_t \mathrm{e}^{\mathrm{i}\omega_k t} = \frac{1}{\sqrt{2\pi T}} \sum_{t=1}^{T} [X_t \cos(\omega_k t) + \mathrm{i} \sin(\omega_k t)],$$

利用三角函数的性质, 经计算可知由 (3-3) 定义的周期可表示为

$$I_T(\omega_k) = \frac{1}{2\pi T}\left[\left(\sum_{t=1}^{T} X_t \cos(\omega_k)\right)^2 + \left(\sum_{t=1}^{T} X_t \sin(\omega_k)\right)^2\right] = \frac{T}{8\pi}[A_T(\omega_k)^2 + B_T(\omega_k)^2],$$

其中 $A_T(\omega_k) = \dfrac{2}{T}\sum_{t=1}^{T} X_t \cos(\omega_k)$, $B_T(\omega_k) = \dfrac{2}{T}\sum_{t=1}^{T} X_t \sin(\omega_k)$, $\omega_k = 2\pi k/T$, $k = 0, 1, \cdots, [T/2]$. 这里, $A_T(\omega_k)$ 与 $B_T(\omega_k)$ 可分别视为最小化

$$\sum_{t=1}^{T} \left[X_t - A\cos(t\omega_k) - B\sin(t\omega_k)\right]^2$$

的 A 与 B 的解.

由定理 3.1, 可以得到如下结论.

定理 3.2 若 $\{X_t, t = 0, \pm 1, \cdots\}$ 为一实值时间序列且满足假设 3.1, 则对任意的 $0 \leqslant \omega_1 < \cdots < \omega_J \leqslant \pi$, 当 $T \to \infty$ 时, $I_T(\omega_1), \cdots, I_T(\omega_J)$ 为渐近独立的随机变量序列, 并且对任意的 $\omega \in [0, \pi]$, $I_T(\omega)/f(\omega) \rightsquigarrow \mathrm{Exp}(1)$, 其中 $\mathrm{Exp}(1)$ 表示标准指数分布.

推论 3.1　在定理 3.2的条件下, 对任意的 $\omega \in (-\pi, \pi]$, $I_T(\omega)$ 为谱密度 $f(\omega)$ 的渐近无偏估计.

根据定理 3.2, 对于任意的 $\omega \in [0, \pi]$, 可以构造谱密度 $f(\omega)$ 的置信水平为 $1-\alpha$ $(0<\alpha<1)$ 的置信区间

$$\frac{2I_T(\omega)}{\chi^2_{1-\alpha/2}(2)} \leqslant f(\omega) \leqslant \frac{2I_T(\omega)}{\chi^2_{\alpha/2}(2)},$$

其中 $\chi^2_\alpha(df)$ 为自由度为 df 的 χ^2 分布的 α 分位点.

根据文献 [24, 定理 5.2.2], 我们还可以得到比推论 3.1更为具体的结论.

定理 3.3　设 $\{X_t, t=0,\pm1,\cdots\}$ 为一零均值的实值时间序列, 且其自协方差函数 $R(\tau)=\mathbf{E}(X_tX_{t+\tau})$ 满足

$$\sum_\tau |\tau||R(\tau)| < \infty,$$

则对任意的 $\omega \in (-\pi, \pi]$, 有 $\mathbf{E}[I_T(\omega)] = f(\omega) + O(T^{-1})$, 其中项 $O(T^{-1})$ 关于 ω 是一致的.

为了得到周期图渐近独立性的更精细化结论, 我们需要如下结论.

假设 3.2 (l)　$\{\boldsymbol{X}_t = (X_{1t}, \cdots, X_{rt})^{\mathrm{T}}, t=0,\pm1,\cdots\}$ 为严平稳的 r 维向量值序列, 存在一常数 $l \geqslant 0$, 使得对于任意的 $i=1,\cdots,k-1$ 及任意的 $j_1,\cdots,j_k = 1,\cdots,r$, $k=2,3,\cdots$,

$$\sum_{t_1,\cdots,t_{k-1}=-\infty}^{\infty} (1+|t_i|^l)|c_{j_1,\cdots,j_k}(t_1,\cdots,t_{k-1})| < \infty.$$

对于周期图 $I_T(\omega)$ 的二阶矩, 我们有下述结论.

定理 3.4　设 $\{X_t, t=0,\pm1,\cdots\}$ 为一实值时间序列且满足假设 3.2(1). 进一步假设该时间序列的谱密度 $f(\omega)$ 关于 ω 是 Lipschitz 连续的, 即对任意的 $\omega_1, \omega_2 \in (-\pi, \pi]$,

$$|f(\omega_1) - f(\omega_2)| \leqslant C|\omega_1 - \omega_2|$$

成立, 其中 C 为一与 ω 无关的常数. 则对任意的 $\omega_1, \omega_2 \in (-\pi, \pi]$, 有

$$\mathbf{Cov}(I_T(\omega_1), I_T(\omega_2)) = \begin{cases} \mathbf{Var}(I_T(\omega_1)) = f(\omega_1)^2 + O(T^{-1}), & \omega_1 = \omega_2, \\ O(T^{-1}), & \omega_1 \neq \omega_2, \end{cases} \tag{3-4}$$

其中 $O(T^{-1})$ 还可取得使之关于所有的 ω_1 与 ω_2 是一致的.

证明 若取 $\omega_1 = 2\pi r/T$, $\omega_2 = 2\pi s/T$, 且 $s, t = 0, \pm 1, \cdots, \pm[T/2]$, 则根据文献 [24, 定理 5.2.4], 等式 (3-4) 是成立的, 并且 $O(T^{-1})$ 还可以取为关于 ω_1 与 ω_2 是一致的. 根据 (3-3) 及 (3-1), 当 $\omega_1 \neq \omega_2$ 时,

$$\mathbf{Cov}(I_T(\omega_1), I_T(\omega_2)) = \mathbf{Cov}(I_T(2\pi r/T), I_T(2\pi s/T)) = O(T^{-1}),$$

其中 $2\pi r/T - \pi/T < \omega_1 \leqslant 2\pi r/T + \pi/T$, $2\pi s/T - \pi/T < \omega_2 \leqslant 2\pi s/T + \pi/T$. 当 $\omega_1 = \omega_2$ 时, 因谱密度 $f(\omega)$ 关于 ω 是 Lipschitz 连续的, 有

$$\begin{aligned}
&\mathbf{Cov}(I_T(\omega_1), I_T(\omega_2)) \\
=&\mathbf{Var}(I_T(2\pi r/T)) = f(2\pi r/T)^2 + O(T^{-1}) \\
=&f(\omega_1)^2 + 2f(\omega_1)(f(2\pi r/T) - f(\omega_1)) \\
&+ (f(2\pi r/T) - f(\omega_1))^2 + O(T^{-1}) \\
=&f(\omega_1)^2 + O(T^{-1}).
\end{aligned}$$

证毕.

3.2.2 光滑周期图

虽然估计量 $I_T(\omega)$ 为谱密度 $f(\omega)$ 的渐近无偏估计, 但是, 从定理 3.4 可知

$$\mathbf{Var}(I_T(\omega)) \longrightarrow f(\omega)^2.$$

因此, $I_T(\omega)$ 关于 $f(\omega)$ 并不具有相合性. 以下探讨 $f(\omega)$ 的相合估计量.

设 $W_T(j)$, $j = 0, \pm 1, \cdots, \pm m_T$ 为与时间序列观测样本量有关的权重序列并满足如下结论.

假设 3.3 对任意的 $j = 0, \pm 1, \cdots, \pm m_T$, $W_T(j) \geqslant 0$, $W_T(j) = W_T(-j)$, $\sum_{j=-m_T}^{m_T} W_T(j) = 1$, 并且当 $T \to \infty$ 时, $m_T/T \to 0$,

$$\sum_{j=-m_T}^{m_T} W_T(j)^2 \longrightarrow 0.$$

定义估计量

$$\hat{f}_T(\omega) = \sum_{j=-m_T}^{m_T} W_T(j) I_T\left(\omega + \frac{2\pi j}{T}\right). \tag{3-5}$$

则有如下结论.

定理 3.5 设 $\{X_t, t = 0, \pm 1, \cdots\}$ 为一实值时间序列且满足假设 3.2(1). 进一步假设该时间序列的谱密度 $f(\omega)$ 关于 ω 是 Lipschitz 连续的且假设 3.3 成立, 则对任意的 $\omega \in (-\pi, \pi]$, 有 $\hat{f}_T(\omega)$ 为 $f(\omega)$ 的相合估计量.

证明　由定理 3.3, 可得

$$\begin{aligned}
\mathbf{E}[\hat{f}_T(\omega)] &= \sum_{j=-m_T}^{m_T} W_T(j)\mathbf{E}\left[I_T\left(\omega+\frac{2\pi j}{T}\right)\right] \\
&= \sum_{j=-m_T}^{m_T} W_T(j) f\left(\omega+\frac{2\pi j}{T}\right) + O(T^{-1}) \\
&= \sum_{j=-m_T}^{m_T} W_T(j)\left[f(\omega)+\left(f\left(\omega+\frac{2\pi j}{T}\right)-f(\omega)\right)\right] + O(T^{-1}) \\
&= f(\omega) + O(m_T/T) \longrightarrow f(\omega).
\end{aligned}$$

由定理 3.4, 可得

$$\begin{aligned}
\mathbf{Var}[\hat{f}_T(\omega)] &= \sum_{j=-m_T}^{m_T} W_T(j)^2\mathbf{Var}\left[I_T\left(\omega+\frac{2\pi j}{T}\right)\right] \\
&= \sum_{j=-m_T}^{m_T} W_T(j)^2 f\left(\omega+\frac{2\pi j}{T}\right)^2 + O(T^{-1}) \\
&= \sum_{j=-m_T}^{m_T} W_T(j)^2\left[f(\omega)^2 + 2f(\omega)\left(f\left(\omega+\frac{2\pi j}{T}\right)-f(\omega)\right)\right. \\
&\qquad \left. + \left(f\left(\omega+\frac{2\pi j}{T}\right)-f(\omega)\right)^2\right] + O(T^{-1}) \longrightarrow 0.
\end{aligned}$$

所以, 对任意的 $\varepsilon > 0$, 由 Chebyshev 不等式, 得

$$\begin{aligned}
\mathbf{P}(|\hat{f}_T(\omega)-f(\omega)|>\varepsilon) &\leqslant \frac{\mathbf{E}|\hat{f}_T(\omega)-f(\omega)|^2}{\varepsilon^2} \\
&= \frac{\mathbf{Var}(\hat{f}_T(\omega)) + \left(\mathbf{E}(\hat{f}_T(\omega))-f(\omega)\right)^2}{\varepsilon^2} \longrightarrow 0,
\end{aligned}$$

即 $\hat{f}_T(\omega) \xrightarrow{P} f(\omega)$.　　　　证毕.

在 (3-5) 中, 若对所有的 $j=0,\pm1,\cdots,\pm m_T$ 取 $W_T(j)=\dfrac{1}{2m_T+1}$, 则有

$$\frac{2\hat{f}_T(\omega)}{f(\omega)} \dot{\sim} \chi^2(2(2m_T+1)).$$

由此, 对于任意的 $\omega \in [0,\pi]$, 可以构造谱密度 $f(\omega)$ 的置信水平近似为 $1-\alpha$ $(0<\alpha<1)$ 的置信区间为

$$\frac{2\hat{f}_T(\omega)}{\chi^2_{1-\alpha/2}(2(2m_T+1))} \leqslant f(\omega) \leqslant \frac{2\hat{f}_T(\omega)}{\chi^2_{\alpha/2}(2(2m_T+1))}.$$

在实际应用中, (3-5) 中的 $W_T(j)$ 通常取为 Daniell 核, Daniell 核 $W_T^{(l_1,\cdots,l_p)}(j)$ 可以通过迭代的方式进行定义, 具体为

$$W_T^{(l)}(j) := \frac{1}{2m_T-1}\mathbb{I}_{[-m_T,m_T]}(j),$$

$$W_T^{(l_1,\cdots,l_p)}(j) := C\sum_{k=-l_p}^{l_p}\frac{1}{2l_p-1}W_T^{(l_1,\cdots,l_{p-1})}(j-k),$$

其中参数 $(l_1,\cdots,l_p)$ 满足 $N=\sum_{j=1}^{p} l_j < T/2$, C 为一常数并使其满足

$$\sum_{|j|\leqslant N} W_T^{(l_1,\cdots,l_p)}(j) = 1.$$

例 3.1 在船舶航行过程中, 船体所受的力矩往往是由船舶的振动所诱导的, 这两者之间往往存在线性或非线性的过滤关系 (参见文献 [124]). 因此, 分析船体振动的统计性质对合理的船体弯矩建模有重要的实际意义. 垂向加速度数据是船体振动数据的一个重要代表. 通过最大经验似然比检验, 文献 [173] 建议采用核函数为 $K(s)=\cos(\omega s)\mathrm{e}^{-\lambda s}\mathbb{I}_{(0,\infty)}(s)$ 的高斯滑动平均对其进行建模 (图 2-3). 在这里, 我们对其谱密度进行估计. 所分析的数据与文献 [173] 中的相同, 该数据集采自安装在集装箱船 "育锋轮" (上海海事大学教学实习船, 载重 10000 吨, 船长 132 米, 常年航行于中国东南海域) 上的船体强度实时监测系统, 数据描述的是船首一测点的垂向加速度 (单位: 米/秒^2). 数据序列 (图 3-1) 覆盖 1 小时, 采样时间段为 2009 年 12 月 13 日下午 15:00–16:00, 共计 1801 个观测值, 即每 2 秒钟采样一次.

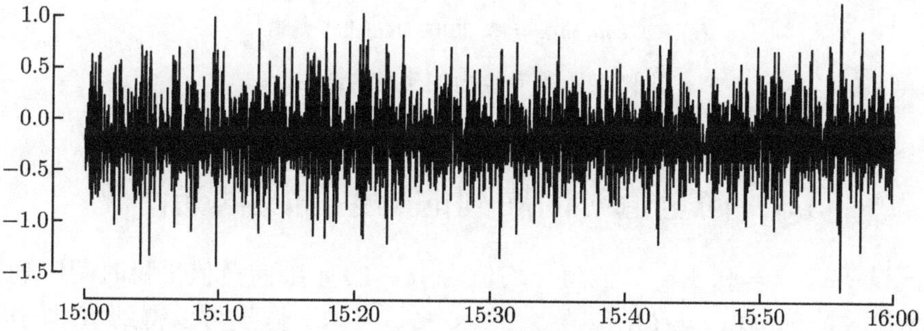

图 3-1 船首重力加速度时间序列

图 3-2(a) 给出了利用 (3-3) 算得的周期图. 图 3-2(b) 与 (c) 是在 (3-5) 中将权重函数分别取为参数为 (10, 4) 与 (10, 25) 的 Daniell 加权核而绘制的平滑谱密度函数. 由图可见, 周期图十分粗糙; 平稳谱随着参数的增大, 谱曲线变得更加光滑. 从图 3-2 中所有图都可以看出在 $\omega/(2\pi)=0.3$ 附近谱存在一个峰值, 该值正是当时海况下波浪振动的频率, 即当时海况下波浪振动周期在 6—7 秒内.

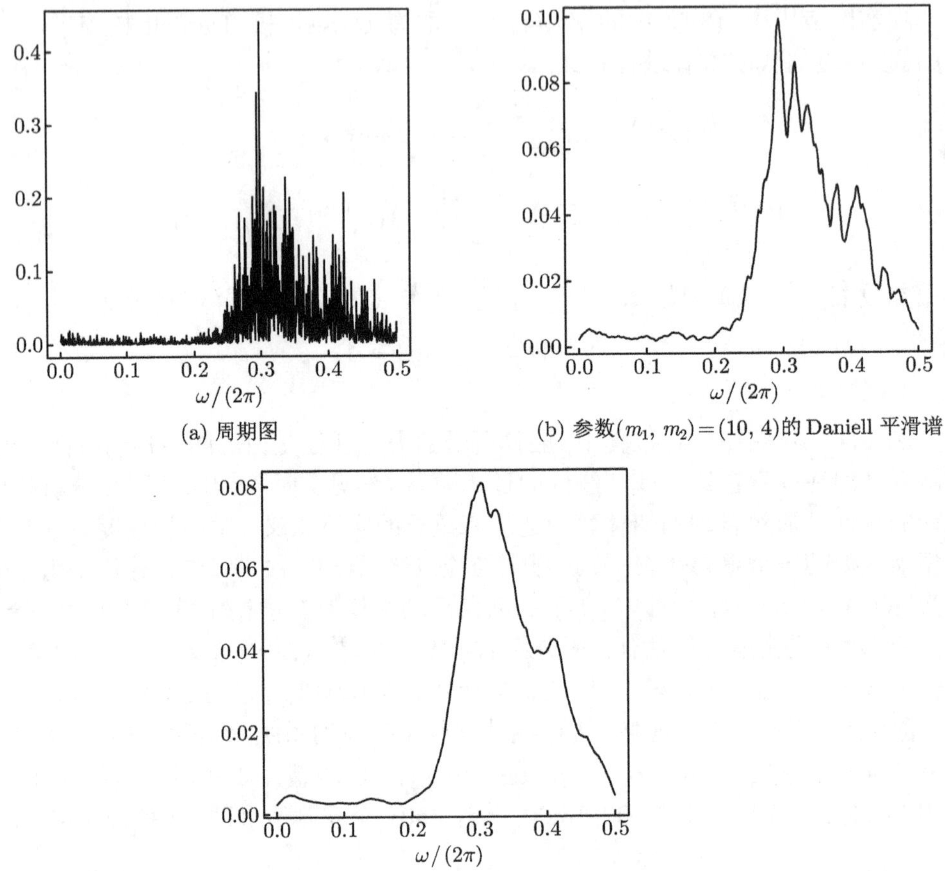

(a) 周期图

(b) 参数 $(m_1, m_2) = (10, 4)$ 的 Daniell 平滑谱

(c) 参数 $(m_1, m_2) = (10, 25)$ 的 Daniell 平滑谱

图 3-2　船首重力加速度的谱估计

3.3　向量值时间序列的周期图及其光滑化

假设 $\{\boldsymbol{X}_t, t = 0, \pm 1, \cdots\}$ 为一均值为 $\boldsymbol{\mu_X}$ 的 r 维向量值平稳时间序列, 其功率谱密度矩阵为 $\boldsymbol{f}(\omega) = (f_{ij}(\omega))_{r\times r}$, $-\infty < \omega < \infty$. 假设可以得到该时间序列的观测值 $\boldsymbol{X}_1, \cdots, \boldsymbol{X}_T$. 由定理 3.1 可知

$$\boldsymbol{y}_T(\omega) \rightsquigarrow \begin{cases} CN(0, \boldsymbol{f}(\omega)), & \omega \in (-\pi, \pi)\backslash\{0\}, \\ N(0, \boldsymbol{f}(\omega)), & \omega = 0, \pi. \end{cases}$$

根据这一渐近分布, $\boldsymbol{f_{XX}}(\omega)$ 的一个自然的估计量为

$$\mathbf{I}_T(\omega) = \boldsymbol{y}_T(\omega)\boldsymbol{y}_T^*(\omega). \tag{3-6}$$

由 (3-6) 定义的统计量 $\boldsymbol{I}_T(\omega)$ 称为**二阶周期图**或周期图. 根据 $\boldsymbol{y}_T(\omega)$ 的定义可知, $\boldsymbol{I}_T(\omega)$ 是 $(-\pi,\pi]$ 上的 $r\times r$ 矩阵值分段常函数. $\boldsymbol{I}_T(\omega)$ 的第 (i,j) 元素记为 $I_{T,ij}(\omega)$.

由定理 3.1, 可以得到如下结论.

定理 3.6 若 $\{\boldsymbol{X}_t, t=0,\pm1,\cdots\}$ 为一 r 维向量值时间序列且满足假设 3.1, 则对任意的 $0\leqslant\omega_1<\cdots<\omega_J\leqslant\pi$, 当 $T\to\infty$ 时, $\boldsymbol{I}_T(\omega_1),\cdots,\boldsymbol{I}_T(\omega_J)$ 为渐近独立的随机矩阵序列, 并且对任意的 $\omega\in(0,\pi)$ $\boldsymbol{I}_T(\omega)\rightsquigarrow\boldsymbol{W}_r^C(1,\boldsymbol{f}(\omega))$, 当 $\omega=0,\pi$ 时, $\boldsymbol{I}_T(\omega)\rightsquigarrow\boldsymbol{W}_r(1,\boldsymbol{f}(\omega))$, 其中 $\boldsymbol{W}_r(df,\boldsymbol{\Sigma})$ 表示自由度为 df、协方差阵为 $\boldsymbol{\Sigma}$ 的 r 阶 Wishart 分布, $\boldsymbol{W}_r^C(df,\boldsymbol{\Sigma})$ 表示复值 Wishart 分布.

注 3.5 (Wishart 分布) Wishart 分布是 χ^2-分布的多变量版本, $\boldsymbol{W}_1(df,1)=\chi^2(df)$. 设 $\boldsymbol{X}_1,\cdots,\boldsymbol{X}_{df}$ 为独立同分布的 $N_r(\boldsymbol{0},\boldsymbol{\Sigma})$ 随机变量, 则称 $\sum_{i=1}^{df}\boldsymbol{X}_i\boldsymbol{X}_i^{\mathrm{T}}$ 服从自由度为 df、协方差阵为 $\boldsymbol{\Sigma}$ 的 r 阶 Wishart 分布, 记为 $\sum_{i=1}^{df}\boldsymbol{X}_i\boldsymbol{X}_i^{\mathrm{T}}\sim\boldsymbol{W}_r(df,\boldsymbol{\Sigma})$. 仅当 $df\geqslant r$ 时 Wishart 分布的密度函数存在, 否则密度仅能表示成退化分布的情形 (参见文献 [157]). $\boldsymbol{W}_r(df,\boldsymbol{\Sigma})$ 分布的数学期望为 $df\times\boldsymbol{\Sigma}$. 若 $\boldsymbol{X}_i\sim CN_r(\boldsymbol{0},\boldsymbol{\Sigma}), i=1,\cdots,df$, 则称 $\sum_{i=1}^{df}\boldsymbol{X}_i\boldsymbol{X}_i^{\mathrm{T}}$ 服从自由度为 df、协方差阵为 $\boldsymbol{\Sigma}$ 的 r 阶复值 Wishart 分布, 记为 $\sum_{i=1}^{df}\boldsymbol{X}_i\boldsymbol{X}_i^{\mathrm{T}}\sim\boldsymbol{W}_r^C(df,\boldsymbol{\Sigma})$.

推论 3.2 在定理 3.6 的条件下, 对任意的 $\omega\in(-\pi,\pi]$, $\boldsymbol{I}_T(\omega)$ 为谱密度矩阵 $\boldsymbol{f}(\omega)$ 的渐近无偏估计.

由下面的定理 3.7, 我们还可以得到比推论 3.2 更为具体的结论.

定理 3.7 设 $\{\boldsymbol{X}_t, t=0,\pm1,\cdots\}$ 为一零均值的实向量值时间序列, 且其自协方差函数 $\boldsymbol{R}_{\boldsymbol{XX}}(\tau)=\mathbf{E}(\boldsymbol{X}_t\boldsymbol{X}_{t+\tau})$ 满足

$$\sum_{\tau}|\tau|\|\boldsymbol{R}_{\boldsymbol{XX}}(\tau)\|<\infty,$$

则有对任意的 $\omega\in(-\pi,\pi]$, $\mathbf{E}[\boldsymbol{I}_T(\omega)]=\boldsymbol{f}(\omega)+O(T^{-1})$, 其中项 $O(T^{-1})$ 关于 ω 是一致的.

对于周期图 $\boldsymbol{I}_T(\omega)$ 的二阶矩, 由文献 [24, 定理 7.3.2], 类似于定理 3.4 的证明, 我们有下述结论.

定理 3.8 设 $\{\boldsymbol{X}_t, t=0,\pm1,\cdots\}$ 为一 r 维向量值时间序列且满足假设 3.2(1). 进一步假设该时间序列的谱密度 $\boldsymbol{f}(\omega)$ 关于 ω 是 Lipschitz 连续的, 即对任意的 $\omega_1,\omega_2\in(-\pi,\pi]$,

$$\|\boldsymbol{f}(\omega_1)-\boldsymbol{f}(\omega_2)\|\leqslant C\|\omega_1-\omega_2\|$$

成立, 其中 C 为一与 ω 无关的常数. 则对任意的 $i_1,j_1,i_2,j_2\in\{1,\cdots,r\}$ 及 $\omega_1,\omega_2\in(-\pi,\pi]$, 有

$$\begin{aligned}&\mathbf{Cov}(I_{T,i_1j_1}(\omega_1),I_{T,i_2j_2}(\omega_2))\\&=\eta(\omega_1-\omega_2)f_{i_1i_2}(\omega_1)f_{j_1j_2}(-\omega_1)+\eta(\omega_1+\omega_2)f_{i_1j_2}(\omega_1)f_{j_1i_2}(-\omega_1)+O(T^{-1}),\end{aligned}$$

其中 $\eta(\omega)=\sum_{j=-\infty}^{\infty}\int_{-\pi}^{\pi}\delta(\omega+2\pi j)\,\mathrm{d}\omega$, $\delta(\cdot)$ 为 Dirac delta 函数.

设 $W_T(j),\ j=0,\pm1,\cdots,\pm m_T$ 为一与时间序列观测样本量有关的权重序列并满足假设 3.3. 定义估计量

$$\hat{\boldsymbol{f}}_T(\omega)=\sum_{j=-m_T}^{m_T}W_T(j)\,\boldsymbol{I}_T\left(\omega+\frac{2\pi j}{T}\right). \tag{3-7}$$

则利用定理 3.8 的结论并类似于定理 3.5 的证明, 得如下结论.

定理 3.9　设 $\{\boldsymbol{X}_t,\ t=0,\pm1,\cdots\}$ 为一 r 维向量值时间序列且满足假设 3.2(1). 进一步假设该时间序列的谱密度 $\boldsymbol{f}(\omega)$ 关于 ω 是 Lipschitz 连续的且假设 3.3 成立, 则对任意的 $\omega\in(-\pi,\pi]$, 有 $\hat{\boldsymbol{f}}_T(\omega)$ 为 $\boldsymbol{f}(\omega)$ 的相合估计量.

在实际应用中, 如同一维实值时间序列的情况, (3-7) 中的 $W_T(j)$ 也常取为 Daniell 核.

在船舶航行过程中, 船体所受载荷变化无常, 由此船体结构受突变应力和交变应力的影响不断变化 (见文献 [87]). 由疲劳损伤引起的事故时有发生 (参见文献 [146, 152] 等). 船体疲劳损伤的评估一般在诸如船舶主梁等纵向材料处进行 (见文献 [14, 96, 192]). 因此, 研究恶劣海况下减小船体所受应力的船舶驾驶技术是有十分重要的实践意义的.

一般涌浪会抨击船体, 致使船体受到突变应力的作用. 由此引起的船体疲劳损伤可以通过船体不同部位振动的协调一致性加以刻画. 了解船体不同部位振动协调一致性的手段之一就是估计振动向量时间序列的谱.

例 3.2　为探讨船体不同测点振动的协调一致性, 我们从"育锋轮"上采集两变量的振动数据——纵向角度数据. 纵向角度是指船舶的夹板偏离纵向的角度, 具体见图 3-3. 船体中部的疲劳损伤一般更受关注, 因此, 我们沿主梁分别在中部两侧两个测点 (一个靠近船首 1/4 船体处, 另一个靠近船尾 1/4 船体处) 抽取纵向振动数据, 测点位置具体见图 3-4. 抽样时间区间为 2009 年 12 月 7 日 18:00–19:00, 抽样频率为每 2 秒钟 1 个观测点. 当时船舶以每小时 13 海里① 的速度保持入浪角 (航向与波浪前进方向的夹角)20° 进行航行. 当时海况比较平和, 因此可以视该时间序列为平稳序列.

对于时间序列的每个分量, 我们利用文献 [90] 中的方法减去了上下包络的均值以去除因载荷状态与航向变化所造成的趋势. 用 x_1 与 x_2 分别表示船体前后两个测点所要分析的时间序列, 见图 3-5.

---

① 1 海里 = 1852 米.

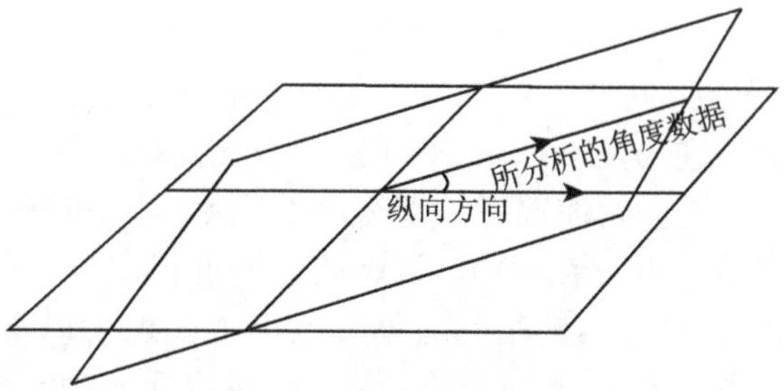

图 3-3 测量角度示意图

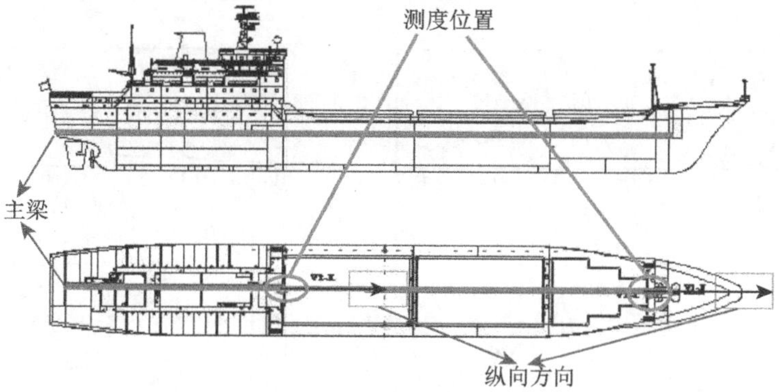

图 3-4 测点布局示意图 (后附彩图)

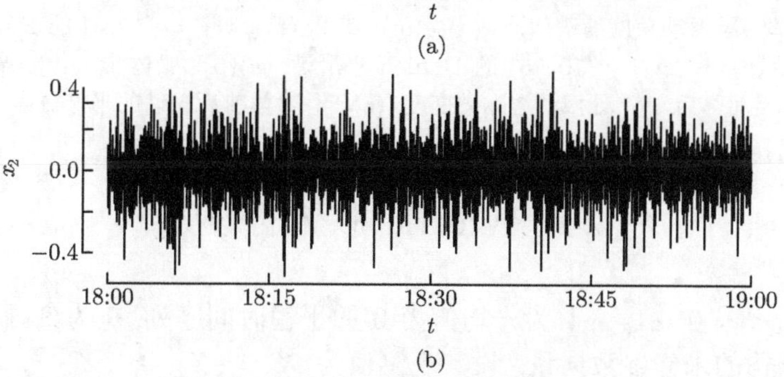

图 3-5 船体纵向角度数据示意图

图 3-6 是在 (3-7) 中将权重函数分别取为参数为 (10, 4) 与 (10, 25) 的 Daniell 核而绘制的平滑谱函数. 由图 3-6 可见, 随着参数的增大, 谱曲线变得更加光滑. 从图 3-6 还可以看出: 在 $\omega/(2\pi) = 0.3$ 附近, 边际谱估计 $\hat{f}_{11}(\omega)$ 与 $\hat{f}_{22}(\omega)$ 存在一个一致的峰值, 该值正是当时海况下波浪振动的频率, 即当时海况下波浪振动周期在 6—7 秒内; 另外, 在 $\omega/(2\pi) = 0.15$ 附近边际谱也存在一个一致的峰值, 这也是波浪振动周期所致. 从平方协谱相关函数 $\kappa^2(\omega)$ 的图像可以看出: 在边际振动能量谱较大的频率点, 振动的协调性也较一致; 而在边际振动能量谱较小的频率点, 振动协调性较差. 由此可以推断: 在抽样区间内, 船体的振动主要是由海浪的运动驱动的, 当时海况下涌浪较小, 因此船体前后振动在高能量谱频率处较为一致.

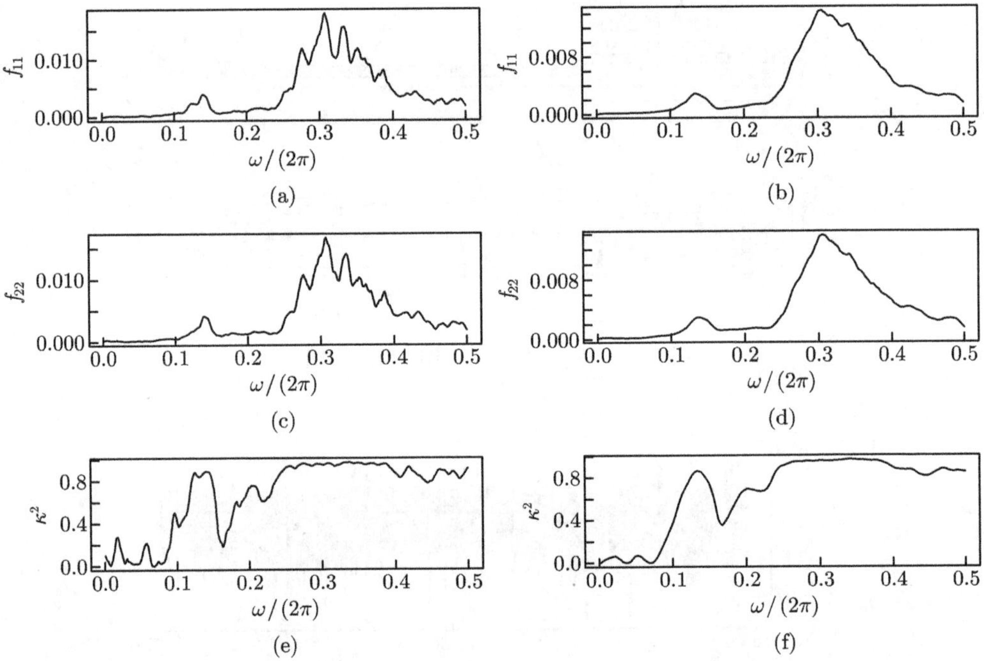

图 3-6　船体主梁振动角度的谱估计. (a)(c)(e): 参数 $(m_1, m_2) = (10, 4)$ 的 Daniell 平滑谱; (b)(d)(f): 参数 $(m_1, m_2) = (10, 25)$ 的 Daniell 平滑谱; (a)(b): 船体前 1/4 处振动边际谱密度; (c)(d): 船体后 1/4 处振动边际谱密度; (e)(f): 船体前后振动的平方协谱相关函数

3.4　Whittle 似然的来历

设 $\{X_t, t = 0, \pm 1, \cdots\}$ 为一均值为 0 的平稳时间序列, $\boldsymbol{\theta}$ 为刻画实值时间序列自相关结构的未知参数向量. 设其观测值为 $\boldsymbol{X} = (X_1, \cdots, X_T)^{\mathrm{T}}$. 当时间序列为高斯序列时, 参数 $\boldsymbol{\theta}$ 的似然函数主要是由平稳时间序列的 T 阶自协方差矩阵

$\Gamma_T^{(\boldsymbol{\theta})}$ 所决定. 参数 $\boldsymbol{\theta}$ 的似然函数为

$$L(\boldsymbol{\theta}) = (2\pi)^{-\frac{T}{2}}\{\det(\Gamma_T^{(\boldsymbol{\theta})})\}^{-\frac{1}{2}} \exp\left\{-\frac{1}{2}\boldsymbol{X}^{\mathrm{T}}(\Gamma_T^{(\boldsymbol{\theta})})^{-1}\boldsymbol{X}\right\}. \tag{3-8}$$

由 (1-15), 得

$$\begin{aligned}\Gamma_T^{(\boldsymbol{\theta})} &= \left(2\int_0^{\pi} f^{(\boldsymbol{\theta})}(\omega)\mathrm{e}^{\mathrm{i}\omega(s-t)}\,\mathrm{d}\omega\right)_{s,t=1,\cdots,T} = \left(\int_{-\pi}^{\pi} f^{(\boldsymbol{\theta})}(\omega)\mathrm{e}^{\mathrm{i}\omega(s-t)}\,\mathrm{d}\omega\right)_{s,t=1,\cdots,T} \\ &\approx (2\pi)\left(\sum_{j=1}^{T} f^{(\boldsymbol{\theta})}(\omega_j)\left(\frac{1}{\sqrt{T}}\mathrm{e}^{-\mathrm{i}\omega_j t}\right)\left(\frac{1}{\sqrt{T}}\mathrm{e}^{\mathrm{i}\omega_j s}\right)\right)_{s,t=1,\cdots,T} \\ &= 2\pi V^*\mathrm{diag}\big(f^{(\boldsymbol{\theta})}(\omega_1),\cdots,f^{(\boldsymbol{\theta})}(\omega_T)\big)V,\end{aligned}$$

其中 $f^{(\boldsymbol{\theta})}(\omega)$ 为时间序列 $\{X_t\}$ 的谱密度函数,

$$V = \begin{pmatrix} \frac{1}{\sqrt{T}}\mathrm{e}^{-\mathrm{i}\omega_1} & \frac{1}{\sqrt{T}}\mathrm{e}^{-2\mathrm{i}\omega_1} & \cdots & \frac{1}{\sqrt{T}}\mathrm{e}^{-T\mathrm{i}\omega_1} \\ \frac{1}{\sqrt{T}}\mathrm{e}^{-\mathrm{i}\omega_2} & \frac{1}{\sqrt{T}}\mathrm{e}^{-2\mathrm{i}\omega_2} & \cdots & \frac{1}{\sqrt{T}}\mathrm{e}^{-T\mathrm{i}\omega_2} \\ \vdots & \vdots & & \vdots \\ \frac{1}{\sqrt{T}}\mathrm{e}^{-\mathrm{i}\omega_T} & \frac{1}{\sqrt{T}}\mathrm{e}^{-2\mathrm{i}\omega_T} & \cdots & \frac{1}{\sqrt{T}}\mathrm{e}^{-T\mathrm{i}\omega_T} \end{pmatrix}_{T\times T},$$

$$\omega_j = \frac{2\pi(j-1)}{T}, \quad j=1,\cdots,T.$$

注意到

$$(\Gamma_T^{(\boldsymbol{\theta})})^{-1} \approx (2\pi)^{-1}V^*\mathrm{diag}\big(f^{(\boldsymbol{\theta})}(\omega_1)^{-1},\cdots,f^{(\boldsymbol{\theta})}(\omega_T)^{-1}\big)V \tag{3-9}$$

与

$$\det(\Gamma_T^{(\boldsymbol{\theta})}) \approx (2\pi)^T \exp\left\{\sum_{j=1}^{T}\log f^{(\boldsymbol{\theta})}(\omega_j)\right\}. \tag{3-10}$$

记 $y_T(\omega_j) = \frac{1}{\sqrt{T}}\xi_T(\omega_j) = \frac{1}{\sqrt{2\pi T}}\sum_{t=1}^{T} X_t\mathrm{e}^{-\mathrm{i}\omega_j t}$, $j=1,\cdots,T$. 注意到

$$\frac{1}{\sqrt{2\pi}}V\boldsymbol{X} = \big(y_T(\omega_1),\cdots,y_T(\omega_T)\big)^{\mathrm{T}}.$$

据 (3-9), 有

$$\boldsymbol{X}^{\mathrm{T}}(\Gamma_T^{(\boldsymbol{\theta})})^{-1}\boldsymbol{X} \approx \left(\frac{1}{\sqrt{2\pi}}\boldsymbol{X}^{\mathrm{T}}V^*\right)\mathrm{diag}\big(f^{(\boldsymbol{\theta})}(\omega_1)^{-1},\cdots,f^{(\boldsymbol{\theta})}(\omega_T)^{-1}\big)\left(\frac{1}{\sqrt{2\pi}}V\mathbf{X}\right)$$

$$= \sum_{j=1}^{T} y_T(\omega_j)^* f^{(\boldsymbol{\theta})}(\omega_j)^{-1} y_T(\omega_j). \tag{3-11}$$

利用 (3-10) 与 (3-11), 参数 $\boldsymbol{\theta}$ 的对数似然函数 (3-8) 可近似表示为

$$L(\boldsymbol{\theta}) \approx (2\pi)^{-T} \exp\left\{-\frac{1}{2}\sum_{j=1}^{T} \log f^{(\boldsymbol{\theta})}(\omega_j) - \frac{1}{2}\sum_{j=1}^{T} y_T(\omega_j)^* f^{(\boldsymbol{\theta})}(\omega_j)^{-1} y_T(\omega_j)\right\}.$$

根据 $f^{(\boldsymbol{\theta})}(\omega)$ 与 $y_T(\omega)$ 的周期性, 近似似然函数为

$$\begin{aligned} L(\boldsymbol{\theta}) &\propto \exp\left\{-\sum_{j=1}^{N} \log f^{(\boldsymbol{\theta})}(\omega_j) - \sum_{j=1}^{N} y_T(\omega_j)^* f^{(\boldsymbol{\theta})}(\omega_j)^{-1} y_T(\omega_j)\right\} \\ &= \prod_{j=1}^{N} \exp\left\{ -\log f^{(\boldsymbol{\theta})}(\omega_j) - y_T(\omega_j)^* f^{(\boldsymbol{\theta})}(\omega_j)^{-1} y_T(\omega_j)\right\}, \end{aligned} \tag{3-12}$$

其中 $N = [T/2]$.

该近似似然函数 (3-12) 即为著名的 Whittle 似然函数 (见文献 [164]). 引入周期图的记号, Whittle 似然函数也可表示为

$$L(\boldsymbol{\theta}) \propto \exp\left\{-\sum_{j=1}^{N} \log f^{(\boldsymbol{\theta})}(\omega_j) - \sum_{j=1}^{N} I_T(\omega_j)/f^{(\boldsymbol{\theta})}(\omega_j)\right\}. \tag{3-13}$$

Whittle 似然函数 (3-12) 也可视为由 $y_T(\omega_1), \cdots, y_T(\omega_N)$ 近似服从相互独立的圆对称复高斯分布 $CN(0, f^{(\boldsymbol{\theta})}(\omega_j))(j = 1, \cdots, N)$ 而得到的似然函数. 当时间序列 $\{X_t, t = 0, \pm 1, \cdots\}$ 满足一定的条件时 (见定理 3.1), 这一理解是合理的.

设 $\{\boldsymbol{X}_t, t{=}0, \pm 1, \cdots\}$ 为一 $p(p > 1)$ 维时间序列. 在得到观测值 $\boldsymbol{X}_1, \cdots, \boldsymbol{X}_T$ 时, 我们可以分别定义谱密度矩阵及序列离散 Fourier 变换

$$\boldsymbol{f}^{(\boldsymbol{\theta})}(\omega) = \left(f_{ij}^{(\boldsymbol{\theta})}(\omega)\right)_{p\times p}, \quad \omega \in [-\pi, \pi]$$

与

$$\boldsymbol{y}_T(\omega_j) = \frac{1}{\sqrt{2\pi T}} \sum_{t=1}^{T} \boldsymbol{X}_t \mathrm{e}^{-\mathrm{i}\omega_j t}, \quad \omega_j = \frac{2\pi(j-1)}{T}, \quad j = 1, \cdots, N. \tag{3-14}$$

在标准的混合性 (mixing) 条件下, 当 T 充分大时, $\boldsymbol{y}_T(\omega_1), \cdots, \boldsymbol{y}_T(\omega_N)$ 将近似地服从相互独立的 p 维圆对称复高斯分布 $CN(\boldsymbol{0}, \boldsymbol{f}(\omega_j))$, $j = 1, \cdots, N$(见定理 3.1). 并且这一圆对称复正态性近似不必要求 $\{\boldsymbol{X}_t, t = 0, \pm 1, \cdots\}$ 为高斯序列 (见文献 [70, 165]). 关于多变量圆对称复高斯分布可参见文献 [63]. 因此, 在得到观测

$\boldsymbol{y}_T(\omega_j),\ j=1,\cdots,N$ 的情况下, Whittle 似然可以推广到多维时间序列的情况, 具体形式为

$$L(\boldsymbol{\theta}) \propto \exp\left\{-\sum_{j=1}^{N}\log\det(\boldsymbol{f}^{(\boldsymbol{\theta})}(\omega_j))-\sum_{j=1}^{N}\boldsymbol{y}_T(\omega_j)^*\boldsymbol{f}^{(\boldsymbol{\theta})}(\omega_j)^{-1}\boldsymbol{y}_T(\omega_j)\right\}. \quad (3\text{-}15)$$

3.5 基于平稳过程自回归表示的谱估计

根据平稳时间序列的自回归表示形式, 任意非确定性的平稳零均值过程 $\{X_t, t\in\mathbb{Z}\}$ 都可以表示为自回归过程. 因此, 要估计平稳过程的谱密度, 可以按照如下步骤进行: ① 用 AR(p) 模型对观测到的过程进行拟合; ② 利用变量选择方法对 AR(p) 模型进行定阶, 设拟合模型的最优阶数为 p^*; ③ 利用最优的 AR(p^*) 模型对应的谱密度函数作为观测过程的谱密度估计. 以下介绍这一方法的原理及其具体操作方法.

3.5.1 平稳过程的自回归表示形式

根据著名的 Wold 分解定理, 每个非确定性的平稳零均值过程 $\{X_t, t\in\mathbb{Z}\}$ 可以表示为

$$X_t=\sum_{j=1}^{\infty}b_j u_{t-j}+u_t, \quad (3\text{-}16)$$

其中 $\sum_{j=1}^{\infty}b_j^2<\infty$, $u_t=X_t-\mathcal{P}_{\mathcal{M}_{t-1}}(X_t)$ 是一零均值的白噪声更新过程, $0<\sigma_u^2=\mathbf{E}(u_t^2)<\infty$. 这里, $\mathcal{M}_s=\overline{\mathrm{span}}\{X_j: j\leqslant s\}$ 表示由随机变量 $\{X_j: j\leqslant s\}$ 生成的闭线性扩张, $\mathcal{P}_{\mathcal{M}_t}(X_{t+k})=\mathbf{E}(X_{t+k}|X_s, s\leqslant t)$ 表示 X_{t+k} 的最佳线性预报.

实际上, 对于每个非确定性的平稳零均值过程, 存在仅依赖于时间序列 $\{X_t, t\in\mathbb{Z}\}$ 自协方差函数的唯一自回归系数 $\{a_k: k\in\mathbb{N}\}$, 使得对任意的 $n\in\mathbb{N}$,

$$\mathcal{P}_{\mathcal{M}_{t-1}}(X_t)=\sum_{k=1}^{n}a_kX_{t-k}+e_{t,n}, \quad t\in\mathbb{Z}, \quad (3\text{-}17)$$

其中 $\{e_{t,n}: t\in\mathbb{Z}\}$ 是平稳的, 且 $e_{t,n}\in\overline{\mathrm{span}}\{X_s: s\leqslant t-n-1\}$.

若进一步要求系数 $\{a_k: k\in\mathbb{N}\}$ 是绝对可和的, 即 $\sum_{k=1}^{\infty}|a_k|<\infty$, 则可得到平稳过程的自回归型 Wold 表示

$$X_t=\sum_{k=1}^{\infty}a_kX_{t-k}+\varepsilon_t, \quad t\in\mathbb{Z}. \quad (3\text{-}18)$$

这里, $\{\varepsilon_t : t \in \mathbb{Z}\}$ 表示一白噪声过程, 其方差 $\sigma_\varepsilon^2 = \mathbf{E}(\varepsilon_t^2)$ 有限且满足

$$\sigma_\varepsilon^2 = R(0) - \sum_{k=0}^{\infty} a_k R(k),$$

其中 $R(k) = R_{XX}(k)$ 为时间序列 $\{X_t, t \in \mathbb{Z}\}$ 的自协方差函数.

由 (3-18) 与 (1-16) 可知, 时间序列 $\{X_t\}$ 的谱密度满足关系式

$$\left|1 - \sum_{k=1}^{\infty} a_k \mathrm{e}^{-\mathrm{i}k\omega}\right|^2 f(\omega) = \frac{\sigma_\varepsilon^2}{2\pi}, \quad \omega \in [-\pi, \pi]. \tag{3-19}$$

这一表达式意味着自回归型 Wold 表示的系数满足: 当 $|z| = 1$ 时, $a(z) = 1 - \sum_{k=1}^{\infty} a_k z^k \neq 0$. 关于自回归型 Wold 表示的更详尽内容可参见文献 [126, 引理 6.4(b), (6.10), (6.12)].

自回归型 Wold 表示需要 (3-17) 中的系数绝对可和. 这需要时间序列谱密度的光滑性质, 具体由如下命题给出 (参见文献 [95, 引理 2.1] 及文献 [17, 第 140, 142 页]).

命题 3.1 (1) 若谱密度 $f(\omega)$ 是严格正的连续函数, 并且存在 $r \geqslant 0$, 使得 $\sum_{h=0}^{\infty} h^r |R(h)| < \infty$, 则有 $\sum_{h=0}^{\infty} h^r |a_h| < \infty$;

(2) 若谱密度 $f(\omega)$ 是严格正且具有 $k \geqslant 2$ 阶导数, 则对于任意的 $r < k-1$, 有 $\sum_{h=0}^{\infty} h^r |R(h)| < \infty$.

在 (3-17) 中系数绝对可和的条件下, 我们有 $X_t - \mathcal{P}_{\mathcal{M}_{t-1}}(X_t) = X_t - \sum_{k=1}^{\infty} a_k X_{t-k}$, 这意味着 (3-16) 中的白噪声过程 $\{u_t\}$ 与 (3-18) 中的白噪声过程 $\{\varepsilon_t\}$ 是一致的. 但这并不意味着任意一个滑动平均时间序列的表示式都是该时间序列的自回归型 Wold 表示. 例如, 考虑 MA(1) 时间序列

$$X_t = e_t - 2e_{t-1},$$

其中 $\{e_t\}$ 是均值为零、方差为 σ_e^2 的独立同分布随机变量序列. 显然该 MA(1) 时间序列不是一自回归过程. 但是, 该 MA(1) 时间序列的自回归型 Wold 表示是存在的. 令

$$\varepsilon_t = e_t - \frac{3}{2}\sum_{j=1}^{\infty}\left(\frac{1}{2}\right)^{j-1} e_{t-j}.$$

则

$$X_t = e_t - 2e_{t-1} = \left(\varepsilon_t + \frac{3}{2}\sum_{j=1}^{\infty}\left(\frac{1}{2}\right)^{j-1} e_{t-j}\right)$$

$$
\begin{aligned}
&+\left(-2\sum_{j=1}^{\infty}\left(\frac{1}{2}\right)^{j-1}e_{t-j}+2\sum_{j=2}^{\infty}\left(\frac{1}{2}\right)^{j-1}e_{t-j}\right)\\
=&\varepsilon_t-\frac{1}{2}\sum_{j=1}^{\infty}\left(\frac{1}{2}\right)^{j-1}e_{t-j}+\sum_{j=1}^{\infty}\left(\frac{1}{2}\right)^{j-1}e_{t-j-1}\\
=&\varepsilon_t-\sum_{j=1}^{\infty}\left(\frac{1}{2}\right)^{j}e_{t-j}+\sum_{j=1}^{\infty}\left(\frac{1}{2}\right)^{j}2e_{t-j-1}\\
=&-\sum_{j=1}^{\infty}\left(\frac{1}{2}\right)^{j}X_{t-j}+\varepsilon_t.
\end{aligned}
$$

这即为该 MA(1) 时间序列的自回归型 Wold 表示. 序列 $\{\varepsilon_t\}$ 为白噪声过程, 其方差为 $\sigma_\varepsilon^2=4\sigma_e^2$. 但现在序列 $\{\varepsilon_t\}$ 并不是独立同分布的.

3.5.2 自回归表示的有限阶近似

唯一决定的自回归系数 $\{a_k\}$ 与均方意义下 p 阶自回归模型的最优拟合系数间有着紧密的联系. 即回归系数确定可基于有限的过去观测值进行. 具体地, 设 $a_1(p),\cdots,a_p(p)$ 为最小化 $\mathbf{E}(X_t-\sum_{r=1}^{p}c_rX_{t-r})^2$ 的解. 当然, $a_1(p),\cdots,a_p(p)$ 为满足 Yule-Walker 线性方程

$$
\begin{pmatrix} R(0) & \cdots & R(p-1)\\ \vdots & & \vdots \\ R(p-1) & \cdots & R(0)\end{pmatrix}\begin{pmatrix} c_1\\ \vdots\\ c_p\end{pmatrix}=\begin{pmatrix} R(1)\\ \vdots\\ R(p)\end{pmatrix} \tag{3-20}
$$

的解. 由文献 [26, 命题 5.1.1] 可知, 只要 $R(0)>0$ 且 $\lim_{h\to\infty}R(h)=0$, 则对于所有的 p, (3-20) 左侧的协方差矩阵是可逆的. 这保证了解 $a_1(p),\cdots,a_p(p)$ 的存在唯一性.

关于 p 阶自回归模型系数 $a_1(p),\cdots,a_p(p)$ 对自回归型 Wold 表示中系数 $\{a_k\}$ 拟合程度的结论由以下命题给出 (参见文献 [95, 引理 2.2]; 文献 [17, 定理 2.2] 及文献 [126, 定理 7.22]).

命题 3.2 假设谱密度函数 $f(\omega)$ 是严格正的连续函数, 并且存在 $r\geqslant 0$, 使得 $\sum_{h=0}^{\infty}(1+h)^r|R(h)|<\infty$, 则存在 $p_0\in\mathbb{N}$ 及常数 $C>0$ (二者皆仅依赖于 $f(\omega)$), 使得对所有的 $p\geqslant p_0$,

$$
\sum_{k=0}^{p}(1+k)^r|a_k(p)-a_k|\leqslant C\sum_{k=p+1}^{\infty}(1+k)^r|a_k|
$$

及

$$
\sum_{k=1}^{\infty}(1+k)^r|a_k|<\infty.
$$

这意味着 $|a_k(p) - a_k|$ 依多项式阶的速度收敛到 0.

以下结论保证了多项式 $a(z) = 1 - \sum_{k=1}^{\infty} a_k z^k$ 与 $a_p(z) = 1 - \sum_{k=1}^{p} a_k(p) z^k$ 可求逆 (参见文献 [95, 引理 2.3 及系 2.1]).

命题 3.3 假设谱密度函数 $f(\omega)$ 是严格正的连续函数, $R(0) > 0$, 并且存在 $r > 0$, 使得 $\sum_{h=0}^{\infty} |R(h)| < \infty$, 则存在常数 $\delta > 0$ 与 $p_0 \in \mathbb{N}$, 使得对所有的 $p \geqslant p_0$,

$$\inf_{|z| \leqslant 1+1/p} \left| 1 - \sum_{k=1}^{p} a_k(p) z^k \right| \geqslant \delta > 0.$$

当 $p \to \infty$ 时, 可知当 $|z| \leqslant 1$ 时, $a(z) = 1 - \sum_{k=1}^{\infty} a_k z^k \neq 0$.

由命题 3.3可知, $a(z)^{-1}$ 存在, 设

$$a(z)^{-1} = 1 + \sum_{j=1}^{\infty} \alpha_j z^j, \quad |z| \leqslant 1.$$

对于足够大的 p, $a_p(z) = 1 - \sum_{k=1}^{p} a_k(p) z^k$ 的逆也是存在的, 设

$$a_p(z)^{-1} = 1 + \sum_{j=1}^{\infty} \alpha_j(p) z^j.$$

下面的结论包含着 $\alpha_j(p)$ 与 α_j 间的逼近关系 (参见文献 [95, 引理 2.4]; 文献 [65]).

命题 3.4 假设谱密度函数 $f(\omega)$ 是严格正的连续函数, $R(0) > 0$, 并且存在 $r > 0$, 使得 $\sum_{h=0}^{\infty} (1+h)^r |R(h)| < \infty$, 则存在常数 $C > 0$, 使得对于足够大的 p 满足

$$\sum_{j=1}^{\infty} (1+j)^r |\alpha_j(p) - \alpha_j| \leqslant C \sum_{j=p+1}^{\infty} (1+j)^r |a_j|.$$

当 $p \to \infty$ 时, $\sum_{j=p+1}^{\infty} (1+j)^r |a_j| \to 0$.

3.5.3 有限阶自回归模型系数的估计

最简单的有限阶自回归系数估计方法是: 在 (3-20) 中将理论自协方差函数 $R(h)$ 用样本自协方差函数 $\hat{R}(h)$ 代替. 记 $a_k(p)$ 的 Yule-Walker 估计量为 $\hat{a}_k(p)$, $k = 1, \cdots, p$. 在一定的正则条件下, 这些 Yule-Walker 估计量满足

$$\hat{a}_p(z) = 1 - \sum_{k=1}^{p} \hat{a}_k(p) z^k \neq 0, \quad |z| \leqslant 1.$$

这样, 便可对 $\hat{a}_p(z)$ 求逆, 设

$$\left(1 - \sum_{k=1}^{p} \hat{a}_k(p) z^k \right)^{-1} = 1 + \sum_{k=1}^{\infty} \hat{\alpha}_k(p) z^k, \quad |z| \leqslant 1. \tag{3-21}$$

为了得到系数 $\hat{\alpha}_k(p)$ 的收敛性质, 我们需要对估计量 $\hat{a}_k(p)$ 作如下假设.

假设 3.4 $p(T)^2\sum_{1\leqslant k\leqslant p(n)}|\hat{a}_k(p(T))-a_k(p(T))|=O_P(1)$, 其中 $p(T)$ 表示以某一速度收敛到无穷的整数值序列, T 为观测序列的长度.

如果经验自协方差函数收敛到理论自协方差函数的速度充分快, 假设 3.4 自然是成立的. 既然 $\hat{\alpha}_k(p)$ 与 $\hat{a}_k(p)$ 之间存在关系 (3-21), 我们有下面的结论 (参见文献 [95, 引理 2.5]).

命题 3.5 在命题 3.3 的条件下, 若假设 3.4 也成立, 则不等式

$$|\hat{\alpha}_k(p(T))-\alpha_k(p(T))|\leqslant\left(1+\frac{1}{p(T)}\right)^{-k}\frac{1}{p(T)^2}O_P(1)$$

关于 $k\in\mathbb{N}$ 一致成立.

3.5.4 谱密度估计的实现

设观测序列为 $\{X_t,t=1,\cdots,T\}$. 由 (3-19) 可知, 平稳时间序列 $\{X_t\}$ 的谱密度可由

$$\hat{f}(\omega)=\frac{\hat{\sigma}_\varepsilon^2}{2\pi}\frac{1}{\left|1-\sum\limits_{k=1}^{p}\hat{a}_k(p)\mathrm{e}^{-\mathrm{i}k\omega}\right|^2} \tag{3-22}$$

进行估计. 这里,

$$\hat{\sigma}_\varepsilon^2=\frac{1}{T-p}\sum_{t=p+1}^{T}(\hat{\varepsilon}_t-\bar{\varepsilon}_T)^2$$

为 p 阶 AR 模型中误差项方差的标准估计, 其中

$$\bar{\varepsilon}_T=\frac{1}{T-p}\sum_{t=p+1}^{T}\hat{\varepsilon}_t,\quad \hat{\varepsilon}_t=X_t-\sum_{k=1}^{p}\hat{a}_k(p)X_{t-k}.$$

由命题 3.5 可知, 由 (3-22) 所得的估计量 $\hat{f}(\omega)$ 关于谱密度函数 $f(\omega)$ 具有相合性.

下面讨论如何确定 AR(p) 模型的阶数 p. 自回归模型阶数 p 的确定通过最小化 Akaike 信息准则 (AIC, 见文献 [2]) 来实现, 即取

$$\hat{p}=\arg\min_p\frac{1}{T}\sum_{k=1}^{[T/2]}\left(\log f^{(\hat{\boldsymbol{\theta}})}(\omega_j)+I_T(\omega_j)f^{(\hat{\boldsymbol{\theta}})}(\omega_j)^{-1}\right)+p/T, \tag{3-23}$$

其中, $\omega_j=\dfrac{2\pi(j-1)}{T}$, $j=1,\cdots,T$. $f^{(\hat{\boldsymbol{\theta}})}(\omega)$ 由 (3-22) 给出, $\hat{\boldsymbol{\theta}}$ 为 AR(p) 模型中的参数估计. 在这里, AIC 信息准则是通过 (3-13) 中的 Whittle 似然建立起来的, 由 (3-23) 给定的 AR(p) 模型 AIC 定阶准则在自回归筛选自助法 (AR-sieve bootstrap) 算法中有着广泛的应用, 参见文献 [123, 129] 等.

以上基于平稳过程自回归型 Wold 表示的谱估计方法对于向量值时间序列谱密度矩阵的估计同样适用. 关于向量值平稳过程的自回归型 Wold 表示形式、自回归表示的有限阶近似, 以及向量值有限阶自回归模型系数矩阵估计方面的理论基础可参见文献 [113]. 假定用向量值 p 阶自回归 (VAR(p)) 模型

$$\boldsymbol{X}_t = \sum_{k=1}^{p} A_k(p)\, \boldsymbol{X}_{t-k} + \boldsymbol{\varepsilon}_t, \quad t \in \mathbb{Z}$$

来拟合向量值时间序列, 其中 $A_k(p)$ 为自回归系数矩阵, $\{\boldsymbol{\varepsilon}_t : t \in \mathbb{Z}\}$ 表示一向量值白噪声过程, 且 $\mathbf{Cov}(\boldsymbol{\varepsilon}_t) = \boldsymbol{\Sigma}$ 为正定矩阵. 回归系数 $A_1(p), \cdots, A_p(p)$ 的估计可以通过求解 Yule-Walker 线性方程

$$\begin{pmatrix} \hat{\Gamma}_{\boldsymbol{X}}(0) & \cdots & \hat{\Gamma}_{\boldsymbol{X}}(p-1) \\ \vdots & & \vdots \\ \hat{\Gamma}_{\boldsymbol{X}}(p-1) & \cdots & \hat{\Gamma}_{\boldsymbol{X}}(0) \end{pmatrix} \begin{pmatrix} C_1 \\ \vdots \\ C_p \end{pmatrix} = \begin{pmatrix} \hat{\Gamma}_{\boldsymbol{X}}(1) \\ \vdots \\ \hat{\Gamma}_{\boldsymbol{X}}(p) \end{pmatrix}$$

得到, 其中 $\hat{\Gamma}_{\boldsymbol{X}}(h)$ 为观测序列 $\{\boldsymbol{X}_t, t = 1, \cdots, T\}$ 的经验自协方差矩阵. 这样, 平稳时间序列 $\{\boldsymbol{X}_t\}$ 的谱密度矩阵便可由

$$\hat{\boldsymbol{f}}(\omega) = \frac{1}{2\pi}\left(I - \sum_{k=1}^{p} \hat{A}_k(p)\mathrm{e}^{-\mathrm{i}k\omega}\right)^{-1} \hat{\boldsymbol{\Sigma}}_{\boldsymbol{\varepsilon}} \left[\left(I - \sum_{k=1}^{p} \hat{A}_k(p)\mathrm{e}^{-\mathrm{i}k\omega}\right)^{-1}\right]^* \tag{3-24}$$

进行估计, 其中,

$$\hat{\boldsymbol{\Sigma}}_{\boldsymbol{\varepsilon}} = \frac{1}{T-p} \sum_{t=p+1}^{T} (\hat{\varepsilon}_t - \bar{\varepsilon}_T)(\hat{\varepsilon}_t - \bar{\varepsilon}_T)^{\mathrm{T}}$$

为 p 阶 AR 模型中误差项方差的标准估计,

$$\bar{\varepsilon}_T = \frac{1}{T-p} \sum_{t=p+1}^{T} \hat{\varepsilon}_t, \quad \hat{\varepsilon}_t = \boldsymbol{X}_t - \sum_{k=1}^{p} \hat{A}_k(p)\boldsymbol{X}_{t-k}.$$

自回归模型阶数 p 的确定仍然通过最小化 AIC 来实现, 即取

$$\hat{p} = \arg\min_{p} \frac{1}{T} \sum_{k=1}^{[T/2]} \left(\log\det(\boldsymbol{f}^{(\hat{\boldsymbol{\theta}})}(\omega_j)) + \boldsymbol{y}_T(\omega_j)^* \boldsymbol{f}^{(\hat{\boldsymbol{\theta}})}(\omega_j)^{-1} \boldsymbol{y}_T(\omega_j)\right) + pK/T,$$

其中, $\omega_j = \dfrac{2\pi(j-1)}{T}$, $j = 1, \cdots, T$, $\boldsymbol{y}_T(\omega)$ 由 (3-14) 给出, $\boldsymbol{f}^{(\hat{\boldsymbol{\theta}})}(\omega)$ 由 (3-24) 给出, $\hat{\boldsymbol{\theta}}$ 为 AR(p) 模型中的参数估计, K 为向量值时间序列的维数.

例 3.3 (例 3.1 与例 3.2 续) 利用本节介绍的基于平稳过程自回归型 Wold 表示的谱估计方法对例 3.1 与例 3.2 中的船体振动相关数据的谱密度进行估计，所得结论如图 3-7 所示. 将图 3-7 与图 3-2 及图 3-6 中谱密度估计结论进行比较会发现，采用基于平稳过程自回归型 Wold 表示所得的谱估计具有非常好的光滑性.

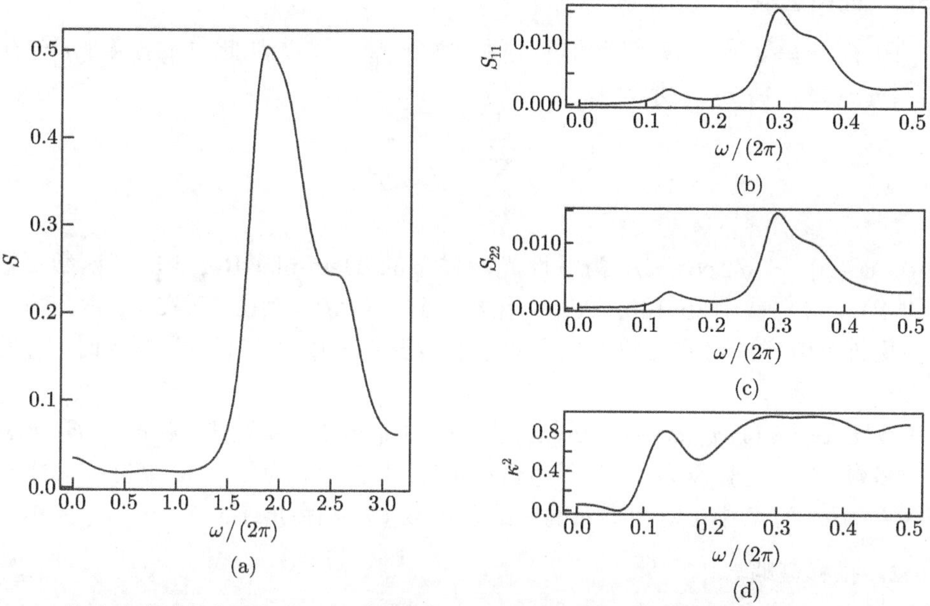

图 3-7 基于平稳过程自回归表示的谱估计实例. (a): 船首重力加速度谱估计; (b)—(d): 船体主梁振动角度的谱估计. 其中, (b): 船体前 1/4 处振动边际谱密度; (c): 船体后 1/4 处振动边际谱密度; (d): 船体前后振动的平方协谱相关函数

3.6 一维实值平稳时间序列的自动谱估计

文献 [140] 给出了非平稳时间序列谱估计的一种适定方法. 显然，一维实值平稳时间序列可以视为非平稳情况的一个特例. 因此，这里参考文献 [140] 中的方法，在贝叶斯框架下，基于 Whittle 似然 (3-12) 介绍平稳谱密度的自动化估计方法.

当一维实值时间序列 $\{X_t,\ t=0,\pm 1,\cdots\}$ 的自协方差函数满足 $\sum_{\tau=-\infty}^{\infty}|R(\tau)|<\infty$ 时，该时间序列的谱密度便存在.

设时间序列的观测值为 $\{X_t, t=1,\cdots,T\}$, 其离散 Fourier 变换为

$$y_k = y_T(\omega_k) = \frac{1}{\sqrt{2\pi T}}\sum_{t=1}^{T} X_t \mathrm{e}^{\mathrm{i}\omega_k t},$$

其中 $\omega_k = 2\pi k/T$, $T = 1, \cdots, N$, $N = [T/2]$. 设 $f_k = f(\omega_k)$, $k = 1, \cdots, N$. Whittle 似然函数为

$$L(y_1, \cdots, y_N; f_1, \cdots, f_N) \propto \exp\left\{-\sum_{k=1}^{N}\left[\log f_k + |y_k|^2/f_k\right]\right\}.$$

3.6.1 先验选取

因 f_k, $k = 1, \cdots, N$ 都为非负实数, 故令 $f_k = \mathrm{e}^{\delta_k}$. 如此, $\log f_k + |y_k|^2/f_k = \delta_k + |y_k|^2\mathrm{e}^{-\delta_k}$. 将 δ_k 表示为

$$\beta_0 + \sum_{j=1}^{J}\psi_j(\omega_k)\beta_j,$$

其中, $\psi_j(\omega) = \sqrt{2}\cos(j\omega)$ 为线性光滑样条的 Demmler-Reinsch 基函数 (见文献 [54]). 与文献 [139, 140, 168] 中保持一致, 取 $J = 10$. 事实上, 取 $J = 10$ 在不牺牲光滑样条对实际数据拟合效果的情况下可以大大节约计算的时间 (见文献 [88]).

令 $\boldsymbol{\psi}(\omega) = (1, \psi_1(\omega), \cdots, \psi_J(\omega))^{\mathrm{T}}$, $\boldsymbol{\beta} = (\beta_0, \beta_1, \cdots, \beta_J)^{\mathrm{T}}$. 则 $\delta_k = \boldsymbol{\beta}^{\mathrm{T}}\boldsymbol{\psi}(\omega_k)$.

参数 $\boldsymbol{\beta}$ 的先验设为 $N(0, \tau^2 I_{J+1})$ 分布, 其中 I_n 为 $n \times n$ 单位阵. 并假设 $\tau^2 \sim U(0, c_{\tau^2})$, 其中 c_{τ^2} 为事先确定的正常数 (见文献 [61]).

3.6.2 抽样策略

参数 $\boldsymbol{\beta}$ 与 τ^2 需要从后验分布

$$\begin{aligned}&p(\boldsymbol{\beta}, \tau^2|y_1, \cdots, y_N)\\ &\propto \exp\left\{-\sum_{k=1}^{N}\left[\boldsymbol{\beta}^{\mathrm{T}}\boldsymbol{\psi}(\omega_k) + \mathrm{e}^{-\boldsymbol{\beta}^{\mathrm{T}}\boldsymbol{\psi}(\omega_k)}|y_k|^2\right] - \frac{1}{2\tau^2}\boldsymbol{\beta}^{\mathrm{T}}\boldsymbol{\beta}\right\}\mathbb{I}_{(0,c_{\tau^2}]}(\tau^2)\end{aligned} \tag{3-25}$$

中抽取. 利用 Gibbs 抽样法, 整个抽样方案如下:

(1) 给定 τ^2, 参数 $\boldsymbol{\beta}$ 服从以下分布.

$$p(\boldsymbol{\beta}|\tau^2; y_1, \cdots, y_N) \propto \exp\left\{-\sum_{k=1}^{N}\left[\boldsymbol{\beta}^{\mathrm{T}}\boldsymbol{\psi}(\omega_k) + \mathrm{e}^{-\boldsymbol{\beta}^{\mathrm{T}}\boldsymbol{\psi}(\omega_k)}|y_k|^2\right] - \frac{1}{2\tau^2}\boldsymbol{\beta}^{\mathrm{T}}\boldsymbol{\beta}\right\}.$$

对 $\boldsymbol{\beta}$ 的抽样借助于 Metropolis-Hastings (M-H) 算法, 其中建议分布为 $N(\boldsymbol{\mu}, \boldsymbol{\Sigma})$. 这里, $\boldsymbol{\mu}$ 为关于 $\boldsymbol{\beta}$ 的方程

$$\frac{\partial \log p(\boldsymbol{\beta}|\tau^2; y_1, \cdots, y_N)}{\partial \boldsymbol{\beta}} = \sum_{k=1}^{N}\left\{1 - |y_k|^2\mathrm{e}^{-\boldsymbol{\beta}^T\boldsymbol{\psi}(\omega_k)}\right\}\boldsymbol{\psi}(\omega_k) - \frac{1}{\tau^2}\boldsymbol{\beta} = \mathbf{0}$$

的解, $\boldsymbol{\Sigma}$ 为矩阵

$$H(\boldsymbol{\beta}|\tau^2; y_1, \cdots, y_N) = \sum_{k=1}^{N} |y_k|^2 \mathrm{e}^{-\boldsymbol{\beta}^{\mathrm{T}}\boldsymbol{\psi}(\omega_k)} \boldsymbol{\psi}(\omega_k)\boldsymbol{\psi}(\omega_k)^{\mathrm{T}} + \frac{1}{\tau^2} I_{J+1}$$

的逆在 $\boldsymbol{\beta} = \boldsymbol{\mu}$ 处的值.

(2) 给定 $\boldsymbol{\beta}$, 参数 τ^2 从截断倒 Gamma 分布 (truncated inverse gamma distribution) 中抽取. 具体地, 参数 τ^2 取自截断 IG $\left(\frac{J-1}{2}, \frac{1}{2}\boldsymbol{\beta}^{\mathrm{T}}\boldsymbol{\beta}\right)$ 分布. 截断 IG(ν, α) 分布具有密度函数 $p(\tau^2|\nu, \alpha) \propto (\tau^2)^{-\nu-1} \exp(-\alpha/\tau^2)\mathbb{I}_{(0, c_{\tau^2}]}(\tau^2)$.

例 3.4 (例 3.1 续) 为了光滑参数先验的设定方便, 将例 3.1 中船首处重力加速度数据扩大 10 倍. 这样操作除了数量级发生变化外, 对谱估计的相关结论不产生任何影响, 取 $c_{\tau^2} = 10$. 利用自动谱估计方法产生长度为 5000 的 Markov 链, 并取预烧期 (burn-in period) 长度为 2000, 依此估计重力加速度时间序列的谱密度函数, 所得的估计结论如图 3-8 所示. 图 3-8 中实线表示谱密度估计值, 两条虚线给出的是谱密度估计的 95% 可信区间 (credible interval).

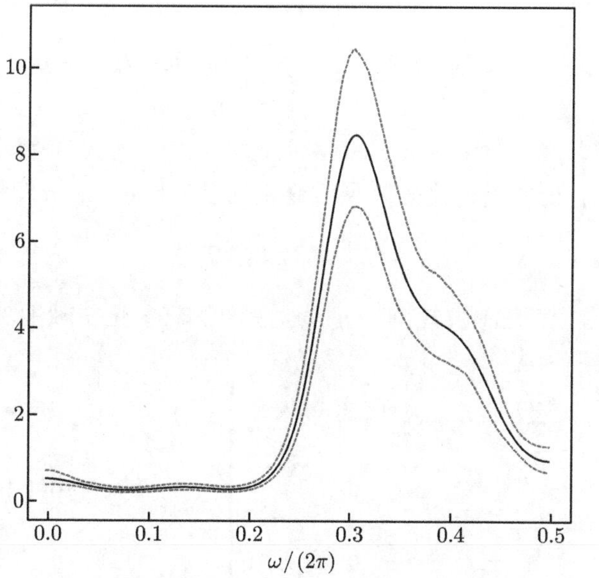

图 3-8 船首重力加速度的自动谱估计

由图 3-8 可见, 谱密度估计曲线的走势与用平滑周期图法得到的估计 (图 3-2) 是吻合的. 但图 3-8 中的谱密度估计值明显在光滑性上有了很大的提高.

3.7 平稳向量值时间序列的自动谱估计

本节参考文献 [138,174] 中的方法在贝叶斯框架下, 基于 Whittle 似然 (3-15) 给出平稳谱密度矩阵的自动化估计方法.

当 p 维实向量值时间序列 $\{\boldsymbol{X}_t = (X_{1t}, \cdots, X_{pt})^{\mathrm{T}}, t = 0, \pm 1, \cdots\}$ 的自协方差矩阵 $\boldsymbol{R}(\tau) = (R_{ij}(\tau))_{p\times p}$ 的每个元素 $R_{ij}(\tau)$ 都满足 $\sum_{\tau=-\infty}^{\infty}|R_{ij}(\tau)| < \infty$ 时, 该时间序列的谱密度矩阵存在, 其为

$$\boldsymbol{f}(\omega) = \frac{1}{2\pi}\sum_{\tau=-\infty}^{\infty}\boldsymbol{R}_{\boldsymbol{X}\boldsymbol{X}}(\tau)\mathrm{e}^{-\mathrm{i}\omega\tau}.$$

设时间序列的观测值为 $\{\boldsymbol{X}_t, t = 1, \cdots, T\}$, 其离散 Fourier 变换定义为

$$\boldsymbol{y}_k = (y_{1k}, \cdots, y_{pk})^{\mathrm{T}} = \boldsymbol{y}_T(\omega_k) = \frac{1}{\sqrt{2\pi T}}\sum_{t=1}^{T}\boldsymbol{X}_t\mathrm{e}^{\mathrm{i}\omega_k t},$$

其中 $\omega_k = 2\pi k/T$, $T = 1, \cdots, N$, $N = [T/2]$. 设 $\boldsymbol{f}_k = \boldsymbol{f}(\omega_k)$, $k = 1, \cdots, N$. Whittle 似然函数为

$$L(\boldsymbol{y}_1, \cdots, \boldsymbol{y}_N; \boldsymbol{f}_1, \cdots, \boldsymbol{f}_N) \propto \exp\left\{-\sum_{k=1}^{N}\left[\log(\det(\boldsymbol{f}_k)) + \boldsymbol{y}_k^*\boldsymbol{f}_k^{-1}\boldsymbol{y}_k\right]\right\}. \tag{3-26}$$

3.7.1 先验选取

将在频率 ω_k 处的谱密度矩阵展成修正的复 Cholesky 分解

$$\boldsymbol{f}_k^{-1} = T_k^* D_k^{-1} T_k, \tag{3-27}$$

其中 T_k 为复的上三角单位矩阵, D_k 为对角矩阵 (参见文献 [138]). 具体地,

$$T_k = \begin{pmatrix} 1 & \varsigma_{12}^{(k)} & \varsigma_{13}^{(k)} & \cdots & \varsigma_{1p-1}^{(k)} & \varsigma_{1p}^{(k)} \\ & 1 & \varsigma_{23}^{(k)} & \cdots & \varsigma_{2p-1}^{(k)} & \varsigma_{2p}^{(k)} \\ & & 1 & \cdots & \varsigma_{3p-1}^{(k)} & \varsigma_{3p}^{(k)} \\ & & & \ddots & \vdots & \vdots \\ & & & & 1 & \varsigma_{p-1p-1}^{(k)} \\ & & & & & 1 \end{pmatrix}, \qquad D_k = \operatorname{diag}\left(\mathrm{e}^{\delta_{1k}}, \cdots, \mathrm{e}^{\delta_{pk}}\right).$$

如此, 经计算可得, 在 (3-26) 中,

$$\log(\det(\boldsymbol{f}_k)) + \boldsymbol{y}_k^*\boldsymbol{f}_k^{-1}\boldsymbol{y}_k = \sum_{i=1}^{p}\left\{\delta_{ik} + \mathrm{e}^{-\delta_{ik}}\left|y_{ik} + \sum_{j=i+1}^{p}\varsigma_{ij}^{(k)}y_{jk}\right|^2\right\}.$$

根据 $\boldsymbol{f}_k$ 的正定性, 可以确定 δ_{ik} 与 $\Re(\varsigma_{ij}^{(k)})$ 关于 k 为偶函数, $\Im(\varsigma_{ij}^{(k)})$ 关于 k 为奇函数. 因此, 将 δ_{ik} 与 $\Re(\varsigma_{ij}^{(k)})$ 表示为 $\beta_0+\sum_{j=1}^{J}\psi_j(\omega_k)\beta_j$, 而将 $\Im(\varsigma_{ij}^{(k)})$ 表示为 $\sum_{j=1}^{J}\phi_j(\omega_k)\beta_j$, 其中, $\psi_j(\omega)=\sqrt{2}\cos(j\omega)$, $\phi_j(\omega)=\sqrt{2}\sin(j\omega)$ (参见文献 [174]). 参考相关参考文献, 建议取 $J=10$.

令 $\boldsymbol{\psi}(\omega)=(1,\psi_1(\omega),\cdots,\psi_J(\omega))^{\mathrm{T}}$, $\boldsymbol{\phi}(\omega)=(\phi_1(\omega),\cdots,\phi_J(\omega))^{\mathrm{T}}$. 并设

$$\begin{aligned}\boldsymbol{\beta}_{\delta_i}&=(\beta_0^{(\delta_i)},\beta_1^{(\delta_i)},\cdots,\beta_J^{(\delta_i)})^{\mathrm{T}},\\ \boldsymbol{\beta}_{\Re_{ij}}&=(\beta_0^{(\Re_{ij})},\beta_1^{(\Re_{ij})},\cdots,\beta_J^{(\Re_{ij})})^{\mathrm{T}},\\ \boldsymbol{\beta}_{\Im_{ij}}&=(\beta_1^{(\Im_{ij})},\cdots,\beta_J^{(\Im_{ij})})^{\mathrm{T}},\end{aligned}$$

则

$$\delta_{ik}=\boldsymbol{\beta}_{\delta_i}^{\mathrm{T}}\boldsymbol{\psi}(\omega_k),\quad \Re(\varsigma_{ij}^{(k)})=\boldsymbol{\beta}_{\Re_{ij}}^{\mathrm{T}}\boldsymbol{\psi}(\omega_k),\quad \Im(\varsigma_{ij}^{(k)})=\boldsymbol{\beta}_{\Im_{ij}}^{\mathrm{T}}\boldsymbol{\phi}(\omega_k).$$

参数 $\boldsymbol{\beta}_{\delta_i},\boldsymbol{\beta}_{\Re_{ij}},\boldsymbol{\beta}_{\Im_{ij}}$ 的先验分别设为 $N(0,\tau_{\delta_i}^2 I_{J+1})$, $N(0,\tau_{\Re_{ij}}^2 I_{J+1})$ 与 $N(0,\tau_{\Im_{ij}}^2 I_J)$ 分布, 其中 I_n 为 $n\times n$ 单位阵. 并假设 $\tau_{\delta_i}^2,\tau_{\Re_{ij}}^2,\tau_{\Im_{ij}}^2\sim U(0,c_{\tau^2})$, 其中 c_{τ^2} 为事先确定的正常数 (见文献 [61]).

3.7.2 抽样策略

参数 $\boldsymbol{\beta}_{\delta_i}$, $\boldsymbol{\beta}_{\Re_{ij}}$, $\boldsymbol{\beta}_{\Im_{ij}}$, $\tau_{\delta_i}^2$, $\tau_{\Re_{ij}}^2$ 与 $\tau_{\Im_{ij}}^2$ 需要从后验分布

$$p(\boldsymbol{\beta}_{\delta_i},\tau_{\delta_i}^2,i=1,\cdots,p;\boldsymbol{\beta}_{\Re_{ij}},\boldsymbol{\beta}_{\Im_{ij}},\tau_{\Re_{ij}}^2,\tau_{\Im_{ij}}^2,j>i,i=1,\cdots,p-1|\boldsymbol{y})$$

中抽取, 其中 $\boldsymbol{y}=(\boldsymbol{y}_1,\cdots,\boldsymbol{y}_N)$. 利用 Gibbs 抽样法, 整个抽样方案如下:

(I) 给定光滑参数 $\tau_{\delta_i}^2$, $i=1,\cdots,p$; $\tau_{\Re_{ij}}^2$, $\tau_{\Im_{ij}}^2$, $j>i$, $i=1,\cdots,p-1$ 的条件下, 参数 $\boldsymbol{\beta}_{\delta_i}$, $i=1,\cdots,p$; $\boldsymbol{\beta}_{\Re_{ij}}$, $\boldsymbol{\beta}_{\Im_{ij}}$, $j>i$, $i=1,\cdots,p-1$ 由 Gibbs 抽样法抽取自联合分布 (参见文献 [175])

$$\begin{aligned}&p(\boldsymbol{\beta}_{\delta_i},i=1,\cdots,p;\boldsymbol{\beta}_{\Re_{ij}},\boldsymbol{\beta}_{\Im_{ij}},j>i,i=1,\cdots,p-1\\&|\tau_{\delta_i}^2,i=1,\cdots,p;\tau_{\Re_{ij}}^2,\tau_{\Im_{ij}}^2,j>i,i=1,\cdots,p-1;\boldsymbol{y})\\ \propto&\prod_{i=1}^{p}p_i(\boldsymbol{\beta}_{\delta_i},\boldsymbol{\beta}_{\Re_{ij}},\boldsymbol{\beta}_{\Im_{ij}},j=i+1,\cdots,p;\tau_{\delta_i}^2,\tau_{\Re_{ij}}^2,\tau_{\Im_{ij}}^2,j=i+1,\cdots,p;\boldsymbol{y}),\end{aligned}$$

其中,

$$\begin{aligned}&p_i(\boldsymbol{\beta}_{\delta_i},\boldsymbol{\beta}_{\Re_{ij}},\boldsymbol{\beta}_{\Im_{ij}},j=i+1,\cdots,p;\tau_{\delta_i}^2,\tau_{\Re_{ij}}^2,\tau_{\Im_{ij}}^2,j=i+1,\cdots,p;\boldsymbol{y})\\ =&\exp\Bigg\{-\sum_{k=1}^{N}\Bigg[\boldsymbol{\beta}_{\delta_i}^{\mathrm{T}}\boldsymbol{\psi}(\omega_k)+\mathrm{e}^{-\boldsymbol{\beta}_{\delta_i}^{\mathrm{T}}\boldsymbol{\psi}(\omega_k)}\Bigg|y_{ik}+\sum_{j=i+1}^{p}\left(\boldsymbol{\beta}_{\Re_{ij}}^{\mathrm{T}}\boldsymbol{\psi}(\omega_k)+\mathrm{i}\boldsymbol{\beta}_{\Im_{ij}}^{\mathrm{T}}\boldsymbol{\phi}(\omega_k)\right)y_{jk}\Bigg|^2\Bigg]\end{aligned}$$

$$- \frac{\boldsymbol{\beta}_{\delta_i}^{\mathrm{T}}\boldsymbol{\beta}_{\delta_i}}{2\tau_{\delta_i}^2} - \sum_{j=i+1}^{p} \frac{\boldsymbol{\beta}_{\Re_{ij}}^{\mathrm{T}}\boldsymbol{\beta}_{\Re_{ij}}}{2\tau_{\Re_{ij}}^2} - \sum_{j=i+1}^{p} \frac{\boldsymbol{\beta}_{\Im_{ij}}^{\mathrm{T}}\boldsymbol{\beta}_{\Im_{ij}}}{2\tau_{\Im_{ij}}^2}\Bigg\},$$

$\boldsymbol{y} = \{\boldsymbol{y}_1, \cdots, \boldsymbol{y}_N\}$. 每步 Gibbs 抽样含有两个部分: ① 每个 $\boldsymbol{\beta}_{\delta_i}$ 的抽样借助于 M-H 算法, $i = 1, \cdots, p$; ② 每个 $\boldsymbol{\beta}_{\Re_{ij}}$ 与 $\boldsymbol{\beta}_{\Im_{ij}}$ 直接取自条件正态分布, $j > i$, $i = 1, \cdots, p-1$. 下面以 $p = 2$ 的情况为例加以说明.

(1) 每个 $\boldsymbol{\beta}_{\delta_1}$ 与 $\boldsymbol{\beta}_{\delta_2}$ 通过 M-H 算法进行抽样.

给定 $\boldsymbol{\beta}_{\Re_{12}}, \boldsymbol{\beta}_{\Im_{12}}, \tau_{\delta_1}^2$ 与 $\boldsymbol{y}$ 的条件下, $\boldsymbol{\beta}_{\delta_1}$ 的分布为

$$\begin{aligned} & p(\boldsymbol{\beta}_{\delta_1}|\boldsymbol{\beta}_{\Re_{12}}, \boldsymbol{\beta}_{\Im_{12}}, \tau_{\delta_1}^2, \boldsymbol{y}) \\ \propto & \exp\Bigg\{ -\sum_{k=1}^{N} \Big[\boldsymbol{\beta}_{\delta_1}^{\mathrm{T}}\boldsymbol{\psi}(\omega_k) + \mathrm{e}^{-\boldsymbol{\beta}_{\delta_1}^{\mathrm{T}}\boldsymbol{\psi}(\omega_k)}\Big|y_{1k} + (\boldsymbol{\beta}_{\Re_{12}}^{\mathrm{T}}\boldsymbol{\psi}(\omega_k) + \mathrm{i}\boldsymbol{\beta}_{\Im_{12}}^{\mathrm{T}}\boldsymbol{\phi}(\omega_k))y_{2k}\Big|^2\Big] \\ & - \frac{\boldsymbol{\beta}_{\delta_1}^{\mathrm{T}}\boldsymbol{\beta}_{\delta_1}}{2\tau_{\delta_1}^2}\Bigg\}. \end{aligned}$$

取建议分布 $N(\boldsymbol{\mu}_{\delta_1}, \boldsymbol{\Sigma}_{\delta_1})$, 其中 $\boldsymbol{\mu}_{\delta_1}$ 为关于 $\boldsymbol{\beta}_{\delta_1}$ 的方程

$$\begin{aligned} & \frac{\partial \log p(\boldsymbol{\beta}_{\delta_1}|\boldsymbol{\beta}_{\Re_{12}}, \boldsymbol{\beta}_{\Im_{12}}, \tau_{\delta_1}^2, \boldsymbol{y})}{\partial \boldsymbol{\beta}_{\delta_1}} \\ = & -\sum_{k=1}^{N} \Big\{1 - \mathrm{e}^{-\boldsymbol{\beta}_{\delta_1}^{\mathrm{T}}\boldsymbol{\psi}(\omega_k)}\Big|y_{1k} + (\boldsymbol{\beta}_{\Re_{12}}^{\mathrm{T}}\boldsymbol{\psi}(\omega_k) + \mathrm{i}\boldsymbol{\beta}_{\Im_{12}}^{\mathrm{T}}\boldsymbol{\phi}(\omega_k))y_{2k}\Big|^2\Big\}\boldsymbol{\psi}(\omega_k) - \frac{1}{\tau_{\delta_1}^2}\boldsymbol{\beta}_{\delta_1} \\ = & \mathbf{0} \end{aligned}$$

的解, $\boldsymbol{\Sigma}_{\delta_1}$ 为矩阵

$$\begin{aligned} & H(\boldsymbol{\beta}_{\delta_1}|\boldsymbol{\beta}_{\Re_{12}}, \boldsymbol{\beta}_{\Im_{12}}, \tau_{\delta_1}^2, \boldsymbol{y}) \\ = & \sum_{k=1}^{N} \mathrm{e}^{-\boldsymbol{\beta}_{\delta_1}^{\mathrm{T}}\boldsymbol{\psi}(\omega_k)}\Big|y_{1k} + (\boldsymbol{\beta}_{\Re_{12}}^{\mathrm{T}}\boldsymbol{\psi}(\omega_k) + \mathrm{i}\boldsymbol{\beta}_{\Im_{12}}^{\mathrm{T}}\boldsymbol{\phi}(\omega_k))y_{2k}\Big|^2 \boldsymbol{\psi}(\omega_k)\boldsymbol{\psi}(\omega_k)^{\mathrm{T}} + \frac{1}{\tau_{\delta_1}^2}I_{J+1} \end{aligned}$$

的逆在 $\boldsymbol{\beta}_{\delta_1} = \boldsymbol{\mu}_{\delta_1}$ 处的值.

给定 $\tau_{\delta_2}^2$ 与 $\boldsymbol{y}$ 的条件下, $\boldsymbol{\beta}_{\delta_2}$ 的分布为

$$p(\boldsymbol{\beta}_{\delta_2}|\tau_{\delta_2}^2, \boldsymbol{y}) \propto \exp\Bigg\{-\sum_{k=1}^{N} \big(\boldsymbol{\beta}_{\delta_2}^{\mathrm{T}}\boldsymbol{\psi}(\omega_k) + |y_{2k}|^2\mathrm{e}^{-\boldsymbol{\beta}_{\delta_2}^{\mathrm{T}}\boldsymbol{\psi}(\omega_k)}\big) - \frac{\boldsymbol{\beta}_{\delta_2}^{\mathrm{T}}\boldsymbol{\beta}_{\delta_2}}{2\tau_{\delta_2}^2}\Bigg\}.$$

取建议分布为 $N(\boldsymbol{\mu}_{\delta_2}, \boldsymbol{\Sigma}_{\delta_2})$, 其中 $\boldsymbol{\mu}_{\delta_2}$ 为关于 $\boldsymbol{\beta}_{\delta_2}$ 的方程

$$\frac{\partial \log p(\boldsymbol{\beta}_{\delta_2}|\tau_{\delta_2}^2, \boldsymbol{y})}{\partial \boldsymbol{\beta}_{\delta_2}} = \sum_{k=1}^{N} \left(1 - |y_{2k}|^2 \mathrm{e}^{-\boldsymbol{\beta}_{\delta_2}^{\mathrm{T}} \boldsymbol{\psi}(\omega_k)}\right) \boldsymbol{\psi}(\omega_k) + \frac{1}{\tau_{\delta_2}^2} \boldsymbol{\beta}_{\delta_2} = \mathbf{0}$$

的解, $\boldsymbol{\Sigma}_{\delta_2}$ 为矩阵

$$H(\boldsymbol{\beta}_{\delta_2}|\tau_{\delta_2}^2, \boldsymbol{y}) = \sum_{k=0}^{N} |y_{2k}|^2 \mathrm{e}^{-\boldsymbol{\beta}_{\delta_2}^{\mathrm{T}} \boldsymbol{\psi}(\omega_k)} \boldsymbol{\psi}(\omega_k) \boldsymbol{\psi}(\omega_k)^{\mathrm{T}} + \frac{1}{\tau_{\delta_2}^2} I_{J+1}$$

的逆在 $\boldsymbol{\beta}_{\delta_2} = \boldsymbol{\mu}_{\delta_2}$ 处的值.

(2) 每个 $\boldsymbol{\beta}_{\Re_{12}}$ 与 $\boldsymbol{\beta}_{\Im_{12}}$ 直接从多元正态分布中抽样.

给定 $\boldsymbol{\beta}_{\delta_1}$, $\tau_{\Re_{12}}^2$ 与 $\boldsymbol{y}$ 的条件下, $\boldsymbol{\beta}_{\Re_{12}}$ 从 $N(\boldsymbol{\mu}_{\Re_{12}}, \boldsymbol{\Sigma}_{\Re_{12}})$ 中抽样, 其中

$$\boldsymbol{\mu}_{\Re_{12}} = \boldsymbol{\Sigma}_{\Re_{12}} \boldsymbol{\gamma}_{\Re_{12}}, \quad \boldsymbol{\Sigma}_{\Re_{12}} = \left(2 \sum_{k=0}^{N} |y_{2k}|^2 \mathrm{e}^{-\boldsymbol{\beta}_{\delta_1}^{\mathrm{T}} \boldsymbol{\psi}(\omega_k)} \boldsymbol{\psi}(\omega_k) \boldsymbol{\psi}(\omega_k)^{\mathrm{T}} + \frac{1}{\tau_{\Re_{12}}^2} I_{J+1}\right)^{-1}, \tag{3-28}$$

$$\boldsymbol{\gamma}_{\Re_{12}} = -2 \sum_{k=1}^{N} \Re(y_{1k} \bar{y}_{2k}) \mathrm{e}^{-\boldsymbol{\beta}_{\delta_1}^{\mathrm{T}} \boldsymbol{\psi}(\omega_k)} \boldsymbol{\psi}(\omega_k).$$

给定 $\boldsymbol{\beta}_{\delta_1}$, $\tau_{\Im_{12}}^2$ 与 $\boldsymbol{y}$ 的条件下, $\boldsymbol{\beta}_{\Im_{12}}$ 从 $N(\boldsymbol{\mu}_{\Im_{12}}, \boldsymbol{\Sigma}_{\Im_{12}})$ 中抽取, 其中

$$\boldsymbol{\mu}_{\Im_{12}} = \boldsymbol{\Sigma}_{\Im_{12}} \boldsymbol{\gamma}_{\Im_{12}}, \quad \boldsymbol{\Sigma}_{\Im_{12}} = \left(2 \sum_{k=1}^{N} |y_{2k}|^2 \mathrm{e}^{-\boldsymbol{\beta}_{\delta_1}^{\mathrm{T}} \boldsymbol{\psi}(\omega_k)} \boldsymbol{\phi}(\omega_k) \boldsymbol{\phi}(\omega_k)^{\mathrm{T}} + \frac{1}{\tau_{\Im_{12}}^2} I_J\right)^{-1}, \tag{3-29}$$

$$\boldsymbol{\gamma}_{\Im_{12}} = -2 \sum_{k=1}^{N} \Im(y_{1k} \bar{y}_{2k}) \mathrm{e}^{-\boldsymbol{\beta}_{\delta_1}^{T} \boldsymbol{\psi}(\omega_k)} \boldsymbol{\phi}(\omega_k).$$

(Ⅱ) 给定 $\boldsymbol{\beta}_{\delta_i}$ $(i = 1, \cdots, p)$, $\boldsymbol{\beta}_{\Re_{ij}}$, $\boldsymbol{\beta}_{\Im_{ij}}$ $(j > i, i = 1, \cdots, p-1)$ 的条件下, 参数 $\tau_{\delta_i}^2$ $(i = 1, \cdots, p)$, $\tau_{\Re_{ij}}^2$ 与 $\tau_{\Im_{ij}}^2$ $(j > i, i = 1, \cdots, p-1)$ 分别取自截断 $\mathrm{IG}\left(\frac{J-1}{2}, \frac{1}{2}\boldsymbol{\beta}_{\delta_i}^{\mathrm{T}} \boldsymbol{\beta}_{\delta_i}\right)$, 截断 $\mathrm{IG}\left(\frac{J-1}{2}, \frac{1}{2}\boldsymbol{\beta}_{\Re_{ij}}^{\mathrm{T}} \boldsymbol{\beta}_{\Re_{ij}}\right)$ 与截断 $\mathrm{IG}\left(\frac{J-2}{2}, \frac{1}{2}\boldsymbol{\beta}_{\Im_{ij}}^{\mathrm{T}} \boldsymbol{\beta}_{\Im_{ij}}\right)$ 分布, 其中截断区间为 $(0, c_{\tau^2})$.

例 3.5 (例 3.2 续) 像例 3.4 那样, 将例 3.2 中的船体振动角度数据扩大 10 倍. 取 $c_{\tau^2} = 20$. 利用自动谱估计方法产生长度为 20000 的 Markov 链, 并舍弃前面的长度为 15000 的链, 依此估计重力加速度时间序列的谱密度函数, 所得的估计结论如图 3-9 所示. 图 3-9 中实线表示谱密度估计值, 两条虚线给出的是谱密度估计的 95% 可信区间.

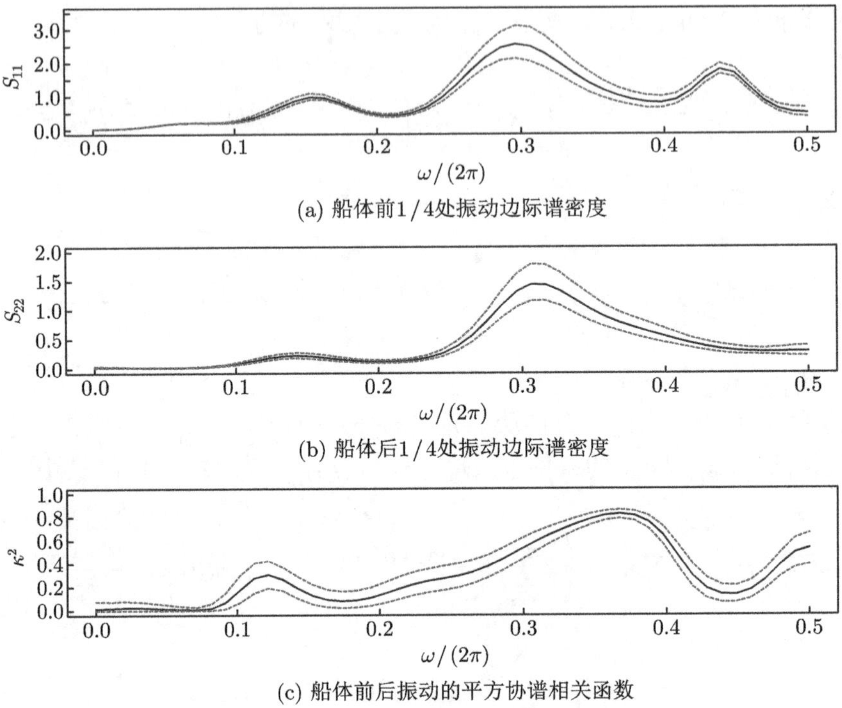

图 3-9　船体主梁振动角度的自动谱估计

由图 3-9 可见, 谱密度的估计曲线走势与用平滑周期图法得到的估计 (图 3.2) 是基本吻合的, 但同时也包含着一些光滑周期图法不易发现的规律. 例如, 船体前 1/4 处振动边际谱比船体后 1/4 处的要大, 船首处的振动谱峰值更为复杂, 前后振动的协谱虽然基本具有高振动能量高协调性的特点, 但对于高频波而言, 这一规律相对减弱. 另外, 图 3-9 中的谱密度估计值明显在光滑性上较光滑周期图法得到的谱有了很大的提高.

3.8　基于不规则抽样数据的谱密度估计

基于规则间距数据的谱分析方法已十分完备, 但基于不规则间距数据的谱推断方法却十分有限. 由于在某些点样本的不可得、抽样设备本身具有的随机性、在规则格点处抽样设备的抖动等原因, 不规则抽样广泛存在. 最简单的不规则数据处理方法是忽略不规则抽样的事实用规则抽样的处理方法进行推断, 但这将产生污化 (dirty) 谱 (参见文献 [10]); 虽然光滑化原始周期图是一种可行的方法, 但光滑参数的选择始终是个问题; 依赖于协方差插值技术的方法可能会带来数据的过度光滑和扭曲 (参见文献 [151]). 现存的基于不规则抽样的谱密度估计远不能令人满意, 因此, 十分有必要发展新的能够自动选择光滑参数的谱密度估计方法. 本节先介绍光滑 Lomb-Scargle 周期图估计方法, 然后介绍基于等距再抽样技术的谱密度估计, 最后重点给出能够自动选择光滑参数的谱密度估计方法.

3.8.1 光滑 Lomb-Scargle 周期图估计

Lomb-Scargle 周期图是由 Lomb 与 Scargle 提出的一类基于不规则间距抽样过程而定义的周期图 (参见文献 [105,144]). 该周期图提出的动机是: 在白噪声假设下, 周期图的概率分布与传统周期图的分布相同, 并且其具有时间转移不变性. 假定 $\{X(t)\}$ 是定义在 $\mathbb{R}$ 上的一实值二阶平稳随机过程. 进一步假定 $\{X(t)\}$ 在观测区间 $[0,\lambda_n]$ 内的 n 个时刻点 $t_1,\cdots,t_n$ 处具有观测值, 其中 $\lambda_n>0$ 表示抽样区间的长度. Lomb-Scargle 周期图定义为

$$I_n^{(\mathrm{LS})}(\omega)=\frac{\lambda_n}{4\pi n}\left\{\frac{\left[\sum_{j=1}^{n}X(t_j)\cos\omega(t_j-\tau)\right]^2}{\sum_{j=1}^{n}\cos^2\omega(t_j-\tau)}+\frac{\left[\sum_{j=1}^{n}X(t_j)\sin\omega(t_j-\tau)\right]^2}{\sum_{j=1}^{n}\sin^2\omega(t_j-\tau)}\right\}, \tag{3-30}$$

其中 τ 由

$$\tau=\frac{1}{2\omega}\arctan\frac{\sum_{j=1}^{n}\sin 2\omega t_j}{\sum_{j=1}^{n}\cos 2\omega t_j} \tag{3-31}$$

定义. 在由 (3-30) 与 (3-31) 定义的 Lomb-Scargle 周期图中, τ 的引入主要是为了保证周期图关于观测序列的时间转移不变性. 对于规则等距抽样的时间序列, Lomb-Scargle 周期图即为经典的二阶周期图.

虽然 Lomb-Scargle 周期图在天体物理学界作为谱密度的一种表现形式有着广泛的应用, 但其缺乏严格的理论基础. 例如, 诸如 “Lomb-Scargle 周期图所估计的谱是如何定义的?” 等问题都缺乏严格的理论框架. 在技术要求不很严格的情况下, 我们可以利用平滑 Lomb-Scargle 周期图的方法对谱密度进行估计. 平滑 Lomb-Scargle 周期图估计可以用 R 软件包 `cts` 中的 `spec.ls` 函数来实现. 作为一种平滑化方法, 确定光滑参数也是一件绕不开的工作.

与经典的二阶周期图不同的是, 基于不规则抽样的 $I_n^{(\mathrm{LS})}(\omega)$ 不仅在 $\omega_j=\dfrac{2\pi(j-1)\lambda_n}{n}$ 处有定义, 而且在任何 ω 处都有定义, 其中 $j=1,\cdots,[n/2]$. 但实践中, 我们一般选择其在频率点 $\omega_j=\dfrac{2\pi(j-1)\lambda_n}{n}$ 处的值用于谱密度的估计,

因为这样选择包含的信息量一般较大 (参见文献 [176]).

3.8.2　基于等距再抽样技术的谱密度估计

仍然假定 $\{X(t)\}$ 在观测区间 $[0, \lambda_n]$ 内的 n 个时刻点 $t_1, \cdots, t_n$ 处具有观测值, 其中 $\lambda_n > 0$ 表示抽样区间的长度. 这里, $t_1, \cdots, t_n$ 是不规则间距的抽样点, 不妨设 $0 \leqslant t_1 < t_2 < \cdots < t_n \leqslant \lambda_n$.

在得到过程的观测值后, 先人为制造一个连续的观测过程. 人造过程的定义如下: 当 $0 \leqslant t < t_1$ 时, 定义 $X'(t) = X(t_1)$; 当 $t_n \leqslant t < \lambda_n$ 时, 定义 $X'(t) = X(t_n)$; 当 $t_i \leqslant t < t_{i+1}$ $(i = 1, \cdots, n-1)$ 时, 定义

$$X'(t) = \begin{cases} X(t_i), & t - t_i \leqslant t_{i+1} - t, \\ X(t_{i+1}), & t - t_i > t_{i+1} - t. \end{cases}$$

在得到人造过程 $\{X'(t) : 0 \leqslant t \leqslant \lambda_n\}$ 之后, 由于其可以视为完全观测的, 便可从中抽取一等距观测的样本 $X'(i\lambda_n/n)$, $i = 1, \cdots, n$. 现在, 便可利用等距抽样谱密度的估计方法, 基于人造样本 $\{X'(i\lambda_n/n)\}$ 进行谱密度估计, 并将所得的谱密度估计值作为真实模型的谱密度估计 (参见文献 [19]).

3.8.3　贝叶斯迂回估计方法

本小节主要介绍文献 [176] 中在贝叶斯框架下给出的用于分析不规则间距数据的迂回谱密度估计方法. 该方法主要通过三个步骤完成: ① 通过一种时间-尺度变换在谱域意义下将数据正则化; ② 估计时间-尺度变换后过程的谱密度; ③ 通过时间-尺度变换前后谱密度的关系将原过程谱密度的估计求解出来. 该方法是一种谱密度的自动估计方法, 其中的时间-尺度变换不仅可以使光滑样条基函数的选择独立于抽样设计, 而且可以使估计方法无须根据不同的不规则间距数据调整调节参数.

1. 模型及其时间-尺度变换

假定 $\{X(t)\}$ 是一定义在 $\mathbb{R}$ 上的实值二阶平稳随机过程, 即其自协方差函数 $R_{XX}(h) = \mathbf{Cov}(X(t), X(t+h)) = \mathbf{Cov}(X(0), X(|h|))$ 仅依赖于 $|h|$. 进一步假定 $\mathbf{E}(X(t)) = 0$ 对所有的 $t \in \mathbb{R}$ 都成立. 假定自协方差函数 $R_{XX}(h)$ 是一连续函数且满足 $\int_{\mathbb{R}} |R_{XX}(h)|\,\mathrm{d}h < \infty$, 则 $\{X(t)\}$ 的谱密度存在, 其与自协方差函数间的关系为

$$f_{XX}(\omega) = \frac{1}{2\pi} \int_{\mathbb{R}} \mathrm{e}^{-\mathrm{i}\,h\omega}\, R_{XX}(h)\,\mathrm{d}h, \quad \omega \in \mathbb{R}.$$

反之, 自协方差函数与谱密度间通过

$$R_{XX}(h) = \int_{\mathbb{R}} f_{XX}(\omega)\, \mathrm{e}^{\mathrm{i}\,h\omega}\,\mathrm{d}\omega$$

建立联系.

假定已获得随机过程 $X(\cdot)$ 在抽样区间 $[0,\lambda_n]$ 内的点 $t_1,\cdots,t_n$ 处的观测值, 其中 $\lambda_n>0$ 表示抽样区间的长度. 假定抽样时刻 t_j 满足 $t_j=t_{nj}=\lambda_n\ell_j$, 其中 $\ell_1,\cdots,\ell_n$ 为具有密度函数 $g(\ell)$ ($\ell\in[0,1]$) 的独立同分布随机变量. 进一步假定对所有的 $\ell\in(0,1)$, $g(\ell)>0$ 成立.

考虑 $X(\cdot)$ 的时间-尺度变换版本 (记为 $Z(\cdot)$)

$$Z(s)=v_X^{-1/2}X\left(\frac{\lambda_n}{n}s\right),\quad 其中\ v_X=\mathbf{Var}(X(0)). \tag{3-32}$$

注意到 $X(\cdot)$ 的方差为 v_X, 但时间-尺度变换过程 $Z(\cdot)$ 的方差为 1. 其自协方差函数可表示为

$$R_{ZZ}(h)=\mathbf{Cov}(Z(s),Z(s+h))=v_X^{-1}R_{XX}\left(\frac{\lambda_n}{n}h\right).$$

相应地, 时间-尺度变换过程 $Z(\cdot)$ 与 $X(\cdot)$ 谱密度函数间的关系为

$$\begin{aligned}f_{ZZ}(\omega)&=v_X^{-1}\int_{\mathbb{R}}\mathrm{e}^{-\mathrm{i}\,h\omega}R_{XX}\left(\frac{\lambda_n}{n}h\right)\mathrm{d}h\\&=v_X^{-1}\frac{n}{\lambda_n}\int_{\mathbb{R}}\mathrm{e}^{-\mathrm{i}\,u\,\frac{n}{\lambda_n}\omega}R_{XX}(u)\,\mathrm{d}u\\&=v_X^{-1}\frac{n}{\lambda_n}f_{XX}\left(\frac{n}{\lambda_n}\omega\right),\quad \omega\in\mathbb{R},\end{aligned} \tag{3-33}$$

其中, 在第二个等式中我们用到了变换 $u=\dfrac{\lambda_n}{n}h$.

以下致力于基于不规则间距数据 $\{X(t_j),\ j=1,\cdots,n\}$ 估计谱密度 $f_{XX}(\omega)$, 但将通过一种迂回估计方法实现这一估计. 首先估计谱密度 $f_{ZZ}(\omega)$, 然后通过 (3-33) 的反向计算公式

$$\hat{f}_{XX}(\omega)=\hat{v}_X\frac{\lambda_n}{n}\hat{f}_{ZZ}\left(\frac{\lambda_n}{n}\omega\right) \tag{3-34}$$

来估计 $f_{XX}(\omega)$, 其中 $\hat{v}_X$ 是 v_X 的一相合估计量, $\hat{f}_{XX}(\omega)$ 与 $\hat{f}_{ZZ}(\omega)$ 分别为 $f_{XX}(\omega)$ 与 $f_{ZZ}(\omega)$ 的估计. 实际中, v_X 通过样本方差进行估计, 即取 $\hat{v}_X=\dfrac{1}{n-1}\sum_{j=1}^n(Z(s_j)-\bar{Z})^2$, 其中 $\bar{Z}=\dfrac{1}{n}\sum_{j=1}^n Z(s_j)$. 后文中将说明采用迂回估计方法的好处.

2. 时间-尺度变换过程的近似似然

假定观测值由 $\{X(t_j),\ j=1,\cdots,n\}$ 给出, 其中 n 个元素的次序是任意的. 令 $s_j=\dfrac{n}{\lambda_n}t_j$, $Z(s_j)=v_X^{-1/2}X(t_j)$, $i=1,\cdots,n$. 相应地, $\{Z(s_j),\ j=1,\cdots,n\}$ 可

视为时间-尺度变换过程 $Z(\cdot)$ 的伪样本, 其抽取自抽样区间 $[0,n]$ 的点 $s_1,\cdots,s_n$ 处, 其中 n 为时间-尺度变换过程 $Z(\cdot)$ 抽样区间的长度. 之所以称 $\{Z(s_j), j=1,\cdots,n\}$ 为伪样本是因为 v_X 是未知的, 因此 $\{Z(s_j), j=1,\cdots,n\}$ 是无法被观测到的. 现在抽样时间 s_j 满足 $s_j=n\ell_j$, 其中 $\ell_1,\cdots,\ell_n$ 仍然为具有密度函数 $g(\ell)$ $(\ell\in[0,1])$ 的独立同分布随机变量.

定义样本 $\{Z(s_j), j=1,\cdots,n\}$ 的离散 Fourier 变换为

$$y_n^Z(\omega)=\frac{1}{\sqrt{n}}\sum_{j=1}^n \hat{Z}(s_j)\exp\{\mathrm{i}\omega s_j\}=\frac{1}{\sqrt{n}}\sum_{j=1}^n \hat{v}_X^{-1/2}X(t_j)\exp\left\{\mathrm{i}\omega\frac{n}{\lambda_n}t_j\right\},\quad \omega\in\mathbb{R}, \tag{3-35}$$

其中 $\hat{Z}(s_j)=\hat{v}_X^{-1/2}X(t_j)$ 是 $Z(s_j)$ $(j=1,\cdots,n)$ 的估计值. 相应地, 在频率 ω 处的周期图定义为 $I_n^Z(\omega)=|y_n^Z(\omega)|^2$. 离散 Fourier 变换 (3-35) 的定义与一般的基于等距观测的离散 Fourier 变换是不同的, 该离散 Fourier 变换可以在任意频率点处有定义.

估计 $f_{ZZ}(\omega)$ 的自然想法是借助于一种近似似然——Whittle 似然 (见文献 [164]) 完成估计. Whittle 似然一般是通过离散 Fourier 变换的渐近正态性建立的. 为得到渐近性质, 需对 $X(\cdot)$ 施加某些正则条件. 用记号 $\sigma(X(s), s\in E)$ 表示由随机变量 $\{X(s): s\in E\}$ 所生成的 σ-代数. 令 $\mathcal{F}_0^-=\sigma(X(s), s\leqslant 0)$, $\mathcal{F}_u^+=\sigma(X(s), s\geqslant u)$. 对任意的滞后参数 $u>0$, 随机过程 $\{X(\cdot)\}$ 的强混合 (α-混合) 系数定义为 $\alpha(u)=\sup\{|\mathbf{P}(A\cap B)-\mathbf{P}(A)\mathbf{P}(B)|: A\in\mathcal{F}_0^-, B\in\mathcal{F}_u^+\}$. 所需要的正则条件如下.

假设 3.5　强混合系数 $\alpha(u):(0,\infty)\to[0,\infty)$ 是一左连续单调不减的函数, 且满足 $\lim_{u\to\infty}\alpha(u)=0$. 存在 $\tau\in(0,\infty)$ 使得 $\mathbf{E}|X(s)|^{2+\tau}<\infty$ 及

$$\int_1^\infty u\,\alpha(u)^{\frac{\tau}{2+\tau}}\,\mathrm{d}u<\infty.$$

假设 3.5 是关于过程 $X(\cdot)$ 的标准混合条件及标准矩条件 (参见文献 [11,97]). 这些条件保证了 $X(\cdot)$ (或 $Z(\cdot)$) 的弱相依性及离散 Fourier 变换 (3-35) 方差的存在性. 文献 [50] 中给出了一些满足该条件的具体例子, 如高斯过程、线性过程及 Markov 过程等.

注意到

$$y_n^Z(\omega)=(\hat{v}_X/v_X)^{1/2}\,\frac{1}{\sqrt{n}}\sum_{j=1}^n v_X^{-1/2}X(t_j)\exp\left\{\mathrm{i}\omega\frac{n}{\lambda_n}t_j\right\}.$$

由 Slutsky 引理 (参见文献 [158] 第 11 页) 及文献 [11, 定理 4.2], 在假设 3.5 下, 对任意的 $\omega\in\mathbb{R}\backslash\{0\}$, 当 $n\to\infty$, $\lambda_n\to\infty$, $n/\lambda_n\to c_\star\in(0,\infty]$ 时, $(\Re(y_n^Z(\omega)),$

$\Im(y_n^Z(\omega)))^{\mathrm{T}}$ 收敛到具有协方差函数

$$\Sigma(\omega)=\frac{1}{2}\big(1+Kf_{ZZ}(\omega)\big)\,I_2$$

的零均值高斯分布, 其中 $K=\int_0^1 g^2(x)\,\mathrm{d}x$. 相应地, $y_n^Z(\omega)$ 收敛到方差为 $1+Kf_{ZZ}(\omega)$ 的零均值圆对称复高斯分布 (参见文献 [63]). 再由文献 [11, 定理 4.2] 可知, 在不同 ω 处, $y_n^Z(\omega)$ 具有渐近独立性. 与文 [11, 定理 4.3] 相结合, 可得如下结论.

命题 3.6 在假设 3.5下, 若当 $n\to\infty$ 时, $\lambda_n\to\infty$, $n/\lambda_n\to c_*\in(0,\infty]$, 我们有

(i) 对每个 $\omega\in\mathbb{R}\backslash\{0\}$, $y_n^X(\omega)$ 收敛到方差为 $1+Kf_{ZZ}(\omega)$ 的零均值圆对称复高斯分布;

(ii) 若两个频率序列 $\{\omega_{1n}\}_{n\geqslant 1}$ 与 $\{\omega_{2n}\}_{n\geqslant 1}$ 满足 $n|\omega_{1n}-\omega_{2n}|\to\infty$, $n|\omega_{in}|\to\infty$, $i=1,2$, 则 $y_n^X(\omega_{1n})$ 与 $y_n^X(\omega_{2n})$ 是渐近独立的.

为了建立起似然函数, 还需完成两件事情: ① 在哪个频率区间内才可获得一个可信的谱估计; ② 应该选用哪些周期图建立似然函数.

对于有限观测的随机过程, 在 $[0,\pi]$ 上估计 $f_{ZZ}(\omega)$ 是合理的. 如果随机过程是在 n 个间隔为 Δ 的等距时间点被观测的, 那么样本过程的谱密度将集中在有限区间 $[-\pi/\Delta,\pi/\Delta]$ 内 (参见文献 [57]). 在本节中, 我们假设抽样时间点是不规则摆放的, 因此并不存在一个共同的抽样间隔单位 Δ. 但是, 我们可以计算时间间隔距离的平均值, 其为 $\bar{\Delta}=\lambda_n/n$. 对于 $\{Z(s_j),\,j=1,\cdots,n\}$, 时间间隔距离的平均值为 $\bar{\Delta}=1$. 自然地, 可将频率区间的界限 π/Δ 中的 Δ 用 $\bar{\Delta}=1$ 代替. 因此, 我们将在区间 $[0,\pi]$ 内估计 $f_{ZZ}(\omega)$. 相应地, 可得到区间 $[0,n\pi/\lambda_n]$ 上的谱估计 $f(\omega)$. 这一关于频率区间界限的设定与基于等距抽样重构方法进行谱分析的区间界限设定 (见文献 [1]) 是一致的. 文献 [1] 中的结论是: 基于各式各样重构方法的谱估计仅当频率不超过 $n\pi/\lambda_n$ 时才是可信的, 这一取值是对规则抽样数据 Nyquist 频率规则的一种替代.

我们将利用间隔单位为 $2\pi/n$ 的等距频率点处的周期图建立似然函数. 如果随机过程仅可在间隔单位为 Δ 的时间点处能够观测到, 那么周期图也仅在间隔单位为 $2\pi/(n\Delta)$ 的等距频率点处有定义. 对于规则间距抽样数据, 将 Δ 用平均时间间隔 $\bar{\Delta}=\lambda_n/n$ 代替是自然的. 对于 $\{Z(s_j),\,j=1,\cdots,n\}$, $\bar{\Delta}=1$, 因此在似然中 $2\pi/n$ 是一个合理的等距频率单位选择. 在文献 [110, 注 2] 中, 这一类型的等距频率格点被推荐用于 Whittle 似然的建立. 最近, 文献 [153] 证明了这一频率设定对多数频率域估计而言是最优的. 也就是说, 它不仅保证所选择的周期图提供谱密度的充分信息, 而且使得在这些频率点处的周期图具有近似独立性.

设

$$\Omega_n = \{\omega_{nj} = 2\pi j/n : j = 1, 2, \cdots, [n/2]\} \tag{3-36}$$

为事先设定的离散频率集. Ω_n 中的频率组成了区间 $[0,\pi]$ 上间隔为 $2\pi/n$ 的等距格点.

现假定在抽样区间 $[0,n]$ 上可获得充分大数量 (设为 n 个) 的伪观测 $\{Z(s_i), i = 1, \cdots, n\}$. 在选择合适的频率集 (3-36) 的情况下可以确保渐近独立的圆对称复高斯分布可以提供 Ω_n 上离散 Fourier 变换的一个非常好的分布近似. 不失一般性, 假定在 $[0,1]$ 上 $g(\ell) \equiv 1$, 即抽样位置点 s_i 服从区间 $[0,n]$ 上的均匀分布, 即 $K=1$. 在假设 3.5下, 在给定数据 $I_n^Z(\omega)$ (或 $y_n^Z(\omega)$) 时, $f_{ZZ}(\omega)$ ($\omega \in \Omega_n$) 的近似似然函数可表示为

$$\begin{aligned}&L\big(I_n^Z(\omega), \omega \in \Omega_n \big| f_{ZZ}(\omega), \omega \in \Omega_n\big)\\ \propto &\prod_{\omega \in \Omega_n} \exp\Big\{-\log\big(1 + f_{ZZ}(\omega)\big) - I_n^Z(\omega)\big(1 + f_{ZZ}(\omega)\big)^{-1}\Big\}.\end{aligned} \tag{3-37}$$

这一表达式是 Whittle 似然的不规则抽样版 (见文献 [164]). 由文献 [153, 定理 2.1] 可知, 如果频率格点取得比 (3-36) 中的更细, 基于周期图的估计量的效不会提高, 但如果取得更粗, 估计量就会有效的损失. 提出似然 (3-37) 的动机在于: $I_n^Z(\omega)$ 关于 $\omega \in \Omega_n$ 呈现近似独立性, 并且能够提供比其他频率格点选择下关于 $f_{ZZ}(\omega)$ 的更多信息 (参见文献 [153] 第 2.3.1 部分).

3. 先验具体化与抽样方案

既然谱密度是非负的 (参见文献 [76] 第 300 页), 我们将 $\log f_{ZZ}(\omega)$ 用线性光滑样条展开. 将 $\log f_{ZZ}(\omega)$ 展开为

$$\log f_{ZZ}(\omega) = \boldsymbol{\beta}_J^{\mathrm{T}} \boldsymbol{\phi}_J(\omega), \tag{3-38}$$

其中

$$\boldsymbol{\beta}_J = (\beta_0, \beta_1, \cdots, \beta_J)^{\mathrm{T}}, \quad \boldsymbol{\phi}_J(\omega) = (\phi_0(\omega), \phi_1(\omega), \cdots, \phi_J(\omega))^{\mathrm{T}},$$

$\phi_j(\omega) = \cos(j\,\omega) (j = 0, 1, \cdots, J)$ 是线性光滑样条的 Demmler-Reinsch 基函数 (参见文献 [54]), $J > 0$ 是 正整数. 作为频率的函数, 等式 (3-38) 右侧在 $[0,\pi]$ 上与 $\log f_{ZZ}(\omega)$ 具有相同的性质. 这里仍采用 $J = 10$ 的取法.

取 $\boldsymbol{\beta}_J$ 的先验为 $N(\mathbf{0}, \Lambda)$, 其中 $\Lambda = \mathrm{diag}(\delta, \Lambda_1)$, $\Lambda_1 = \lambda\, \mathrm{diag}(1, 2^{-1}, \cdots, J^{-1})$ (参见文献 [99]). 线性样条基系数先验协方差矩阵的这一取法对于本书中其他自动谱估计中基系数先验的设定同样适用, 这样取一般会使得在 J 可以取相对较小

的正整数时, 算法所提供的谱估计仍然具有较好的拟合优度. 参数 δ 是截距项 β_0 方差的超参数, 一般取为较大的固定正常数. 谱估计对 δ 的取法不敏感, 例如, 取 δ 为 10—1000 间的数时所得的谱估计没有明显差异. 光滑参数先验取 $p(\lambda) \propto 1/\lambda$. 实际上, 光滑参数采用文献 [61] 中提供的三类不同的弱信息先验所得的估计结论的差异十分微小. 这里, 相较于 3.6.1 小节与 3.7.1 小节中采用的先验, 其主要优势在于不依赖于其他超参数.

由 (3-37), (3-38) 及所有参数的先验设置, 可得参数 $\boldsymbol{\beta}_J$ 与 λ 的后验分布为

$$
\begin{aligned}
&p\big(\boldsymbol{\beta}_J, \lambda \big| I_n^Z(\omega), \omega \in \Omega_n\big) \\
&\propto \exp\bigg\{-\sum_{\omega\in\Omega_n}\Big[\log\big(1+\exp(\boldsymbol{\beta}_J^{\mathrm{T}}\boldsymbol{\phi}_J(\omega))\big) \\
&\quad + I_n^Z(\omega)\big(1+\exp(\boldsymbol{\beta}_J^{\mathrm{T}}\boldsymbol{\phi}_J(\omega))\big)^{-1}\Big] - \frac{1}{2}\boldsymbol{\beta}_J^{\mathrm{T}}\Lambda^{-1}\boldsymbol{\beta}_J\bigg\}\lambda^{-\frac{J}{2}-1}. \qquad (3\text{-}39)
\end{aligned}
$$

参数 $\boldsymbol{\beta}_J$ 与 λ 的后验值通过 Gibbs 抽样法进行, 每次迭代包含两步:

(1) 给定 λ, 通过 Hamiltonian Monte Carlo (HMC, 参见文献 [62]) 抽样方法从 $p\big(\boldsymbol{\beta}_J \big| \lambda, I_n(\omega), \omega \in \Omega_n\big)$ 中抽取 $\boldsymbol{\beta}_J$.

除了后验密度, HMC 还需要对数后验分布的梯度

$$
\frac{\partial \log p}{\partial \boldsymbol{\beta}_J} = -\sum_{\omega\in\Omega_n}\frac{\exp(\boldsymbol{\beta}_J^{\mathrm{T}}\boldsymbol{\phi}_J(\omega))}{1+\exp(\boldsymbol{\beta}_J^{\mathrm{T}}\boldsymbol{\phi}_J(\omega))}\left[1-\frac{I_n^Z(\omega)}{1+\exp(\boldsymbol{\beta}_J^{\mathrm{T}}\boldsymbol{\phi}_J(\omega))}\right]\boldsymbol{\phi}_J(\omega) - \Lambda^{-1}\boldsymbol{\beta}_J. \qquad (3\text{-}40)
$$

为了记号简单起见, 这里略去了 $p\big(\boldsymbol{\beta}_J \big| \lambda,\ I_n^X(\omega), \omega \in \Omega_n\big)$ 的变量.

为记号方便, 参数的当前与建议值分别用上标 c 与 p 表示.

设 $\boldsymbol{m}$ 是与 $\boldsymbol{\beta}_J$ 具有相同维数的动量向量. 假定 $\boldsymbol{m}$ 服从多元正态分布 $N(\mathbf{0}, M)$. 为简单起见, 取 $M = \kappa^2 I$.

设 $\boldsymbol{\beta}_J$ 的当前值为 $\boldsymbol{\beta}_J^c$. HMC 开始于从 $N(\mathbf{0}, M)$ 中抽取 $\boldsymbol{m}$, 记为 $\boldsymbol{m}^c$. 然后通过 L 步由因子 ϵ 尺度化的 “越级步骤”(leapfrog steps) 来同时更新 $\boldsymbol{m}$ 与 $\boldsymbol{\beta}_J$. 每个越级步骤包括如下三步:

(a) 利用梯度 (3-40) 作 $\boldsymbol{m}$ 的半次更新:

$$
\boldsymbol{m} \longleftarrow \boldsymbol{m} + \frac{1}{2}\epsilon\frac{\partial \log p}{\partial \boldsymbol{\beta}_J}.
$$

(b) 利用动量向量 $\boldsymbol{m}$ 更新 $\boldsymbol{\beta}_J$:

$$
\boldsymbol{\beta}_J \longleftarrow \boldsymbol{\beta}_J + \epsilon M^{-1}\boldsymbol{m}.
$$

(c) 再次利用梯度 (3-40) 作 $\boldsymbol{m}$ 的半次更新:

$$\boldsymbol{m} \longleftarrow \boldsymbol{m} + \frac{1}{2}\epsilon\frac{\partial \log p}{\partial \boldsymbol{\beta}_J}.$$

用 $\boldsymbol{m}'$ 与 $\boldsymbol{\beta}'_J$ 分别表示 L 次越级步骤之后 $\boldsymbol{m}$ 与 $\boldsymbol{\beta}_J$ 的值. 令

$$A = \frac{p(\boldsymbol{\beta}'_J|\lambda, I_n^Z(\omega), \omega \in \Omega_n)\, p(\boldsymbol{m}')}{p(\boldsymbol{\beta}^c_J|\lambda, I_n^Z(\omega), \omega \in \Omega_n)\, p(\boldsymbol{m}^c)},$$

其中无条件密度 $p(\cdot)$ 为 $N(\mathbf{0}, M)$ 的概率密度函数. 最后, $\boldsymbol{\beta}_J$ 的更新通过依概率 $\min(1, A)$ 取 $\boldsymbol{\beta}^p_J = \boldsymbol{\beta}'_J$ 并依剩余概率取 $\boldsymbol{\beta}^p_J = \boldsymbol{\beta}^c_J$ 来完成.

遵照文献 [62] 的建议, 设定 $\epsilon L = 1$. 这样, HMC 步骤仅有两个调节参数: 尺度参数 κ 与越级步数 L.

从模拟试验情况看, 当 L 在 10—50 间变动时, 参数 $\boldsymbol{\beta}_J$ 的更新效率都很高, 且对谱估计的影响不大. 在完成 L 的选择后, 需要设定 κ. 谱估计的结果对 κ 的选择也是不敏感的, 如可以考虑在 5 与 50 间任意取值.

(2) 给定 $\boldsymbol{\beta}_J$, 从倒 Gamma 分布 $\mathrm{IG}\left(\dfrac{J}{2}, \dfrac{1}{2}\tilde{\boldsymbol{\beta}}_J^T\Lambda_1^{-1}\tilde{\boldsymbol{\beta}}_J\right)$ 中抽取 λ, 其中 $\tilde{\boldsymbol{\beta}}_J = (\beta_1, \cdots, \beta_J)^{\mathrm{T}}$. $\mathrm{IG}(\nu, \alpha)$ 分布的密度函数为 $p(\lambda|\nu, \alpha) \propto x^{-\nu-1}\exp(-\alpha/\lambda)$, $\lambda \in (0, \infty)$.

谱密度 $f(\omega)$ ($\omega \in [0, n\pi/\lambda_n]$) 的估计通过如下三步完成: 首先, 运行上述 HMC 嵌套入 Gibbs 的抽样算法若干步, 并设定预烧期; 其次, 计算 $f_{ZZ}(\omega)$ 的贝叶斯估计 (即后验均值, 记为 $\hat{f}_{ZZ}(\omega)$) 及其可信水平为 $100(1-\alpha)\%$ 的逐点可信区间, 其中 $0 < \alpha < 1$; 最后, 通过 (3-34) 导出贝叶斯估计 $\hat{f}_{XX}(\omega)$ 及 $100(1-\alpha)\%$ 逐点可信区间.

4. 关于计算的注释

现主要对时间-尺度变换 (3-32) 的优点及为何选择 HMC 算法而非 M-H 算法等问题进行解释.

(1) 采用时间-尺度变换 (3-32) 的好处. 进行时间-尺度变换至少有两个方面的好处. 一是时间-尺度变换使得线性光滑样条中基函数的选择独立于 n 与 λ_n 的选择. 通过时间-尺度变换将问题转化为频率域 $[0, \pi]$ 内的谱估计问题, 这样就跟规则抽样的谱估计问题相同了. 函数 $\phi_j(\omega)$ 组成了 $[0, \pi]$ 上的一组正交基, 其足够用于表示 $\log f_{ZZ}(\omega)$. 然而, 如果直接在 $[0, n\pi/\lambda_n]$ 上估计 $f_{XX}(\omega)$, 选择的基函数必须依赖于 n 与 λ_n. 这必然会带来某种不方便. 二是时间与尺度的变换可使得算法不用根据具体的不规则抽样数据来调整诸如 κ 与 L 等的调节参数. 时间-尺度变换策略实际上是一种数据规范化策略, 它使得 $y_n^Z(\omega)$ 的渐近方差为 $1 + f_{ZZ}(\omega)$.

这样 $I_n^Z(\omega)$ 的尺度既不会太大也不会太小. 因此, 我们不必随着不规则间距数据的不同去调整调节参数, 也不必担心计算中的数值溢出问题. 如果没有时间-尺度变换, $y_n^X(\omega) := \dfrac{\sqrt{\lambda_n}}{n}\sum_{j=1}^n X(t_j)\exp\{\mathrm{i}\omega t_j\}$ 的方差近似为 $\lambda_n R_{XX}(0)/n + f_{XX}(\omega)$ (参见文献 [11,12]). 既然 $\lambda_n R_{XX}(0)/n + f_{XX}(\omega)$ 的值可能很大或很小, 数值溢出问题在所难免. 另外, 调整参数也需要根据不同的不规则间距数据进行调整, 致使算法在实践中难于操作.

(2) 选择 HMC 的原因. 需要指出的是: 联合后验分布 (3-39) 与基于规则间距数据的联合后验分布 (3-25) 有很大的不同. 对于规则抽样的情况, 给定 λ, $\boldsymbol{\beta}_J$ 是通过 M-H 算法进行抽样的. 理论上, (3-39) 中的 $\boldsymbol{\beta}_J$ 也可以采用像 3.6.2 小节中的 M-H 算法进行. 然而, 由于表达式 $\log\left(1+\exp(\boldsymbol{\beta}_J^{\mathrm{T}}\boldsymbol{\phi}_J(\omega))\right)$ 的非线性性, β_J 建议值的接受概率将非常低, 以至于算法实际上不可行. 并且, 由于避免了 $(1+J)\times(1+J)$ 的矩阵的求逆, HMC 算法的计算复杂度远比 M-H 算法的低.

(3) 为简单起见, 我们假定 $g(\ell)=1$. 如果这不成立, 仅需在 (3-39) 与 (3-40) 两式中将 $\exp(\boldsymbol{\beta}_J^{\mathrm{T}}\boldsymbol{\phi}_J(\omega))$ 用 $\hat{K}\exp(\boldsymbol{\beta}_J^{\mathrm{T}}\boldsymbol{\phi}_J(\omega))$ 代替, 相应的估计方法依然可行, 其中 $\hat{K}=\displaystyle\int_0^1 \hat{g}^2(\ell)\,\mathrm{d}\ell$, $\hat{g}(\ell)$ 为基于观测 $\{\ell_i = t_i/\lambda_n, i=1,\cdots,n\}$ 所得的 $g(\ell)$ 的非参数估计.

3.8.4 基于不规则抽样的船体振动贝叶斯谱推断

除了纵向角度数据外, 船体的垂向加速度也是船体振动的一项重要指标. 由于测量设备的抖动, 有时所测得的船体垂向加速度数据是不规则间距的. 根据文献 [176] 中第 4.2 部分模拟比较的结论, 相较于平滑 Lomb-Scargle 周期图法与基于等距再抽样的估计方法, 贝叶斯迂回估计方法所得到的估计的均方误差更小. 这里主要给出船体垂向加速度贝叶斯迂回估计的相关结论.

例 3.6 (例 3.2 续) 为了考察船首 1/4 船体处与船尾 1/4 船体处谱的差异, 沿船体主梁在两测点处抽取了两串垂向加速度 (VAC) 序列 (单位: 米/秒^2), 测点位置见图 3-4. 每个数据序列 (图 3-10) 历时 1 小时 (3600 秒), 为 2009 年 3 月 6 日从早上 8:00 到 9:00, 涵盖 1696 个观测值. 这些不规则抽样数据的抽样时间区间长度为 $\lambda_n = 3600$ 秒.

图 3-11 给出了每个中心化的 VAC 序列估计的谱密度及其可信水平为 95% 的逐点可信区间. 由图 3-11 可见: 在船首 1/4 船体处在频率 $\omega/(2\pi)=0.165$ 处的谱峰明显可辨. 事实上, 波浪驱动的周期为 6 秒. 然而, 在船尾 1/4 船体处在频率 $\omega/(2\pi)=0.165$ 附近的谱呈现 2 个峰. 这种谱差异可能是由波浪对船体不同部位抨击的差异造成的. 船体主梁的弯矩可反映在两序列谱的差异上.

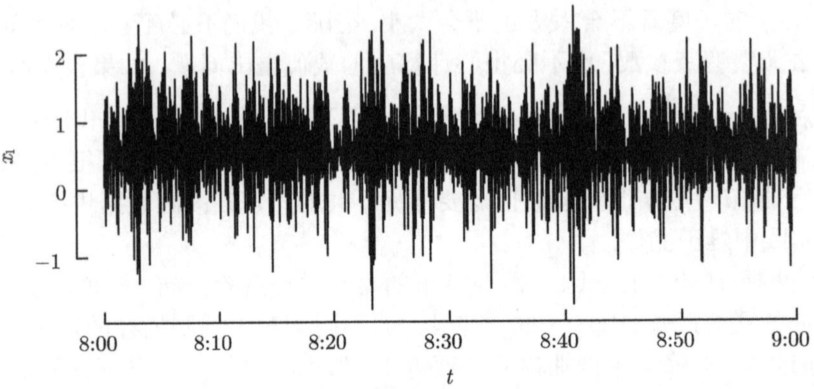

(a) 船首部位VAC 序列

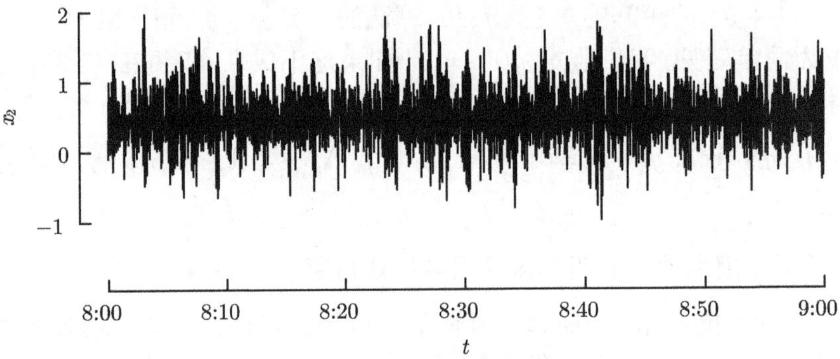

(b) 船尾部位VAC 序列

图 3-10　VAC 序列直观图

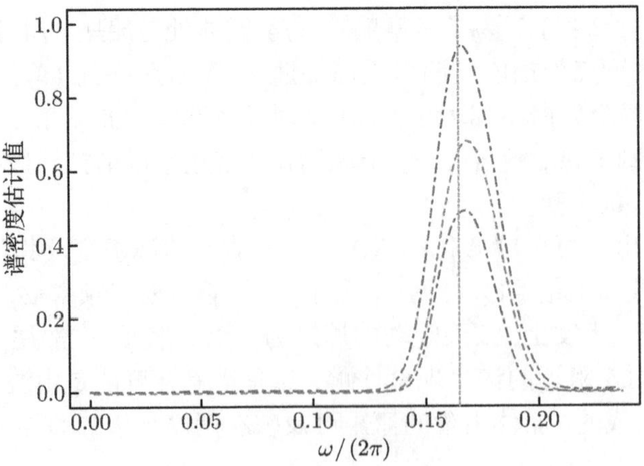

(a) 船首部位谱估计

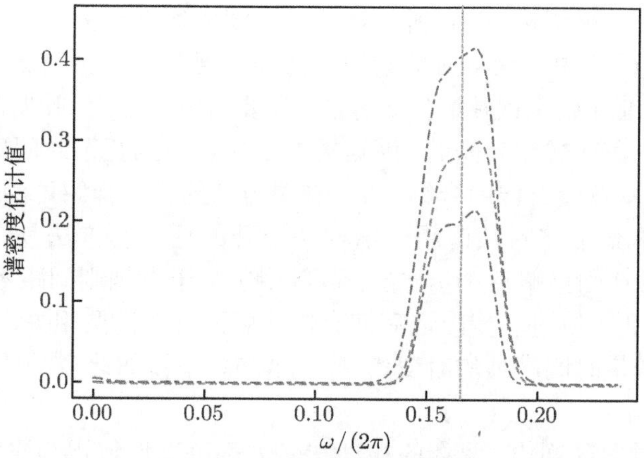

(b) 船尾部位谱估计

图 3-11 每个 VAC 序列的谱密度贝叶斯估计及其 95% 可信区间. 划线 (- - -) 表示谱估计, 点划线 (· - ·) 表示 95% 逐点可信区间的上下限

3.9 本章小结

本章给出了时间序列离散 Fourier 变换的弱收敛性质, 即渐近独立性并且其方差与谱密度函数在同一谱域内 ω 处的值相等. 这些弱收敛性质是对时间序列自相关性质进行谱域统计推断时的优势所在, 是一切基于谱的统计推断方法的理论基础. 因避免了在似然函数中求高阶协方差矩阵的逆, 借助于离散 Fourier 变换而得到的 Whittle 似然函数在对大数据的自相关结构进行参数推断和非参数推断中都具有很大的优势.

采用光滑周期图对谱密度函数进行近似是一种较为常见的谱密度估计方法, 其优点在于简单且易于操作, 其缺点在于光滑参数的选取没有非常高效可靠的方法. 在保证拟合优度的情况下, 采用光滑周期图法所得到的谱估计光滑性质往往较差. 在对多维时间序列的谱密度矩阵采用光滑周期图法进行估计时, 一个显著的缺点是不同的谱元素必须采用相同的光滑策略才能保证所估计的谱密度矩阵具有 Hermite 性. 另一种简单易行并且所得谱估计具有良好光滑性质的谱估计方法是基于平稳过程自回归型 Wold 表示的谱估计. 从估计的均分误差角度, 这类谱估计的表现一般会优于光滑周期图法但不及贝叶斯框架下的谱估计方法 (参见文献 [34, 176]).

在谱密度的估计中, 一种较为可靠的谱密度估计方法是在贝叶斯框架下将对数谱用光滑样条展开, 通过 Markov 链 Monte Carlo 自动选择光滑参数, 从而得到自动谱密度估计. 该类方法在借助于谱矩阵的复 Cholesky 分解后, 可以推广到估计谱密度矩阵. 这种谱密度矩阵估计方法可以通过数据本身的特征对于不同的谱元素采用不同的光滑策略, 并且所估计的谱密度矩阵仍然保持 Hermite 性. 在对谱密度的贝叶斯估计中, 因将对数谱用光滑样条展开的先验取法具有广阔的拓展空间, 故本章详细介绍了该种谱估计方法. 需要指出的是, 贝叶斯谱密度估计还可以取 Bernstein 多项式作为先验, 因这类方法在扩展到复杂时间序列模型的谱估计时困难较大, 本章没有详细介绍. 关于该类方法的详细介绍可参见文献 [34].

在贝叶斯框架下将对数谱用光滑样条展开的这一套方法具有广阔的拓展空间. 在加入一种迂回策略后, 这一方法可以用于基于不规则间距数据进行谱分析. 另外, 这类方法还可以进一步改造后拥有估计更为复杂模型相关谱密度的能力, 如估计非平稳多变量时间序列的时变谱密度 (见 5.2 节), 估计多个耦合谱密度核 (见 6.2 节) 等.

在较短的时间区间内, 船体的振动和受力都可以近似视为平稳的 (平稳性可以利用 5.1 节中的方法进行检验). 基于本章非参数谱估计的相应统计方法, 可以对船体振动或受力的统计规律性进行分析. 例如, 可以通过谱密度非参数估计, 探寻船体不同部位振动或受力的自相关性差异; 还可以探讨船体振动或受力的自相关性质与海况、航向、浪向等间的联系; 进一步可以探讨这些数据分析结论在大风浪中船舶安全驾驶的相应对策等问题.

第 4 章　极端应力与疲劳损伤谱域分析

本章首先在相应概率模型结构假设下，分别讨论波浪诱导极端响应的分布规律与船体疲劳损伤的计算，以及抨击响应引起的最大突变应力分布模型. 其次，将波浪诱导的响应与抨击响应组合，讨论组合后的极端响应分布规律与船体疲劳损伤的计算. 最后，在讨论基于参数化概率模型分析弊端的基础上，给出借助实船实测数据基于谱密度估计的极端应力分布规律与船体疲劳损伤计算的研究思路.

4.1　波浪诱导的极端响应与疲劳损伤模型

在给定的海况下，海浪表面高度一般假设为具有 0 均值的平稳高斯过程. 对于一线性系统而言，波浪诱导的响应过程 $X_1(t)$ 也是均值为 0 的平稳高斯过程. 一般情况下，响应过程可以由其 n-阶矩

$$\lambda_{n,1} = \int_0^\infty \omega^n f_w(\omega) h^2(\omega)\,\mathrm{d}\omega$$

进行特征描述，其中 $f_w(\omega)$ 为波浪的时间谱密度函数，$h(\omega)$ 为船舶的线性脉冲响应函数 (linear impulse response function)，见 1.5 节，它一般通过条带理论 (strip theory) 来计算 (见文献 [142]).

若应力过程 $X_1(t)$ 是宽带过程 (wide-banded process, 均值为零，但不是窄带过程的平稳随机过程)，其峰值 (局部最大值) 分布由 Rice 分布加以刻画，其密度函数为

$$g(x|\nu,\sigma) = \frac{x}{\sigma^2}\exp\left\{-\frac{x^2+\nu^2}{2\sigma^2}\right\} I_0\left(\frac{x\nu}{\sigma^2}\right).$$

若令 $X \sim N(\nu\cos\theta, \sigma^2)$，$Y \sim N(\nu\sin\theta, \sigma^2)$ 且相互独立，则 $R = \sqrt{X^2+Y^2}$ 服从参数为 $\nu > 0$ 和 $\sigma > 0$ 的 Rice 分布.

一般情况下，波浪诱导的应力是窄带过程 (narrow-banded process, 均值为零，且在每两个零值间仅有一个峰值的平稳随机过程)，这时其峰值由 Rice 分布退化为 Rayleigh 分布，其分布函数为

$$G_{X_1}(x) = 1 - \exp\left(-\frac{x^2}{2\sigma_{X_1}^2}\right),$$

其中 $\sigma_{X_1}^2 = \lambda_{0,1} = \int_0^\infty f_w(\omega) h^2(\omega)\,\mathrm{d}\omega$ 为 $X_1(t)$ 的方差. 在长度为 T 的参照时间区间内波浪诱导应力的极值分布可以由 Poisson 假设得到, 其为

$$G_{X_{1,T}}(x) = \left[1 - \exp\left(-\frac{x^2}{2\sigma_{X_1}^2}\right)\right] \exp[-\nu_{X_1}(x)T], \tag{4-1}$$

其中高斯过程水平为 x 的平均上穿速度 $\nu_{X_1}(x)$ 通过

$$\nu_{X_1}(x) = \nu_{0,1} \exp\left(-\frac{x^2}{2\sigma_{X_1}^2}\right)$$

进行计算. 这里 $\nu_{0,1} = \frac{1}{2\pi}\sqrt{\lambda_{2,1}/\lambda_{0,1}}$ 为水平是 0 时的平均上穿速度. 对于一窄带过程, 上穿往往是成簇的 (或聚类的), 尤其对于中等大小的门限值更是如此. 因聚类性与个别上穿间的独立性是相悖的, 故利用分布函数 (4-1) 对极值分布进行估计是保守的. 另一不太保守的极值分布模型是由 Vanmarcke 给出的 (见文献 [159]), 即

$$G_{X_{1,T}}(x) = \left[1 - \exp\left(-\frac{x^2}{2\sigma_{X_1}^2}\right)\right] \exp\left[-\nu_{X_1}(x)T \frac{1 - \exp(-\sqrt{2\pi}\,\delta\, x/\sigma_{X_1})}{1 - \exp(-x^2/(2\sigma_{X_1}^2))}\right],$$

其中 δ 是 Vanmarcke 窗宽参数, 由 $\delta = \sqrt{1 - \lambda_{1,1}^2/(\lambda_{0,1}\lambda_{2,1})}$ 定义.

在疲劳损伤的分析中, 材料抗疲劳性经常用 S-N 曲线加以刻画. S-N 曲线的典型形式为

$$N = KS^{-m},$$

其中 N 表示在常数应力范围 S 内的挫折 (failure) 循环次数, K 与 m 为与材料相关的常数. 疲劳损伤通过 Miner 律 (见文献 [114]) 加以描述, 即

$$D = \sum_{i=1}^{N(T)} \frac{1}{N(S_i)} = \frac{1}{K}\sum_{i=1}^{N(T)} S_i^m = \frac{N(T)}{K}\int_0^\infty s^m g_S(s)\,\mathrm{d}s, \tag{4-2}$$

其中, $N(T)$ 为在参照时间 T 内应力的全部循环次数, $g_S(s)$ 是当应力过程平稳时应力范围 S 的概率密度函数. (4-2) 因忽略了应力循环的序列相依效应, 当考虑疲劳门限时是保守的.

对于窄带高斯过程 $X_1(t)$, 每个循环的应力范围可表示为 $S = 2R_1$, 其中 R_1 为在一个循环内应力局部最大值的振幅. 相应的疲劳损伤可以通过

$$D_{X_1} = \frac{\nu_{0,1}T}{K}\int_0^\infty (2x)^m g_{R_1}(x)\,\mathrm{d}x = \frac{\nu_{0,1}T}{K}(2\sqrt{2}\sigma_{X_1})^m \Gamma\left(\frac{m}{2}+1\right)$$

进行精确计算, 其中 $\Gamma(\cdot)$ 为 Gamma 函数, $g_{R_1}(x)$ 为随机变量 R_1 的密度函数.

注 4.1 (雨流计数) 在 (4-2) 中, $N(T)$ 为在参照时间 T 内应力的全部循环次数. 对于窄带过程, $N(T)$ 较为容易确定. 当观测过程为宽带过程时, 一般通过雨流计数程序来确定循环次数.

雨流计数 (rainflow counting, RF) 法又称为 "塔顶法", 它把应变-时间历程数据记录顺时针旋转 90°, 时间坐标轴竖直向下, 数据记录犹如一系列屋面, 雨水顺着屋面往下流, 故称为雨流计数法. 设 X 表示正在考虑的应力数据峰谷值极差 (range), Y 表示与 X 相邻的峰谷值极差.

雨流计数法依次对应力序列的峰谷历史进行计数, 具体算法 (见文献 [51]) 分为四步.

(1) 读下一个峰值或谷值 (数据读完即停止).

(2) 组建极差 X 与 Y(若向量长度不足 3 点, 回到 1).

(3) 比较极差 X 与 Y. 若 $X < Y$, 回到 1; 否则转到 4.

(4) 对极差 Y 进行计数, 抛弃 Y 的峰谷值, 回到 1.

雨流计数法返回的是完全循环的个数. 例如, 图 4-1 给出了对应变-时间历史记录利用雨流法进行完全循环计数的示例, 其中 (a) 为应变-时间历程数据记录顺时针旋转之前的图示, (b) 为旋转之后的图示. 从图 4-1(b) 所示可以看出, 该应变-时间历程包含三个完全循环, 它们分别为 3-4-5, 6-7-8 与 7-8-9.

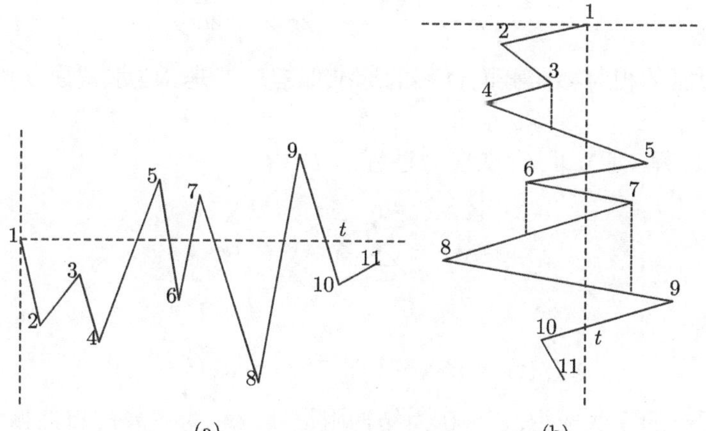

图 4-1 雨流计数法图示

4.2 拌击响应模型

在导出拌击过程的随机性质时, 拌击力可假设作用在给定的截面上并且在参照截面处与最大拌击作用力成正比. 进一步, 将拌击简化为在时间域内依 Poisson

过程到达的一列随机脉冲, 并且假设峰值抨击强度为相互独立的. 抨击过程可表示为 (见文献 [107])

$$Z(t) = \sum_{k=1}^{N(t)} V_k\, \delta(t - \tau_k),$$

其中 δ 为 Dirac delta 函数, $N(t)$ 为 Poisson 计数过程, τ_k 为船舰前方底部重新进入水中的时刻, V_k 为抨击强度 (最大抨击作用力, 设其为独立同分布的随机变量). 因此, $Z(t)$ 是对底部在抨击中露出水面的船体部分的累积抨击压力的建模. 有的抨击模型还能刻画抨击的聚类性, 例如, 文献 [69] 提供的模型就考虑了抨击的聚类性.

抨击强度 V 服从截断指数分布 (见文献 [116]), 其密度为

$$g_V(v) = \frac{1}{2c^2\,\sigma_{\dot{Y}}^2} \exp\left[-\frac{v - (c\,\dot{y}^*)^2}{2c^2\,\sigma_{\dot{Y}}^2}\right], \quad v \geqslant (c\,\dot{y}^*)^2, \tag{4-3}$$

其中 c 为由文献 [117] 给定的常数, $\sigma_{\dot{Y}}$ 为船体相对参照截面速度 (相对速度) 的标准偏差, $\dot{y}^*$ 为相对速度的阈值. 相对速度超过一阈值是抨击发生的必要条件 (参见文献 [116]).

船首部位的平均抨击率 (见文献 [155]) 为

$$\lambda = \frac{1}{2\pi}\frac{\sigma_{\dot{Y}}}{\sigma_Y} \exp\left(-\frac{y^{*2}}{2\sigma_Y^2} - \frac{\dot{y}^{*2}}{2\sigma_{\dot{Y}}^2}\right),$$

其中, σ_Y 为船体相对参照截面位移的标准偏差, y^* 是 (吃水截面处) 相对位移的阈值.

在抨击过程 $Z(t)$ 下, 突变应力过程 $S(t)$ 由

$$S(t) = \sum_{k=1}^{N(t)} X_{2,k}(t - \tau_k)$$

给出, 其中

$$X_{2,k}(t) = R_{2,k}\mathrm{e}^{-\xi\,\omega_2(t-\tau_k)} \sin[\omega_2(t - \tau_k)] \tag{4-4}$$

为第 k 次抨击的突变应力, $\xi > 0$ 为结构阻尼比, ω_2 为主要的自然振动频率, $R_{2,k}$ 为与抨击强度 V_k 成比例的峰值响应, 也为独立同分布的随机变量. 由 (4-3), 抨击振幅 R_2 也服从指数分布, 密度函数为

$$g_{R_2}(r_2) = \frac{1}{\alpha} \exp\left(-\frac{r_2 - \beta}{\alpha}\right), \quad r_2 \geqslant \beta,$$

其中 α 与 β 为常数, $\alpha \sim (c\sigma_Y)^2$, $\beta \sim (c\dot{y}^*)^2$, 具体计算可参见文献 [107]. R_2 的均值和标准偏差分别为 $\mu_{R_2} = \alpha + \beta$ 与 $\sigma_{R_2} = \alpha$.

在长度为 T 的整个参照时间区间内, 最大突变应力的分布函数为

$$G_{X_{2,T}}(x) = [G_{R_2}(x)]^{\lambda T} = \left[1 - \exp\left(-\frac{x-\beta}{\alpha}\right)\right]^{\lambda T},$$

其中, λT 为所有的抨击数. 需要指出的是: 这里用到了一次抨击在下次到来之前已彻底衰变的假设, 即抨击没有聚类性.

4.3 组合极端响应与疲劳损伤模型

实际数据显示最大突变应力很少正好出现在波浪诱导周期的最大值点处 (见文献 [163]), 因此, 用概率模型计算波浪诱导应力和突变应力的组合极端值分布是十分有必要的.

4.3.1 独立性假设下的极值分布

在一个给定短期海况下, 将波浪诱导应力 $X_1(t)$ 设为平稳的窄带高斯过程是合理的. 突变应力 $X_2(t)$ 设为一非平稳的过程, 组合应力为

$$Y(t) = X_1(t) + X_2(t). \tag{4-5}$$

给定一平均抨击到达率 λ, 在两次连续抨击间平均间隔 $1/\lambda$ 内组合应力的最大值分布近似为

$$G_{Y_{1/\lambda}}(y) = \exp\left[-\int_0^{1/\lambda} v_Y(y,t)\,\mathrm{d}t\right], \tag{4-6}$$

其中 $v_Y(y,t)$ 是在 t 时刻水平 y 处的上穿率. 现在, 上穿率的计算是最主要的问题.

由 (4-5) 确定的载荷组合问题变为一高斯过程与一时变随机变量的组合问题. 定义 $X_2(t)$ 的包络 (图 4-2) 为

$$X_2^e(t) = R_2\mathrm{e}^{-\xi\omega_2 t}.$$

组合应力的最大值分布等价于随机过程

$$Y_m(t) = X_1(t) + X_2^e(t) \tag{4-7}$$

的最大值分布. 因 $X_1(t)$ 为均值为 0 的窄带高斯过程, 在给定 $R_2 = r_2$ 的条件下, $Y_m(t)$ 仍然为窄带高斯过程. $Y_m(t)$ 的条件均值为 $\mu_{Y_m|R_2=r_2} = r_2\mathrm{e}^{-\xi\omega_2 t}$, $Y_m(t)$ 的方差与 $X_1(t)$ 的相同, 为 $\sigma_{X_1}^2$, 与时间无关.

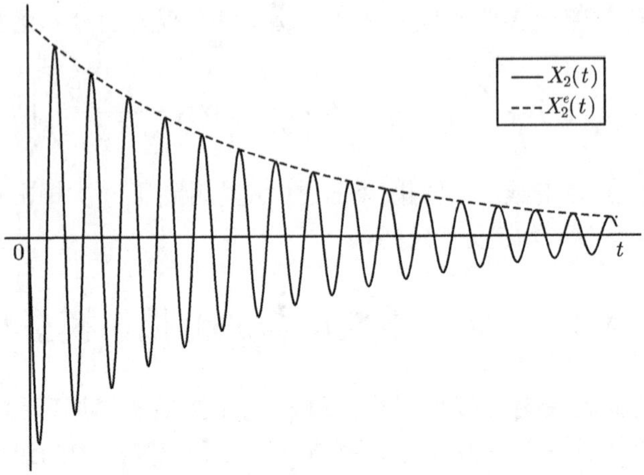

(a) 突变应力

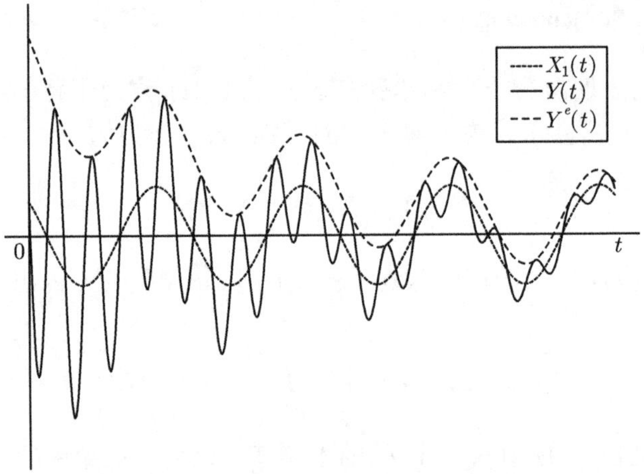

(b) 组合应力

图 4-2　独立性假设下突变与组合应力包络图示

给定 $R_2 = r_2$ 的条件下, 高斯过程 Y_m 的上穿率为

$$v_{Y|R_2=r_2}(y,t) = \nu_{0,1}\exp\left[-\frac{(y - r_2\,\mathrm{e}^{-\xi\omega_2 t})^2}{2\sigma_{X_1}^2}\right].$$

由 (4-6), 组合应力的最大值分布为

$$G_{Y_{1/\lambda}|R_2=r_2}(y) = \exp\left[-\nu_{0,1}\int_0^{1/\lambda}\exp\left(-\frac{(y - r_2\,\mathrm{e}^{-\xi\omega_2 t})^2}{2\sigma_{X_1}^2}\right)\mathrm{d}t\right]. \tag{4-8}$$

在长度为 T 的参照时间区间内, 最大组合应力的无条件分布为

$$G_{Y_T}(y) = \left[\int_{-\infty}^{\infty} G_{Y_{1/\lambda}|R_2=r_2}(y) g_{R_2}(r_2)\,\mathrm{d}r_2\right]^{\lambda T}.$$

4.3.2 考虑相关性的极值分布

对于正常的海浪, 由突变应力和波浪诱导应力组合的最大值是相位 δ 的函数, 相位反映了两种应力间的相关性. 为了导出考虑两种应力相关性的组合应力的最大值分布, 特作如下两假设:

(1) 在下次抨击到达前, 与一抨击相遇的第一个海浪周期是最大的. 也就是说, 最大组合应力发生在第一个海浪周期内.

(2) 与抨击相遇的第一个波浪诱导应力按规则正弦规律前进. 其振幅为连续两次抨击间的最大振幅, 其频率取为波浪诱导高斯应力过程的平均频率.

为方便起见, 考虑时刻 $t=0$ 时的抨击. 突变应力由

$$X_2(t) = -R_2\mathrm{e}^{-\xi\omega_2 t}\sin(\omega_2 t)$$

给出, 其中的负号与下垂状态相对应. 波浪诱导应力表示为

$$X_1(t) = R_1\cos(\omega_1 t + \delta),$$

其中 R_1 是振幅, ω_1 为波浪频率. 组合应力为

$$Y(t) = X_1(t) + X_2(t) = R_1\cos(\omega_1 t + \delta) - R_2\mathrm{e}^{-\xi\omega_2 t}\sin(\omega_2 t).$$

$|Y(t)|$ 的最大值由

$$Y_m = \max|Y(t)| = |Y(t_m)|$$

决定, 其中 t_m 可通过解方程

$$\frac{\mathrm{d}Y(t)}{\mathrm{d}t} = -\omega_1 r_1\sin(\omega_1 t+\delta) + \xi\omega_2 r_2\mathrm{e}^{-\xi\omega_2 t}\sin(\omega_2 t) - \omega_2 r_2\mathrm{e}^{\xi\omega_2 t}\cos(\omega_2 t) = 0 \quad (4\text{-}9)$$

求稳定点得到. 注意到用解析方式推导出 Y_m 的概率分布函数是十分困难的. 但是, Y_m 的分布可以通过 Monte Carlo 的方式用经验分布来近似.

4.3.3 在组合应力下的疲劳损伤模型

从 (4-4) 可见, 在循环数 n 处的突变应力范围为

$$S_{2,n} = 2R_2\mathrm{e}^{-2\pi\xi(n-1)}.$$

根据 (4-2), 在给定 $R_2 = r_2$ 的条件下, 由一个抨击过程 $X_2(t)$ 所导致的疲劳损伤为

$$D_{X_2|R_2=r_2} = \frac{1}{K}\sum_{n=1}^{\infty} S_{2,n}^m = \frac{1}{K}\frac{(2r_2)^m}{1-\mathrm{e}^{-2\pi\xi m}}.$$

由 $X_2(t)$ 引起的无条件疲劳载荷为

$$D_{X_2} = \int_0^{\infty} D_{X_2|R_2=r_2}\, g_{R_2}(r_2)\,\mathrm{d}r_2 = \frac{1}{K}\frac{2^m}{1-\mathrm{e}^{-2\pi\xi m}}\int_0^{\infty} r_2^m\, g_{R_2}(r_2)\,\mathrm{d}r_2.$$

其他的疲劳损伤来自于 $Y(t)$ 的包络, 其由 $Y_m(t)$ 来定义. 由 (4-7), 在给定 $R_2 = r_2$ 的条件下, $Y_m(t)$ 的条件密度函数为

$$g_{Y_m|r_2}(y,t) = \frac{y - r_2\mathrm{e}^{-\xi\omega_2 t}}{\sigma_{X_1}^2}\exp\left[-\frac{(y-r_2\mathrm{e}^{-\xi\omega_2 t})^2}{2\sigma_{X_1}^2}\right].$$

因此, 其无条件密度函数为

$$\begin{aligned} g_{Y_m}(y,t) &= \int_0^{\infty} g_{Y_m|R_2=r_2}(y,t)\, g_{R_2}(r_2)\,\mathrm{d}r_2 \\ &= \int_0^{\infty} \frac{y - r_2\mathrm{e}^{-\xi\omega_2 t}}{\sigma_{X_1}^2}\exp\left[-\frac{(y-r_2\mathrm{e}^{-\xi\omega_2 t})^2}{2\sigma_{X_1}^2}\right] g_{R_2}(r_2)\,\mathrm{d}r_2. \end{aligned}$$

在一次抨击区间内 (历时 $1/\lambda$) 由 $Y_m(t)$ 引起的疲劳损伤为

$$\begin{aligned} D_{Y_m} &= \frac{\nu_{0,1}}{K}\int_0^{1/\lambda}\mathrm{d}t\int_0^{\infty}(2y)^m\, g_{Y_m}(y,t)\,\mathrm{d}y \\ &= \frac{\nu_{0,1}}{K}\frac{2^m}{\sigma_{X_1}^2}\int_0^{1/\lambda}\int_0^{\infty}\int_0^{\infty}(z + r_2\mathrm{e}^{-\xi\omega_2 t})^m z\exp\left[-\frac{z^2}{2\sigma_{X_1}^2}\right] g_{R_2}(r_2)\,\mathrm{d}z\,\mathrm{d}r_2\,\mathrm{d}t. \end{aligned} \tag{4-10}$$

在长度为 T 的参照时间区间内整个的疲劳损伤为

$$D_T = \lambda T(D_{Y_m} + D_{X_2}).$$

4.4　基于谱估计的极端响应与疲劳损伤分析

4.4.1　基于参数化模型统计分析的局限性

前面三节在相应概率模型结构假设下, 主要给出了极端应力的分布规律和船体疲劳损伤的计算. 基于概率模型对极端应力分布规律进行研究和计算船体疲劳损伤的最大优势在于: 能够明确地描述波浪谱对极端应力的作用方式, 形象地刻画抨击过程的具体细节, 便于模型的进一步分析与跟其他模型的嵌套分析.

但是, 也不难发现, 基于模型的分析也存在诸多缺陷. 第一, 每个模型的建立, 都需要对波浪对船体的作用机理、抨击的具体过程等作多个假设 (见文献 [84]). 这些假设, 对于在实验中的模拟水波对船体的作用大多是比较贴近的, 但对于在大海中航行的船舶而言, 由于海况的复杂性, 有些假设未必合理. 例如, 波浪高度是窄带过程的假设在实际海况下一般是不成立的. 第二, 在真实的海况中, 船体所受应力是由波浪诱导的交变应力与抨击引起的突变应力共同作用的结果, 因此分析组合极端响应与疲劳损伤更为合理. 但是, 想从实际观测数据中将两种不同波浪作用方式分离开, 以确定计算表达式 (4-8)—(4-10) 中的诸如 $K, \nu_{0,1}, \omega_i$ 与 ξ 等参数是相当困难的, R_i $(i=1,2)$ 分布的确定也是如此. 第三, 船舶往往体积较大, 不同部位的结构不同, 不同部位所受到海浪的作用规律也不尽一致. 对波浪对船体的作用机理作一致性的假定是不合理的. 由于体积与结构差异的巨大, 在实验室中用船模型进行模拟试验也很难发现不同部件受力的统计规律差异, 有些差异可能超出了参数数值不同的范畴. 这样看来, 参数化模型对于分析不同位置的受力规律与疲劳损伤也存在很大的局限性.

4.4.2 实船实测数据下基于谱的分析方法

随着越来越多的船舶安装船体强度实时监测系统, 现已具备对船体各主要部件所受应力进行实时检测的条件. 在获得应力实测数据的条件下, 极端应力概率分布规律的分析可按如下步骤进行:

第 1 步, 用雨流计数法确定完全循环的个数与每个循环的峰值;

第 2 步, 对第 1 步所得的应力峰值进行非参数密度估计;

第 3 步, 分析船体不同位置应力非参数密度估计的性质差异, 以确定不同位置的极端应力差异.

船舶在实际航行过程中, 由于海况实时都有可能变化, 要想得到一个较长的平稳时间序列是较为困难的. 若抽取的时间序列长度较短, 平稳性条件较易保证, 但用雨流计数法确定的完全循环的个数就会较少, 所得的峰值观测数也会较少. 这样就造成应力峰值非参数估计的质量欠佳. 一种解决方案是通过第 3 章非参数谱密度估计方法先得到谱密度函数的估计值, 然后利用基于谱的平稳高斯过程仿真方法 (见 1.4 节) 得到应力观测的一条较长的 Monte Carlo 序列. 对这条 Monte Carlo 序列按照上述三步进行极端应力统计规律性的研究.

在获得应力实测数据的条件下, 分析船体不同部位疲劳损伤的步骤为

第 1 步, 用雨流计数法确定完全循环的个数与每个循环的峰谷值;

第 2 步, 用第 1 步得到的峰谷值计算每个循环的峰谷值差;

第 3 步, 利用第 2 步的峰谷值差数据进行非参数密度估计, 设为 $\hat{g}_S(s)$;

第 4 步, 用 $\hat{g}_S(s)$ 代替 (4-2) 中的 $g_S(s)$, 以得到疲劳损伤的估计值;

第 5 步, 分析船体不同位置疲劳损伤的特点与差异.

对于上述分析船体不同部位疲劳损伤的五步分析法, 除了得到一个较长的平稳船体受力序列较为困难之外, 利用 (4-2) 进行计算时, 还需要事先知道与材料相关的常数 K 与 m. K 与 m 的获得是不便的, 并且其可能与材料的使用时间长短及环境等因素有关. 在利用谱估计及基于谱的平稳高斯过程仿真方法之后, 疲劳损伤的计算可以直接利用表达式

$$D = \sum_{i=1}^{N(T)} \frac{1}{N(S_i)} \tag{4-11}$$

进行以避免对常数 K 与 m 的依赖. 具体地, 在获得应力实测数据的条件下, 基于谱分析船体不同部位疲劳损伤的步骤为

第 1 步, 通过第 3 章非参数谱密度估计方法先得到应力序列的谱密度函数估计值;

第 2 步, 利用 1.4 节中基于谱的平稳高斯过程仿真方法基于谱密度估计产生时长为 T 的一条船体应力 Monte Carlo 序列;

第 3 步, 用雨流计数法确定 Monte Carlo 序列的完全循环个数与每个循环的峰谷值;

第 4 步, 用第 3 步得到的峰谷值计算每个循环的峰谷值差, 设这些峰谷值差数据为 $S_1 < S_2 < \cdots < S_{N(T)}$;

第 5 步, 对于每个 $i = 1, \cdots, N(T)$, 计算在应力范围 S_i 内的挫折循环次数;

第 6 步, 利用 (4-11) 计算得到疲劳损伤的一次实现, 记为 D^*;

第 7 步, 重复第 2—6 步 B 次, 得到 T 时间段内疲劳损伤的 B 次实现, 记为 $D_1^*, \cdots, D_B^*$;

第 8 步, 用 $D_1^*, \cdots, D_B^*$ 的均值作为时间段 T 内疲劳损伤的估计, 利用这些估计值可以分析船体不同位置疲劳损伤的特点与差异.

基于 Monte Carlo 模拟的方法, 除了可以得到时间段 T 内疲劳损伤的估计值外, 还可以估算该估计的标准偏差, 用以了解估计的质量.

4.5 本章小结

本章在介绍经典参数化模型假设下船体极端响应与疲劳损伤分布规律研究方法的基础上, 结合实船实测数据的特点, 提出了基于谱密度估计的实船实测数据的极端响应与疲劳损伤统计分析的方法与思路, 是实船实测数据统计分析的理论方法基础.

借助于基于谱估计的极端响应与疲劳损伤统计分析, 可以探讨船体不同部位所受极端应力概率分布规律的差异; 分析船体不同位置疲劳损伤的特点与差异; 并进一步探讨数据分析结论在造船及大风浪中船舶安全驾驶的相应对策. 当然, 由于实际海况的复杂性, 本章所提出的方法思路仅是实测数据分析方法的初步设想, 还需要实践的进一步检验和理论的进一步完善.

第 5 章 时变谱统计分析

时间序列平稳性检验的方法虽然很多，但很多方法都是以参数化模型作为基础，将平稳性检验问题转化为参数检验问题的. 从非参数统计的角度来看，二阶平稳性是众多统计方法可以工作的前提，发展不依赖于模型参数结构的平稳性检验方法有着重要的实践意义. 谱概念是非参数统计分析的一个重要工具，谱域平稳性分析方法近年来得到了广泛关注，如文献 [41,47,121,129] 等. 在这些已发展的谱域平稳性检验方法中，有一些是不依赖非参数谱估计的. 这样的方法无须选择光滑参数，调节参数较少，在使用中较为方便. 本章将先选择一些不依赖于光滑参数选择的谱域平稳性检验方法进行介绍.

在船舶航行中所采集的船体振动数据并不总是平稳过程，尤其是在恶劣海况下. 为了探讨波浪驱动的振动对船体疲劳损伤的影响，就需要发现时变谱密度的变化规律. 受该问题的驱动，在贝叶斯框架下，本章还将给出多变量时间序列时变谱密度的适定估计方法. 同时，利用该估计方法还将探讨恶劣海况下用于减小船体疲劳损伤的相关航行策略.

在船舶航行过程中，对船体振动数据进行实时分析，借助于分析结论对航行风险进行实时评估，然后根据分析结论调整航行方法以规避航行风险是一条非常理想的基于大数据分析的安全航海思路. 航行风险的一个重要来源是船体不同部位振动的不协调性，而这类问题的探测可以通过谱比较的方法进行研究. 本章最后将介绍平稳与非平稳多变量时间序列谱比较的检验方法.

5.1 谱域平稳性分析

在分析时间序列时，二阶平稳性的假定经常被施加，因为在这一假定下已有大量的统计方法可用. 但是，如若选择的检验方法不当，模型就可能设定错误. 因此，提供简单、势高、容易实施的二阶平稳性检验方法非常重要.

在过去的数年里，已发展起了多种检验时间序列二阶平稳性的不同统计量. 第一类是基于谱比较的统计量. 文献 [121] 给出了一种检验平稳性对光滑时间变化谱结构的非参数检验方法，相应的统计量是通过比较局部谱密度估计量与全局谱密度估计量而建立起来的. 文献 [161] 中的平稳性检验统计量主要探测时变的协方差结构，其检验统计量的构造是基于时变周期图 Haar 小波序列展开系数的估计量. 基于观测时间序列不同片段谱分布的比较，文献 [130] 提出了一种自助

法 (bootstrap) 方法用于检测结构变化的存在. 第二类是基于离散 Fourier 变换不相关性的统计量. 文献 [52] 根据性质 "当且仅当时间序列是二阶平稳时在标准频率点处是渐近不相关的", 构建了一复合型检验用于检验时间序列的平稳性. 后来, 文献 [82] 与 [13] 将这一想法分别推广到多维时间序列与不规则间距空间数据的平稳性检验. 第三类是最大值型统计量. 文献 [74] 讨论了各式各样的用于探测自回归时间序列参数变化的最大值型统计量. 文献 [91] 将文献 [74] 中的统计量推广到向量值自回归模型的情况. 这类统计量的构造依赖于 AR 或 VAR 模型的若干参数估计量. 第四类是基于累积和的统计量. 文献 [5] 对金融时间序列中检验结构变化的统计方法进行了综述. 最后两类统计量主要针对一类特殊的非平稳性质——变点问题而展开的. 最近还有学者关心泛函时间序列的平稳性检验问题 (如文献 [73]) 及度量局部平稳过程的平稳性程度 (参见文献 [47]).

上述所提及的前两类用于检验平稳性的统计量在构建时都需要谱密度的估计, 而这需要光滑参数的选择. 后两类估计量主要是针对变点检验问题而设计的, 一般依赖于模型参数的估计量. 本节主要探讨不依赖于光滑参数选择的时间序列平稳性检验的谱域方法, 这些方法主要有基于积分局部周期图的 L^2 检验 (参见文献 [47])、Kolmogorov-Smirnov 型检验 (参见文献 [41, 129]) 及基于最大化 Anderson-Darling 统计量的检验 (参见文献 [177]).

5.1.1 二阶平稳性的谱域提法及局部周期图

令 $\{X_{t,T}, t=1,\cdots,T\}$ $(T\in\mathbb{N})$ 是一非平稳的时间序列, 其中每个观测 $X_{t,T}$ 呈现线性表示形式

$$X_{t,T}=\sum_{n=-\infty}^{\infty}\Psi_n(t/T)Z_{t-n},\quad t=1,\cdots,T. \tag{5-1}$$

假定 $\{Z_t,\, t\in\mathbb{Z}\}$ 是一列独立同分布的随机变量, 并且具有均值 0、方差 1 及有限的四阶绝对矩. 进一步假定

$$\sum_{n=-\infty}^{\infty}\sup_{u\in[0,1]}|\Psi_n(u)||n|^{1/2}<\infty. \tag{5-2}$$

过程 $\{X_{t,T}\}$ 的时变谱密度 (参见文献 [39]) 定义为

$$f(u,\omega)=(2\pi)^{-1}|\mathcal{A}(u,\omega)|^2,\quad u\in[0,1],\quad \omega\in[-\pi,\pi], \tag{5-3}$$

其中 $\mathcal{A}(u,\omega)=\sum_{n=-\infty}^{\infty}\Psi_n(u)\mathrm{e}^{-in\omega}$. 假设 (5-2) 确保了时变谱密度 (5-3) 的存在性. 如果没有结构性变化, 将 u 舍掉, 将平稳谱密度表示为 $f(\omega)$.

特别地, 若 Ψ_n 具有形式

$$\Psi_n(u)=\sum_{j=0}^{K}\Psi_n^{(j)}\,\mathbb{I}_{(b_j,b_{j+1}]}(u),$$

过程 $\{X_{t,T}\}$ 变为分片平稳过程, 其中 $K \geqslant 1$ 是变点个数, $0 = b_0 < b_1 < \cdots < b_K < b_{K+1} = 1$. 在每个片段 $([b_jT], [b_{j+1}T]]$ $(j = 1, \cdots, K)$ 上, 过程 $X_{t,T}$ 是平稳的.

本节中, 我们检验假设检验问题

$$H_0: \text{过程 } \{X_t\} \text{ 是二阶平稳的}; \quad H_1: \text{过程 } \{X_t\} \text{ 非二阶平稳}. \tag{5-4}$$

等价地, 在谱域内检验

$$\begin{aligned} &H_0: f(u,\omega) = f(\omega) \quad \text{a.e.}; \\ &H_1: \text{存在 } A \subset [0,1], \text{使得当 } u \in A \text{ 时}, f(u,\omega) \neq f(\omega). \end{aligned} \tag{5-5}$$

现用一个含 M $(M \leqslant T/2)$ 个观测的块定义合适的局部周期图, 即按照通常周期图的定义方法利用 M 个观测定义 u 点的局部周期图为

$$I_M(u,\omega_k) = |y_M(u,\omega_k)|^2, \quad \omega_k = 2\pi k/M, \quad k = 0, 1, \cdots, [M/2], \tag{5-6}$$

其中,

$$y_M(u,\omega_k) = \frac{1}{\sqrt{2\pi M}} \sum_{s=1}^{M} X_{[uT]-M/2+s,T} \mathrm{e}^{\mathrm{i}\omega_k s}, \tag{5-7}$$

若 $t \notin \{1, \cdots, T\}$, 取 $X_{t,T} = 0$ (参见文献 [39]). 对于固定的 u, 将 $y_M(u,\cdot)$ 的定义按以下方式扩展为 $[0,1] \times [-\pi,\pi]$ 上的分段常值函数:

$$y_M(u,\omega) = \begin{cases} y_M(u,\omega_k), & \omega_k - \pi/M < \omega \leqslant \omega_k + \pi/M \text{ 且} 0 \leqslant \omega \leqslant \pi, \\ y_M(u,-\omega), & \omega \in [-\pi, 0). \end{cases} \tag{5-8}$$

在每个频率点 $\omega \in [-\pi,\pi]$ 处, 定义周期图 $I_M(u,\omega) = |y_M(u,\omega)|^2$. 则对于每个 $u \in [0,1]$, 周期图 $I_M(u,\omega)$ 仍然为 $[-\pi,\pi]$ 上的分片常值函数, 这与文献 [58] 中周期图的扩展方式一致.

注意到 $I_M(u,\omega)$ 是由 M 个观测值 $X_{[uT]-M/2+1}, \cdots, X_{[uT]+M/2}$ 计算所得的一般的周期图, 当 $M \to \infty$ 且 $M/T \to 0$ 时, 它是谱密度渐近无偏的估计量 (参见文献 [39]).

将整个时间序列平均分为 B 块, 每块含 M 个观测, $B = T/M$. 用 $u_k = \dfrac{(k-1)M + M/2}{T}$ $(k = 1, \cdots, B)$ 表示每块的中点.

5.1.2 基于积分局部周期图的 L^2 检验

考虑 L^2 距离

$$D^2 = \int_0^1 \int_{-\pi}^{\pi} \big(f(u,\omega) - g(\omega)\big)^2 \, \mathrm{d}\omega \mathrm{d}u,$$

其中 $f(u,\omega)$ 为局部谱密度, $g(\omega)=\int_0^1 f(u,\omega)\,\mathrm{d}\omega$ 为局部谱密度估计的时间平均. 注意到当 H_0 为真时 $D^2=0$, 文献 [47] 中给出的检验二阶平稳性的检验统计量是基于 D^2 的估计量

$$\hat{D}_T^2=2\pi\hat{F}_{1,T}-4\pi\hat{F}_{2,T}$$

构建的, 其中,

$$\hat{F}_{1,T}=T^{-1}\sum_{i=1}^{B}\sum_{k=1}^{[M/2]}I_M(u_i,\omega_k)^2,\quad \hat{F}_{2,T}=M^{-1}\sum_{k=1}^{[M/2]}\left(B^{-1}\sum_{i=1}^{B}I_M(u_i,\omega_k)\right)^2.$$

对于 M, 假定 $M=T^{\delta}$, $\delta\in(1/2,3/4)$ 为某一正常数. 文献 [47] 证明了在局部平稳过程的若干正则化条件下, 当 $T\to\infty$ 时,

$$\sqrt{T}\left(\hat{D}_T^2-D^2+\frac{2\pi M}{T}\hat{F}_{1,T}\right)\rightsquigarrow N(0,\sigma^2)\tag{5-9}$$

成立. 当 H_0 为真时, (5-9) 中的 σ^2 退化为

$$\sigma_{H_0}^2=4\pi\int_{-\pi}^{\pi}g^2(\omega)\,\mathrm{d}\omega.$$

文献 [47] 建议用

$$\hat{\sigma}_{H_0}^2=\frac{4\pi^2}{6T}\sum_{i=1}^{B}\sum_{k=1}^{[M/2]}I_M(u_i,\omega_k)^4$$

作为 $\sigma_{H_0}^2$ 的估计, 并且在原假设 H_0 下, 有

$$\sqrt{T}\frac{\hat{D}_T^2+2\pi M\hat{F}_{1,T}/T}{\hat{\sigma}_{H_0}}\rightsquigarrow N(0,1).$$

在显著性水平 α 下, 当

$$\sqrt{T}\frac{\hat{D}_T^2+2\pi M\hat{F}_{1,T}/T}{\hat{\sigma}_{H_0}}\geqslant z_{1-\alpha}$$

时, 应拒绝平稳性假设, 其中 $z_{1-\alpha}$ 为标准正态分布的 $1-\alpha$ 分位点. 因检验统计量具有标准正态的零假设分布, 基于积分局部周期图的 L^2 检验在应用中非常方便.

5.1.3 Kolmogorov-Smirnov 型检验

另一类用于检验二阶平稳性的方法由文献 [41] 与 [129] 提出. 这类平稳性检验的出发点是 Kolmogorov-Smirnov 型距离

$$D_{KS}=\sup_{(v,\lambda)\in[0,1]^2}\left|\int_0^v\int_0^{\pi\lambda}f(u,\omega)\,\mathrm{d}\omega\mathrm{d}u-v\int_0^{\pi\lambda}g(\omega)\,\mathrm{d}\omega\right|,$$

及原假设下 $D_{\mathrm{KS}}=0$ 的事实. D_{KS} 的一类估计量由

$$\hat{D}_{\mathrm{KS},T}=\sup_{v,\lambda\in[0,1]}\left|\hat{D}_T(v,\lambda)\right|$$

给出, 其中,

$$\hat{D}_T(v,\lambda)=\frac{2\pi}{T}\sum_{i=1}^{[vB]}\sum_{k=1}^{\lambda M/2}I_M(u_i,\omega_k)-\frac{[vB]}{B}\frac{2\pi}{T}\sum_{i=1}^{B}\sum_{k=1}^{\lambda M/2}I_M(u_i,\omega_k).$$

文献 [129] 证明了过程 $\hat{G}_T(v,\lambda)=\sqrt{T}(\hat{D}_T(v,\lambda)-\mathbf{E}(\hat{D}_T(v,\lambda)))$ 弱收敛到一均值为 0 并具有一定协方差结构的高斯过程 $G(v,\lambda)$. 在原假设 H_0 下, 这一协方差结构简化为

$$\mathbf{Cov}(G(v_1,\lambda_1),G(v_2,\lambda_2))=2\pi(v_1\wedge v_2-v_1v_2)\int_0^{\pi(v_1\wedge v_2)}g^2(\lambda)\,\mathrm{d}\lambda. \tag{5-10}$$

用 $G_{H_0}(v,\lambda)$ 表示 H_0 假设下的过程 $G(v,\lambda)$, 也就是均值为零且具有协方差结构 (5-10) 的高斯过程.

设 $q_{1-\alpha}(G_0)$ 为随机变量

$$G_0=\sup_{v,\lambda\in[0,1]}\left|G_{H_0}(v,\lambda)\right|$$

的 $1-\alpha$ 分位点. 当

$$\hat{D}_{KS,T}\geqslant q_{1-\alpha}(G_0)$$

时应当作出拒绝假设 H_0 的结论. 事实上, G_0 的分布是未知的, 它依赖于模型的具体特征. 但是, 该检验的临界值可以利用合适的自助法方法很好地进行近似 (参见文献 [129]). 例如, 观测过程的自助法样本可以这样产生: 首先利用 3.5 节中的方法先用 $AR(p)$ 模型对观测序列拟合; 其次, 从拟合模型中产生 $AR(p)$ 序列作为观测过程的自助法样本; 最后, 利用观测序列的自助法样本计算统计量 $\hat{D}_{\mathrm{KS},T}$ 的自助法观测值.

5.1.4 基于最大化 Anderson-Darling 统计量的检验

根据文献 [177] 中的结论, 基于最大化 Anderson-Darling 统计量的检验具有如下优势: 在 H_0 为真时, 该检验的拒绝概率相较于其他谱域平稳性检验方法更接近于事先设定的显著性水平; 在 H_1 为真时, 其经验势明显优于基于积分局部周期图的 L^2 检验方法, 虽然检验效果与 Kolmogorov-Smirnov 型检验难于比较, 但其计算简单快速. 本小节将详述基于最大化 Anderson-Darling 统计量的检验方法.

从表达式 (5-3) 可见, 谱密度是随 u 而变化的. 为了探测时间序列的结构变

化, 现比较局部平均化的谱密度 $\frac{1}{e}\int_{(k-1)e}^{ke} f(u,\omega)\,\mathrm{d}u$, $k=1,\cdots,1/e$, 其中 $e>0$ 是一较小的常数 (为记号简单起见, 设 $1/e$ 为一整数). 在控制犯第 I 类错误的情况下, 如果存在结构性变化, 应当拒绝 H_0 :

$$\frac{1}{e}\int_0^e f(u,\omega)\,\mathrm{d}u=\frac{1}{e}\int_e^{2e} f(u,\omega)\,\mathrm{d}u=\cdots=\frac{1}{e}\int_{1-e}^{1} f(u,\omega)\,\mathrm{d}u,\quad \omega\in[-\pi,\pi];\tag{5-11}$$

否则, 不予拒绝. 下面, 二阶平稳性检验将通过检验 (5-11) 来近似.

1. 检验统计量

令 $M=eT$. 用 $I_M\big(u_k,\omega\big)$ 作为 $\frac{1}{e}\int_{(k-1)e}^{ke} f(u,\omega)\,\mathrm{d}u$ 的估计量, $k=1,\cdots,B$. 检验 (5-11) 可以通过对 $I_M\big(u_k,\omega\big)$ $(k=1,\cdots,B)$ 进行比较来完成.

令 $I_M^{(i|j)}(\omega)=I_M(u_i,\omega)/I_M(u_j,\omega)$. 对每个整数 $L>1$, $i=1,\cdots,B-1$, $j=i+1,\cdots,B$, 定义

$$\hat{A}_{M,L}^{(i,j)}=L\int_0^{\infty}\frac{(\hat{F}_L^{(i,j)}(x)-F(x))^2}{F(x)(1-F(x))}\,\mathrm{d}F(x),\tag{5-12}$$

其中 $\hat{F}_L^{(i,j)}(x)$ 表示周期图比值 $I_M^{(i|j)}(l\pi/L)$ $(l=1,\cdots,L)$ 的经验分布函数, $F(x)=\frac{x}{1+x}\mathbb{I}_{(0,\infty)}(x)$ 为 $F(2,2)$ 分布的分布函数. 检验统计量取为

$$V_{B,M,L}=\max_{(i,j)\in I}\{\hat{A}_{M,L}^{(i,j)}\},\tag{5-13}$$

其中 $I=\{(i,j):i=1,\cdots,B-1,\ j=i+1,\cdots,B\}$.

统计量 (5-13) 之所以可用于比较 $\frac{1}{e}\int_{(k-1)e}^{ke} f(u,\omega)\,\mathrm{d}u$, $k=1,\cdots,1/e$, 是因为如果 $\{X_{t,T}\}$ 是二阶平稳的时间序列, 则周期图 $I_M^{(i|j)}(l\pi/L)$ $(l=1,\cdots,L)$ 为渐近独立同分布的 $F(2,2)$ 随机变量 (见推论 5.1). 因此, 对于每个 $i\neq j$, $\hat{A}_{M,L}^{(i,j)}$ 可用于比较两个不同片段 $((i-1)M,iM]$ 与 $((j-1)M,jM]$ 上的谱密度.

注 5.1 (5-12) 中的 $\hat{A}_{M,L}^{(i,j)}$ 实际上是 Anderson-Darling 统计量. Anderson-Darling 统计量 (简称 A-D 统计量) 的形式为

$$\hat{A}_n=\hat{A}_n(X_1,\cdots,X_n)=n\int_0^{\infty}\frac{(\hat{F}_n(x)-F(x))^2}{F(x)(1-F(x))}\,\mathrm{d}F(x),\tag{5-14}$$

其中 $F(x)$ 为累积分布函数, $\hat{F}_n(x)$ 为观测 $X_1,\cdots,X_n$ 的经验分布函数. 相较于文献 [3] 中的其他拟合优度检验统计量, 统计量 (5-14) 在检验样本取自 $F(2,2)$

分布时具有两个方面的优点. 第一, 当分布函数为 $F(2,2)$ 分布的分布函数时, 即 $F(x)=\dfrac{x}{1+x}\mathbb{I}_{(0,\infty)}(x)$, 由文献 [4] 中的公式 (2) 可得, $\hat{A}_n$ 具有简单化的表示形式

$$\hat{A}_n(X_1,\cdots,X_n)=-n-\frac{1}{n}\sum_{i=1}^{n}(2i-1)\big[\log(X_{(i)})-\log(1+X_{(i)})-\log(1+X_{(n-i+1)})\big], \tag{5-15}$$

其中 $X_{(1)}<\cdots<X_{(n)}$ 为观测 $X_i,\ i=1,\cdots,n$ 的顺序化序列. 由 (5-15), 可以发现 $\hat{A}_n(X_1,\cdots,X_n)=\hat{A}_n(1/X_1,\cdots,1/X_n)$, 这保证了 $\hat{A}_n$ 的值在周期图比值分子分母交换位置后的不变性. 第二, 既然 $F(2,2)$ 分布是重尾的 (heavy-tailed) 并且具有倒数变换不变性 (即若 $X\sim F(2,2)$, 则 $X^{-1}\sim F(2,2)$), 与该分布的偏差就极易通过尾部的差异进行诊断. 因此, 在拒绝原假设为 $F(2,2)$ 分布时 Anderson-Darling 检验的势是很高的 (参见文献 [4]).

2. 原假设下的抽样分布

首先, 将原假设具体化为如下假设.

假设 5.1 $\{X_t,\ t\in\mathbb{Z}\}$ 是一实值时间序列, 且具有线性表示形式 $X_t=\sum_{-\infty}^{\infty}\Psi_n Z_{t-n}$, 其中 $\sum_{n=-\infty}^{\infty}|\Psi_n||n|^{1/2}<\infty$, $\{Z_t,\ t\in\mathbb{N}\}$ 是均值为 0、方差为 1 且具有四阶绝对矩的独立同分布随机变量.

在假设 5.1下, 谱密度是时间不变的, 其由

$$f(\omega)=(2\pi)^{-1}|\mathcal{A}(\omega)|^2,\quad \omega\in[-\pi,\pi] \tag{5-16}$$

给出, 其中 $\mathcal{A}(\omega)=\sum_{n=-\infty}^{\infty}\Psi_n\mathrm{e}^{-\mathrm{i}n\omega}$. 假定 $f(\omega)$ 对于所有的 $\omega\in[-\pi,\pi]$ 有一个正的下界.

基于观测 $X_t,\ t=1,\cdots,T$, 在 (5-13) 中取 $X_{t,T}=X_t$ 便可计算 $V_{B,M,L}$. 为研究原假设下 $V_{B,M,L}$ 的渐近行为, 还需要如下条件.

假设 5.2 当 $T\to\infty$ 时, $M\to\infty$ 且 $L\log M/M\to 0$ (为记号明晰起见, 这里省略了 L 与 M 对样本量 T 的依赖关系).

设 $\chi^2_{11},\cdots,\chi^2_{1L},\cdots,\chi^2_{B1},\cdots,\chi^2_{BL}$ 是独立同分布的 $\chi^2(2)$ 随机变量, 其中 $\chi^2(2)$ 表示自由度为 2 的 χ^2 分布. 对于每个整数 $L>1$ 及 $(i,j)\in I$, 定义

$$\breve{A}_L^{(i,j)}=L\int_0^\infty\frac{(\breve{F}_L^{(i,j)}(x)-F(x))^2}{F(x)(1-F(x))}\,\mathrm{d}F(x), \tag{5-17}$$

其中 $\breve{F}_L^{(i,j)}(x)$ 表示 χ^2 比值 χ^2_{il}/χ^2_{jl} $(l=1,\cdots,L)$ 的经验分布函数, $F(x)$ 为 $F(2,2)$ 分布的分布函数. 我们有如下定理 (参见文献 [177]).

定理 5.1 假定假设 5.1 成立. 当假设 5.2 中的条件成立时, 我们有

$$V_{B,M,L}=\max_{(i,j)\in I}\{\hat{A}_{M,L}^{(i,j)}\}=\max_{(i,j)\in I}\{\tilde{A}_{M,L}^{(i,j)}\}+o_p\left(\frac{\sqrt{L\log M}}{\sqrt{M}}\right), \tag{5-18}$$

其中,

$$\tilde{A}_{M,L}^{(i,j)} \stackrel{d}{=} \tilde{A}_{M,L}^{*(i,j)} \quad 且 \quad \tilde{A}_{M,L}^{*(i,j)} = \breve{A}_L^{(i,j)} + o_p(1), \quad (i,j) \in I. \tag{5-19}$$

从文献 [177], 定理 5.1中的证明还可得到下面的两个推论.

推论 5.1 假定假设 5.1 成立. 则对每个 $(i,j) \in I$, 在假设 5.2 的条件下, 周期图比值 $I_M^{(i|j)}(l\pi/L)$ $(l = 1, \cdots, L)$ 收敛到独立同分布的 $F(2,2)$ 随机变量.

推论 5.2 若在假设 5.1 中的 $\{Z_t, t \in \mathbb{N}\}$ 是一列独立同分布的 $N(0,1)$ 随机变量, 则式 (5-19) 中的等式可以替换为 $\tilde{A}_{M,L}^{(i,j)} \stackrel{d}{=} \breve{A}_L^{(i,j)}$, $(i,j) \in I$.

定理 5.1 的成立无须 $L \to \infty$ 的限制. 检验统计量 $V_{B,M,L}$ 的渐近行为也可在附加 $L \to \infty$ 的条件下讨论.

假设 5.3 当 $T \to \infty$ 时, 除了假设 5.2 的条件, 另外要求 $L \to \infty$ 也满足.

定理 5.2 假定假设 5.1 成立. 对于每个固定的 $B \geqslant 2$, 在假设 5.3 的条件下,

$$V_{B,M,L} = \max_{(i,j)\in I} \{\hat{A}_{M,L}^{(i,j)}\} \rightsquigarrow \max_{(i,j)\in I} \left\{ \int_0^1 \frac{[B_0^{(i,j)}(t)]^2}{t(1-t)} \mathrm{d}t \right\} \tag{5-20}$$

成立, 其中, 对每对 $(i,j) \in I$, $B_0^{(i,j)}(t)$ 是 [0,1] 上的标准布朗桥. 此外, $\{B_0^{(i,j)}(t), (i,j) \in I\}$ 的协方差结构由

$$\begin{aligned}
&\mathbf{Cov}\big(B_0^{(i_1,j_1)}(t_1), B_0^{(i_2,j_2)}(t_2)\big) \\
&= \begin{cases}
0, & i_1 < j_1 < i_2 < j_2, \\
\min\{t_1, t_2\} - t_1 t_2, & i_1 - i_2 < j_1 = j_2, \\
t_1 t_2 \left(\dfrac{1}{t_1 + t_2 - t_1 t_2} - 1 \right), & i_1 = i_2 < j_1 < j_2, \\
t_1 t_2 \left(\dfrac{t_2}{1 + t_1 t_2 - t_1} - 1 \right), & i_1 < j_1 = i_2 < j_2, \\
t_1 t_2 \left(\dfrac{2 - t_1 - t_2}{1 - t_1 t_2} - 1 \right), & i_1 < i_2 < j_1 = j_2,
\end{cases} \qquad t_1, t_2 \in [0,1]
\end{aligned}$$

给出.

令 $\mathcal{V}_B = \max\limits_{(i,j)\in I} \left\{ \displaystyle\int_0^1 \frac{[B_0^{(i,j)}(t)]^2}{t(1-t)} \mathrm{d}t \right\}$, $\mathcal{V}_B(p)$ 表示 $\mathcal{V}_B$ 的分布的 p 分位点. 给定预先设定的显著性水平 α $(0 < \alpha < 1)$, 若

$$V_{B,M,L} > \mathcal{V}_B(1-\alpha), \tag{5-21}$$

则拒绝原假设 (5-11). 根据定理 5.2, 在原假设下, 检验 (5-21) 的拒绝概率当 $T \to \infty$ 时趋于 α. 既然 $\mathcal{V}_B$ 的分布函数难于计算, 检验 (5-21) 实际上是不可行的. 在

有限样本场合下, 若

$$V_{B,M,L} > \mathfrak{V}_{B,L}(1-\alpha), \tag{5-22}$$

便可拒绝原假设 (5-11), 其中 $\mathfrak{V}_{B,L} = \max_{(i,j)\in I}\{\breve{A}_L^{(i,j)}\}$, $\mathfrak{V}_{B,L}(p)$ 是 $\mathfrak{V}_{B,L}$ 分布的 p 分位数. 假定假设 5.1 成立. 则对每个固定的 $B \geqslant 2$, 在假设 5.3 的条件下, 我们有

$$\lim_{T\to\infty} \mathbf{P}(V_{B,M,L} > \mathfrak{V}_{B,L}(1-\alpha)) = \lim_{T\to\infty} \mathbf{P}(V_{B,M,L} > \mathcal{V}_B(1-\alpha)) = \alpha.$$

$\mathfrak{V}_{B,L}$ 的分布可以通过如下的 (伪) 自助法策略来实现.

在原假设下, $V_{B,M,L} = \max_{(i,j)\in I}\{\hat{A}_{M,L}^{(i,j)}\}$ 分布函数没有闭形式 (closed-form). 根据定理 5.1, $V_{B,M,L}$ 的概率分布与 $\mathfrak{V}_{B,L} = \max_{(i,j)\in I}\{\breve{A}_L^{(i,j)}\}$ 的近似相等. 所以, 可以利用 (伪) 自助法策略近似统计量 (5-13) 在原假设下的分布. 具体地, 近似 $V_{B,M,L}$ 概率分布的 (伪) 自助法策略如下:

(1) 从 $\chi^2(2)$ 分布中生成 $B\cdot L$ 个独立同分布的随机数 $\chi_{11}^{2*},\cdots,\chi_{1L}^{2*},\cdots,\chi_{B1}^{2*},\cdots,\chi_{BL}^{2*}$.

(2) 对每个 $(i,j)\in I$, 计算伪检验统计量的一次实现 (5-17), 记为 $\breve{A}_L^{(i,j)*}$.

(3) 基于 $\breve{A}_L^{(i,j)*}$, $(i,j)\in I$, 计算 $\mathfrak{V}_{B,L}$ 的一次实现, 记为 $\mathfrak{V}_{B,L}^*$.

(4) 重复步骤 (1)—(3) κ 次, 得到 $\mathfrak{V}_{B,L,1}^*,\cdots,\mathfrak{V}_{B,L,\kappa}^*$, 其中 κ 为一较大的数.

(5) 将 $\mathfrak{V}_{B,L,1}^*,\cdots,\mathfrak{V}_{B,L,\kappa}^*$ 自小到大排序为 $\mathfrak{V}_{B,L,(1)}^*,\cdots,\mathfrak{V}_{B,L,(\kappa)}^*$.

统计量 $V_{B,M,L} = \max_{(i,j)\in I}\{\hat{A}_{M,L}^{(i,j)}\}$ 的上 α $(0<\alpha<1)$ 分位数的自助法近似为 $\mathfrak{V}_{B,L,([\kappa(1-\alpha)+1])}^*$. 如果 $V_{B,M,L} > \mathfrak{V}_{B,L,([\kappa(1-\alpha)+1])}^*$, 在显著性水平 α 下拒绝 H_0. 检验的近似 p-值可以通过 $\kappa^{-1}\sum_{i=1}^{\kappa}\mathbb{I}_{[V_{B,M,L},\infty)}(\mathfrak{V}_{B,L,i}^*)$ 给出. 对于固定的 L, 因 $\mathfrak{V}_{B,L}$ 的分布独立于任何估计量, α 分位数的自助法近似可以通过先取一个很大的 κ 算出, 然后保存起来, 最后可以在检验中重复利用以节约计算时间.

在某些具体的备择假设下还可以给出检验 (5-22) 的相合性质, 具体参见文献 [177].

5.1.5 船体振动数据的平稳性检验

为了选择合适的统计分析方法更有效地对船体振动数据进行研究, 对数据的平稳性进行诊断是非常重要的. 这里, 将用本节介绍的平稳性检验方法讨论船体振动数据的平稳性.

先确定计算中的相关设定量. 对于基于积分局部周期图的 L^2 检验 (L^2 检验) 与 Kolmogorov-Smirnov 型检验 (KS 检验), 采用文献 [47, 129] 中的建议, 取 $B=8$. 对于基于最大化 Anderson-Darling 统计量的检验 (MAD 检验), 取 $B=[\log_2(T/100)]+3]$, $M=[T/B]$; 当 $M\leqslant 100$ 时取 $L=[M/2]$, 其他情况取 $L=[M^{3/4}]$; 这种取法与文献 [177] 中的第 4.2 部分的建议吻和. 对于依赖于自助

法抽样的 KS 检验与 MAD 检验的每个 p-值, 我们通过生成 1000 次自助法再抽样进行计算.

例 5.1 考虑从航行中的集装箱船“育锋轮”的船体实时监测系统中抽取的两测点处两个时间段的两纵向角度数据序列. 纵向角度数据的意义、抽样间隔及测点等都在例 3.2 中加以了说明. 在分析的这两个时间序列中, 一个抽取自 2009 年 12 月 7 日 18:00–19:00, 当时船舶以每小时 13 海里的速度保持入浪角 (航向与波浪前进方向的夹角)20° 进行航行; 另一个取自 2009 年 12 月 13 日 6:00–7:00, 当时船舶以每小时 11 海里的速度保持入浪角 (航向与波浪前进方向的夹角)30° 进行航行. 两个时间序列一个取自的海况较为温和, 另一个取自的海况较为恶劣. 对于时间序列的每个分量, 我们利用文献 [90] 中的方法减去了上下包络的均值以去除因载荷状态与航向变化所造成的趋势. 用 X_1 与 X_2 分别表示船体前后两个测点所要分析的时间序列, 见图 5-1, 其中 2009 年 12 月 7 日的时间序列已在第 3 章进行过分析, 为了比较在图 5-1仍然列出了这一序列.

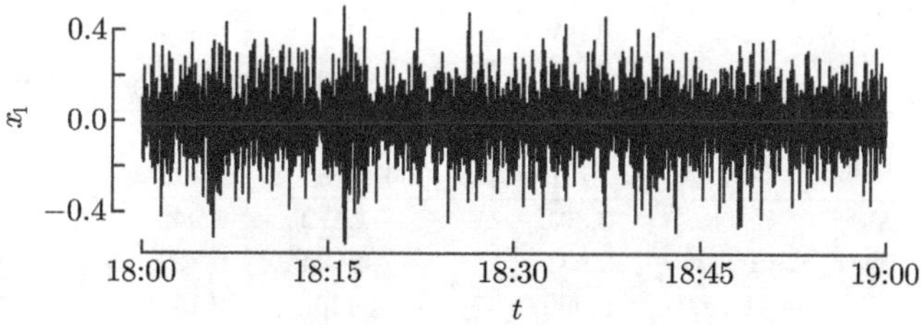

(a)

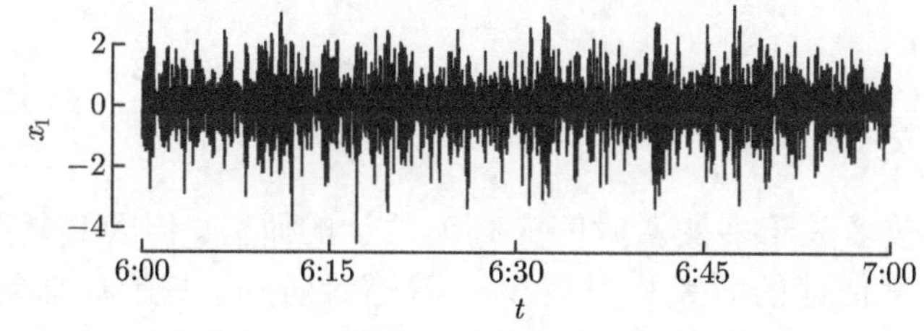

(b)

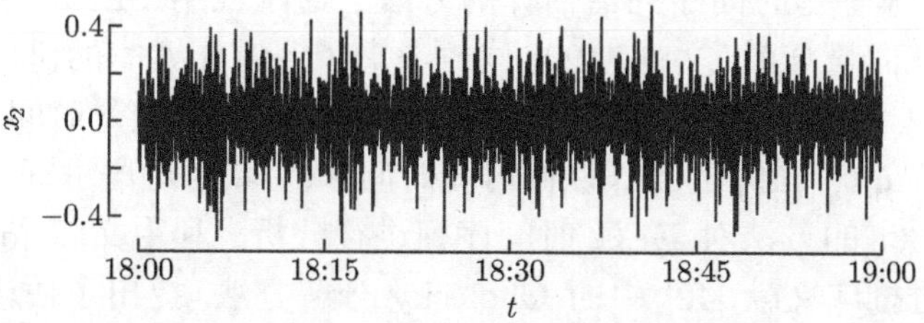

(c)

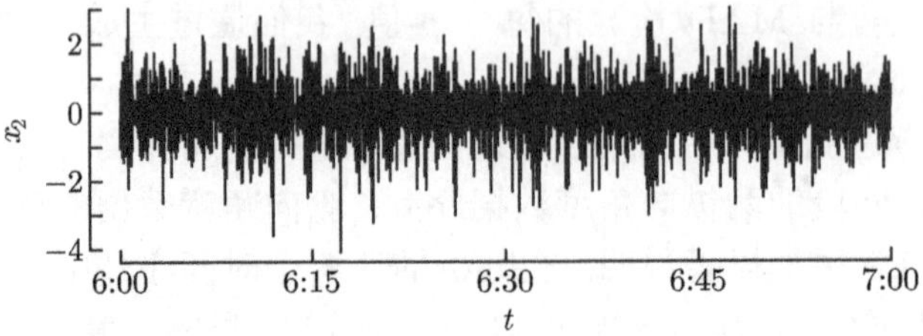

(d)

图 5-1 船体纵向角度数据示意图. (a)(c): 2009 年 12 月 7 日的数据; (b)(d)：2009 年 12 月 13 日的数据. (a)(b)：靠近船首 1/4 船体处的纵向振动角度数据; (c)(d)：靠近船尾 1/4 船体处的纵向振动角度数据

表 5-1 给出了图 5-1中船体振动数据 MAD 检验、L^2 检验与 KS 检验的结论. 对于 2009 年 12 月 7 日的数据, 所有三种检验都支持二阶平稳性的假设. 然而, 对于 2009 年 12 月 13 日的数据, MAD 检验所得 p-值远小于 L^2 检验与 KS 检验的 p-值. 这说明 MAD 检验更为敏感. 因 MAD 检验的 p-值小于 0.05, 应作出拒绝二阶平稳性的判断.

表 5-1 船体振动数据的 MAD 检验、L^2 检验与 KS 检验的检验结论

日期	序列	MAD 检验		L^2 检验		KS 检验	
		统计量	p-值	统计量	p-值	统计量	p-值
12 月 7 日	X_1	1.445	0.891	−1.572	0.942	0.000	0.625
	X_2	2.033	0.631	−0.924	0.822	0.000	0.765
12 月 13 日	X_1	11.152	0.000	1.114	0.133	0.004	0.396
	X_2	17.938	0.000	1.228	0.110	0.004	0.317

5.2 多变量时变谱的估计

虽然已有较多关于多变量时间序列谱估计的研究, 但因其复杂性, 对非平稳时间序列谱密度估计的研究相对要少. 就笔者所知, 基于局部复指数光滑变换 (smooth localized complex exponential transform, SLEX), 文献 [119] 提出了一种估计两变量非平稳时间序列谱估计的方法. 通过应用 SLEX 谱密度矩阵的时变特征值-特征向量分解, 文献 [120] 同时考虑了各谱元素间的协谱相关函数将文献 [119] 中的方法推广到多变量时间序列的情况. 对于单变量时间序列的情况, 文献 [66] 扩充了文献 [119] 的工作以同时在时间-频率域内对谱进行光滑, 文献 [133] 利用了文献 [66] 的方法对 EEG 时间序列进行分析. 利用文献 [66] 的相同程序, 文献 [67] 通过推广文献 [42] 中的 Cholesky 分解方法, 提出了估计多变量局部平稳过程谱的方法.

对于文献 [67, 119, 120] 中的时变谱估计方法, 在估计之前, 应事先选定一些时间-频率点, 再通过不同的光滑策略进行光滑, 最后, 获得在这些事先设定的时间-频率点处的谱估计值. 但若想获得这些事先设定的时间-频率点以外的时间-频率点处的谱估计值, 就需要将这些点选入重新进行光滑. 文献 [40] 的方法虽然可以提供在所有时间-频率点处的谱估计, 但其基于特定参数化模型. 可以获得所有时间-频率点处谱估计的一种简单常用的方法是由文献 [131] 给出的光滑时间变化周期图法.

文献 [131] 的光滑时间变化周期图法所给出的估计量为

$$\hat{f}(t,\omega)=\sum_{k=-\infty}^{\infty}W_{T'}(k)U(t-k,\omega,h)(U(t-k,\omega,h))^*,$$

其中 $U(t,\omega,h)=\dfrac{1}{\sqrt{2\pi}}\sum_{u=-h}^{h}g(u,h)\boldsymbol{X}_{t-u}\mathrm{e}^{-\mathrm{i}\omega(t-u)}$; $W_{T'}(k)$ 为光滑权重, 例如可取 $W_{T'}(k)=1/T'1_{\{|k|\leqslant T'/2\}}$(其中 T' 为事先设定的滑动平均作用范围); $g(u,h)$ 为局部离散 Fourier 变换的规范化常数, 可取 $g(u,h)=1/\sqrt{2h}1_{\{|u|\leqslant h\}}$($h$ 为局部化窗宽).

另一种可以获得所有时间-频率点处谱估计的方法是文献 [174] 提出的光滑随机近似 Monte Carlo 方法 (smoothing stochastic approximate Monte Carlo, SSAMC), 该方法是文献 [140] 中的方法在多变量时间序列分析中的拓展版本, 是一种适定算法. 根据文献 [174] 的比较研究, SSAMC 方法明显优于光滑时间变化周期图法. 因此, 以下着重介绍时变谱的 SSAMC 方法.

5.2.1 多变量时变谱的适定估计方法

1. 模型

将文献 [140] 中的一维非平稳时间序列的模型扩展到多变量的情况. 假设 p 维零均值过程 $\{\boldsymbol{X}_t\}$ 是分片平稳的, 即

$$\boldsymbol{X}_t=\sum_{l=1}^{m}\boldsymbol{X}_t^{(l)}1_{[\xi_{l-1,m}+1,\xi_{l,m}]}(t),\tag{5-23}$$

其中 m 是未知的分片数目, 对于固定的 $l=1,\cdots,m$, $\boldsymbol{X}_t^{(l)}$ 为具有自协方差函数 $\boldsymbol{R}^{(l,m)}(h)=\left(R_{ij}^{(l,m)}(h)\right)_{p\times p}$ 的独立平稳过程, $\xi_{l,m}$ 为未知的第 l 个分片右端点的位置, 且 $\xi_{0,m}=0$, $\xi_{m,m}=n$. 进一步假设对于 l 及所有的 i 与 j, $\sum_{h=-\infty}^{\infty}|R_{ij}^{(l,m)}(h)|<\infty$. 基于模型 (5-23), 考虑时变谱密度矩阵 $\boldsymbol{f}(t,\omega)=\sum_{l=1}^{m}\boldsymbol{f}^{(l,m)}(\omega)\mathbb{I}_{[\xi_{l-1,m}+1,\xi_{l,m}]}(t)$ 的估计问题, 其中对于每个 $l=1,\cdots,m$, $\boldsymbol{f}^{(l,m)}(\omega)=(2\pi)^{-1}\sum_{h=-\infty}^{\infty}\boldsymbol{R}^{(l,m)}(h)\mathrm{e}^{-\mathrm{i}\omega h}$ 是平稳过程 $\boldsymbol{X}_t^{(l)}$ 的谱密度矩阵.

令 $n_{l,m}$ 为时间序列第 l 个片段的观测点数目. 假设 $n_{l,m} \geqslant t_{\min}$, 其中 $t_{\min}$ 要取得足够大以使每个局部 Whittle 似然能足够近似真实的似然函数. 给定时间序列 $\boldsymbol{X}$ 的一个分割方案后, 第 l 个分片包含着观测 $\boldsymbol{X}^{(l,m)} = \{\boldsymbol{X}_t : \xi_{l-1,m}+1 \leqslant t \leqslant \xi_{l,m}\}$, $l = 1, \cdots, m$, 其谱矩阵为 $\boldsymbol{f}^{(l,m)}$, 相应的离散 Fourier 变换定义为 $\boldsymbol{y}_{k_l}^{(l,m)} = (1/\sqrt{2\pi n_{l,m}})\sum_{t=\xi_{l-1,m}+1}^{\xi_{l,m}} \boldsymbol{X}_t \mathrm{e}^{\mathrm{i}\omega_{k_l} t}$, 其中 $\omega_{k_l} = 2\pi k_l/n_{l,m}$, $k_l = 0, 1, \cdots, N_{l,m}$, $N_{l,m} = [(n_{l,m}-1)/2]$. 对于给定的时间划分 $\boldsymbol{\xi}_m = (\xi_{0,m}, \cdots, \xi_{m,m})^{\mathrm{T}}$, 时间序列的近似似然为

$$
\begin{aligned}
&L(\boldsymbol{y}_0^{(l,m)}, \cdots, \boldsymbol{y}_{N_{l,m}}^{(l,m)}; \boldsymbol{f}_0^{(l,m)}, \cdots, \boldsymbol{f}_{N_{l,m}}^{(l,m)}; l = 1, \cdots, m) \\
&\propto \exp\left\{ -\sum_{l=1}^{m}\sum_{k=0}^{N_{l,m}} \left[\log(\det(\boldsymbol{f}_k^{(l,m)})) + (\boldsymbol{y}_k^{(l,m)})^*(\boldsymbol{f}_k^{(l,m)})^{-1}\boldsymbol{y}_k^{(l,m)} \right] \right\}.
\end{aligned}
$$

2. 先验分布的选取

分片数目的先验取为最大数目为 M 的离散均匀分布, 即 $\mathbf{P}(m = k) = 1/M$, $k = 1, \cdots, M$. M 的具体选取方法可参见文献 [140], 即 M 应取得足够大, 若在程序运行过程中发现 $\mathbf{P}(m = M|\boldsymbol{x}) \not\approx 0$, 则需要增加 M 的值.

给定 m, 在取 $\{\boldsymbol{f}_{k_l}^{(l,m)}; 0 \leqslant k_l \leqslant N_{l,m}, l = 1, \cdots, m\}$ 的先验时, 假设它们关于 l 与 k_l 独立同分布. 对于固定的 l 与 k_l, 每个 $\boldsymbol{f}_{k_l}^{(l,m)}$ 的分布由 3.7.1 小节给出.

给定 m, 时间分割点 $\boldsymbol{\xi}_m$ 的先验取为

$$
\mathbf{P}(\boldsymbol{\xi}_m|m) = \prod_{l=1}^{m-1} \frac{1}{n - \xi_{l-1,m} - (m-l+1)t_{\min} + 1}.
$$

3. 抽样策略

令

$$
\boldsymbol{\tau}_m^2 = \begin{pmatrix}
\tau^2_{\delta_1,1} & \cdots & \tau^2_{\delta_p,1} & \tau^2_{\Re_{12},1} & \cdots & \tau^2_{\Re_{p-1\ p},1} & \tau^2_{\Im_{12},1} & \cdots & \tau^2_{\Im_{p-1\ p},1} \\
\vdots & & \vdots & \vdots & & \vdots & \vdots & & \vdots \\
\tau^2_{\delta_1,m} & \cdots & \tau^2_{\delta_p,m} & \tau^2_{\Re_{12},m} & \cdots & \tau^2_{\Re_{p-1\ p},m} & \tau^2_{\Im_{12},m} & \cdots & \tau^2_{\Im_{p-1\ p},m}
\end{pmatrix},
$$

$$
\boldsymbol{\beta}_m = \begin{pmatrix}
\beta^{\mathrm{T}}_{\delta_1,1} & \cdots & \beta^{\mathrm{T}}_{\delta_p,1} & \beta^{\mathrm{T}}_{\Re_{12},1} & \cdots & \beta^{\mathrm{T}}_{\Re_{p-1\ p},1} & \beta^{\mathrm{T}}_{\Im_{12},1} & \cdots & \beta^{\mathrm{T}}_{\Im_{p-1\ p},1} \\
\vdots & & \vdots & \vdots & & \vdots & \vdots & & \vdots \\
\beta^{\mathrm{T}}_{\delta_1,m} & \cdots & \beta^{\mathrm{T}}_{\delta_p,m} & \beta^{\mathrm{T}}_{\Re_{12},m} & \cdots & \beta^{\mathrm{T}}_{\Re_{p-1\ p},m} & \beta^{\mathrm{T}}_{\Im_{12},m} & \cdots & \beta^{\mathrm{T}}_{\Im_{p-1\ p},m}
\end{pmatrix},
$$

其中, 对每个 $l=1, \cdots, m$, $\{\tau^2_{\delta_1,l}, \cdots, \tau^2_{\delta_p,l}, \tau^2_{\Re_{12},l}, \cdots, \tau^2_{\Re_{p-1\ p},l}, \tau^2_{\Im_{12},l}, \cdots, \tau^2_{\Im_{p-1\ p},l}\}$ 与 $\{\beta^{\mathrm{T}}_{\delta_1,l}, \cdots, \beta^{\mathrm{T}}_{\delta_p,l}, \beta^{\mathrm{T}}_{\Re_{12},l}, \cdots, \beta^{\mathrm{T}}_{\Re_{p-1\ p},l}, \beta^{\mathrm{T}}_{\Im_{12},l}, \cdots, \beta^{\mathrm{T}}_{\Im_{p-1\ p},l}\}$ 分别为所分的 m 个时间序列片段中第 l 个片段的光滑参数和未知基函数系数. 事实上, $\boldsymbol{\tau}_m^2$ 为一 $m \times$

p^2 矩阵, β_m 为一 $m \times (p^2J + p(p-1)/2)$ 矩阵. 参数 m, ξ_m, τ_m^2 与 β_m 皆从后验分布 $p(m, \xi_m, \tau_m^2, \beta_m)$ 中抽取. 为避免计算中的局部陷阱 (local-trap) 问题, 我们采用文献 [102] 中的方法, 从分布

$$p_\omega(m, \xi_m, \tau_m^2, \beta_m) \propto \sum_{i=1}^{M} \frac{\pi_i\, p(m, \xi_m, \tau_m^2, \beta_m)}{\omega_i} 1_{\{m=i\}}$$

中抽取 $(m, \xi_m, \tau_m^2, \beta_m)$, 其中 $\{\pi_i\}$ 是事先设定的常数 (要求对所有的 i, $\pi_i > 0$, 且 $\sum_{i=1}^{M} \pi_i = 1$), $\omega_i = \sum_{\xi_i} \int p(i, \xi_i, \tau_i^2, \beta_i) \mathrm{d}(\tau_i^2, \beta_i)$. 在第 t 步迭代中, 以上抽样可以近似地通过从分布

$$p_{\vartheta_t}(m, \xi_m, \tau_m^2, \beta_m) \propto \sum_{i=1}^{M} \frac{p(m, \xi_m, \tau_m^2, \beta_m)}{\mathrm{e}^{\vartheta_{ti}}} 1_{\{m=i\}} \tag{5-24}$$

中抽样来实现, 其中 $\vartheta_t = (\vartheta_{t1}, \cdots, \vartheta_{tM})^{\mathrm{T}}$ 由下面的光滑随机近似 Monte Carlo 算法给出, ϑ_{ti} 的取值限定在一紧集 Ω 内. 令 $\theta_m = \{\xi_m, \tau_m^2, \beta_m\}$. SSAMC 抽样一步迭代的算法 (参见文献 [101]) 如下.

第 1 步 (抽样), 利用 MCMC 算法从由 (5-24) 定义的不变分布 $p_{\vartheta_t}(m, \xi_m, \tau_m^2, \beta_m)$ 中抽取样本 $(m^{(1)}, \theta_{m^{(1)}}^{(1)}), \cdots, (m^{(\kappa)}, \theta_{m^{(\kappa)}}^{(\kappa)})$, 其中 $(m_t^{(0)}, \theta_{m_t^{(0)}}^{(0)}) = (m_{t-1}^{(\kappa)}, \theta_{m_{t-1}^{(\kappa)}}^{(\kappa)})$.

(i) 从建议分布 $q(m^{(i)}|m^{(i-1)})$ 中抽取 $m^{(i)}$.

设 $m_{2\min}^c$ 是当前含有至少 $2t_{\min}$ 个观测点的分片的数目. 从建议分布 $q(m^p|m^c)$ 中抽取 m^p. 建议分布的定义如下: 若 $m^c \neq 1, M$, $m_{2\min}^c \neq 0$, 定义 $q(m^p = k|m^c) = 1/3$, 其中 $k = m^c - 1, m^c, m^c + 1$; 若 $m^c = M$ 或 $m_{2\min}^c = 0$, 定义 $q(m^p = m^c - 1|m^c) = 2/3$, $q(m^p = m^c|m^c) = 1/3$; 若 $m^c = 1$, 定义 $q(m^p = m^c + 1|m^c) = 2/3$,$q(m^p = m^c|m^c) = 1/3$.

(ii) 若 $m^{(i)} = m^{(i-1)} \pm 1$, 通过 "生" 或 "灭" 步骤更新 $(m^{(i-1)}, \theta_{m^{(i-1)}}^{(i-1)})$. 若 $m^{(i)} = m^{(i-1)}$, 通过 "调整"(simultaneous) 步骤更新 $(m^{(i-1)}, \theta_{m^{(i-1)}}^{(i-1)})$.

第 2 步 (平均), 通过 Nadaraya-Watson 核估计量

$$\hat{p}_{ti} = \begin{cases} \dfrac{\displaystyle\sum_{j=1}^{M} W(M(i-j)/(mh_t)) e_{tj}/\kappa}{\displaystyle\sum_{j=1}^{M} W(M(i-j)/(mh_t))}, & h_t \neq 0, \\ e_{ti}/\kappa, & h_t = 0, \end{cases}$$

对 $\boldsymbol{e}_t = (e_{t1}, \cdots, e_{tM})^{\mathrm{T}}$ 进行光滑以得到 $\hat{\boldsymbol{p}}_t = (\hat{p}_{t1}, \cdots, \hat{p}_{tM})$, 其中 $e_{tj} = \sum_{i=1}^{\kappa} 1_{\{m_t^{(i)}=j\}}$, $W(z)$ 为取 $C=3$ 的两端截断高斯核, 即 $W(z) = \exp(-z^2/2)\mathbb{I}_{\{|z|<3\}}$,

$$h_t = \min\left\{\sqrt{\eta_t}, \frac{\text{range}\{m^{(1)}, \cdots, m^{(\kappa)}\}}{2(1+\log_2(\kappa))}\right\}.$$

这里, $\eta_t = T_0/\max\{T_0, t\}$, T_0 是一事先设定的数, $\min\{\cdot,\cdot\}$ 中的第 2 项是基于连续观测的传统密度估计程序中的默认带宽 (bandwidth)(见文献 [160, 第 135 页]).

第 3 步 (权重更新), 设

$$\vartheta^* = \vartheta_t + \eta_{t+1}(\hat{\boldsymbol{p}}_t - \boldsymbol{\pi}),$$

其中 $\boldsymbol{\pi} = (\pi_1, \cdots, \pi_M)^{\mathrm{T}}$. 若 $\vartheta^* \in \Omega$, 设 $\vartheta_{t+1} = \vartheta^*$; 否则, 设 $\vartheta_{t+1} = \vartheta^* + \boldsymbol{c}^*$, 其中 $\boldsymbol{c}^* = (c^*, \cdots, c^*)^{\mathrm{T}}$ 为满足条件 $\vartheta^* + \boldsymbol{c}^* \in \Omega$ 的任意向量.

在 SSAMC 抽样策略中, 如文献 [101], 设定 $\boldsymbol{\pi}$ 为定义在集 $\{1, \cdots, M\}$ 上的离散均匀分布, 其他参数如 κ, T_0 与 H (迭代总步数) 等则基于模拟产生的 Markov 链收敛性诊断通过试错法 (trial and error) 加以确定.

4. 抽样策略中的生灭与调整步骤

在生灭步骤中, 从建议分布 $q(m^p, \theta^p_{m^p}|m^c, \theta^c_{m^c})$ 中抽取 $(m^p, \theta^p_{m^p})$, 其中 $(m^p, \theta^p_{m^p})$ 的接受概率为

$$\alpha = \min\left\{1, \frac{p(m^p, \theta^p_{m^p}|\boldsymbol{x}) \times q(m^c, \theta^c_{m^c}|m^p, \theta^p_{m^p})}{p(m^c, \theta^c_{m^c}|\boldsymbol{x}) \times q(m^p, \theta^p_{m^p}|m^c, \theta^c_{m^c})} \times \frac{e^{\vartheta_{t,m^c}}}{e^{\vartheta_{t,m^p}}}\right\}.$$

建议分布的密度 $q(m^p, \theta^p_{m^p}|m^c, \theta^c_{m^c})$ 定义为

$$\begin{aligned}
&q(m^p, \theta^p_{m^p}|m^c, \theta^c_{m^c}) = q(m^p|m^c) \times q(\theta^p_{m^p}|m^p, m^c, \theta^c_{m^c}) \\
=\,& q(m^p|m^c) \times q(\xi^p_{m^p}|m^p, m^c, \xi^c_{m^c}) \times q(\tau^{2p}_{\delta_1}|\tau^{2c}_{\delta_1}, \xi^p_{m^p}, \xi^c_{m^c}) \times q(\tau^{2p}_{\delta_2}|\tau^{2c}_{\delta_2}, \xi^p_{m^p}, \xi^c_{m^c}) \\
&\times q(\tau^{2p}_{\Re_{12}}|\tau^{2c}_{\Re_{12}}, \xi^p_{m^p}, \xi^c_{m^c}) \times q(\tau^{2p}_{\Im_{12}}|\tau^{2c}_{\Im_{12}}, \xi^p_{m^p}, \xi^c_{m^c}) \\
&\times q(\beta^p_{\delta_1}|\beta^c_{\delta_1}, \tau^{2p}_{\delta_1}, \xi^p_{m^p}, \xi^c_{m^c}) \times q(\beta^p_{\delta_2}|\beta^c_{\delta_2}, \tau^{2p}_{\delta_2}, \xi^p_{m^p}, \xi^c_{m^c}) \\
&\times q(\beta^p_{\Re_{12}}|\beta^c_{\Re_{12}}, \beta^p_{\delta_1}, \tau^{2p}_{\Re_{12}}, \xi^p_{m^p}, \xi^c_{m^c}) \times q(\beta^p_{\Im_{12}}|\beta^c_{\Im_{12}}, \beta^p_{\delta_1}, \tau^{2p}_{\Im_{12}}, \xi^p_{m^p}, \xi^c_{m^c}).
\end{aligned}$$

在 m^p 给定的条件下, 一个新的 $\theta^p_{m^p}$ 通过下述步骤抽取.

(1) “生” 步.

设 $m^p = m^c + 1$, 则

A. 从建议分布 $q(\xi^p_{m^p}|m^p, m^c, \xi^c_{m^c})$ 中抽取分割点

$$\xi^p_{m^p} = (\xi^c_{0,m^c}, \cdots, \xi^c_{k^*-1,m^c}, \xi^p_{k^*,m^p}, \xi^c_{k^*,m^c}, \cdots, \xi^c_{m^c,m^c}).$$

分割点的建议分布首先通过随机选择一个时间序列片段 $j = k^*$ 进行分割, 接着, 从时间序列片段 $j = k^*$ 中选择建议的分割点 t^*, 其中应选择满足 $\xi^c_{k^*-1,m^c} + t_{\min} \leqslant t^* \leqslant \xi^c_{k^*,m^c} - t_{\min}$ 的 t^*. 因此, ξ^p_{j,m^p} 的建议分布为

$$q(\xi^p_{j,m^p} = t^*|m^p, m^c, \xi^c_{m^c}) = p(j = k^*|m^p, m^c, \xi^c_{m^c}) p(\xi^p_{k^*,m^p} = t^*|j = k^*, m^p, m^c, \xi^c_{m^c})$$

$$= \frac{1}{m^c_{2\min}} \frac{1}{n_{k^*,m^c} - 2t_{\min} + 1}.$$

B. 从建议分布 $q(\boldsymbol{\tau}_j^{2p}|\boldsymbol{\tau}_j^{2c}, \xi^p_{m^p}, \xi^c_{m^c})$ 中抽取光滑参数矩阵

$$\boldsymbol{\tau}^{2p}_{m^p} = \begin{pmatrix} \tau^{2c}_{\delta_1,1} & \tau^{2c}_{\delta_2,1} & \tau^{2c}_{\Re_{12},1} & \tau^{2c}_{\Im_{12},1} \\ \vdots & \vdots & \vdots & \vdots \\ \tau^{2c}_{\delta_1,k^*-1} & \tau^{2c}_{\delta_2,k^*-1} & \tau^{2c}_{\Re_{12},k^*-1} & \tau^{2c}_{\Im_{12},k^*-1} \\ \tau^{2p}_{\delta_1,k^*} & \tau^{2p}_{\delta_2,k^*} & \tau^{2p}_{\Re_{12},k^*} & \tau^{2p}_{\Im_{12},k^*} \\ \tau^{2p}_{\delta_1,k^*+1} & \tau^{2p}_{\delta_2,k^*+1} & \tau^{2p}_{\Re_{12},k^*+1} & \tau^{2p}_{\Im_{12},k^*+1} \\ \tau^{2c}_{\delta_1,k^*+1} & \tau^{2c}_{\delta_2,k^*+1} & \tau^{2c}_{\Re_{12},k^*+1} & \tau^{2c}_{\Im_{12},k^*+1} \\ \vdots & \vdots & \vdots & \vdots \\ \tau^{2c}_{\delta_1,m^c} & \tau^{2c}_{\delta_2,m^c} & \tau^{2c}_{\Re_{12},m^c} & \tau^{2c}_{\Im_{12},m^c} \end{pmatrix} = (\boldsymbol{\tau}^{2p}_{\delta_1}, \boldsymbol{\tau}^{2p}_{\delta_2}, \boldsymbol{\tau}^{2p}_{\Re_{12}}, \boldsymbol{\tau}^{2p}_{\Im_{12}}),$$

$j = \delta_1, \delta_2, \Re_{12}, \Im_{12}$. 根据文献 [64, 140], 建议从新分出来的时间序列片段中产生新的光滑参数, 即

$$\tau^{2p}_{j,k^*} = \tau^{2c}_{j,k^*} u_j/(1-u_j), \quad \tau^{2p}_{j,k^*+1} = \tau^{2c}_{j,k^*}(1-u_j)/u_j, \quad j = \delta_1, \delta_2, \Re_{12}, \Im_{12},$$

其中 u_{δ_1}, u_{δ_2}, $u_{\Re_{12}}$ 与 $u_{\Im_{12}}$ 独立地抽取自 $U[a, 1-a]$. 这里, $a \in (0, 1/2)$.

C. 从建议分布 $q(\beta_j^p|\beta_j^c, \boldsymbol{\tau}_j^{2p}, \xi^p_{m^p}, \xi^c_{m^c})$ 中抽取系数矩阵

$$\beta^p_{m^p} = \begin{pmatrix} \beta^{c\mathrm{T}}_{\delta_1,1} & \beta^{c\mathrm{T}}_{\delta_2,1} & \beta^{c\mathrm{T}}_{\Re_{12},1} & \beta^{c\mathrm{T}}_{\Im_{12},1} \\ \vdots & \vdots & \vdots & \vdots \\ \beta^{c\mathrm{T}}_{\delta_1,k^*-1} & \beta^{c\mathrm{T}}_{\delta_2,k^*-1} & \beta^{c\mathrm{T}}_{\Re_{12},k^*-1} & \beta^{c\mathrm{T}}_{\Im_{12},k^*-1} \\ \beta^{p\mathrm{T}}_{\delta_1,k^*} & \beta^{p\mathrm{T}}_{\delta_2,k^*} & \beta^{p\mathrm{T}}_{\Re_{12},k^*} & \beta^{p\mathrm{T}}_{\Im_{12},k^*} \\ \beta^{p\mathrm{T}}_{\delta_1,k^*+1} & \beta^{p\mathrm{T}}_{\delta_2,k^*+1} & \beta^{p\mathrm{T}}_{\Re_{12},k^*+1} & \beta^{p\mathrm{T}}_{\Im_{12},k^*+1} \\ \beta^{c\mathrm{T}}_{\delta_1,k^*+1} & \beta^{c\mathrm{T}}_{\delta_2,k^*+1} & \beta^{c\mathrm{T}}_{\Re_{12},k^*+1} & \beta^{c\mathrm{T}}_{\Im_{12},k^*+1} \\ \vdots & \vdots & \vdots & \vdots \\ \beta^{c\mathrm{T}}_{\delta_1,m^c} & \beta^{c\mathrm{T}}_{\delta_2,m^c} & \beta^{c\mathrm{T}}_{\Re_{12},m^c} & \beta^{c\mathrm{T}}_{\Im_{12},m^c} \end{pmatrix} = (\beta^p_{\delta_1}, \beta^p_{\delta_2}, \beta^p_{\Re_{12}}, \beta^p_{\Im_{12}}),$$

$j = \delta_1, \delta_2, \Re_{12}, \Im_{12}$. 值得注意的是: 对于每个 $l = k^*, k^*+1$, $\boldsymbol{X}^p_l$ 为第 l 个分段时间序列的子集, $\boldsymbol{y}^p_l = (y^p_{l,jk})_{2\times N_l}$ 是其离散 Fourier 变换. 对于每个 $j = \delta_1, \delta_2$ 与 $l = k^*, k^*+1$, $\beta^p_{j,l}$ 从正态分布 $N(\bar{\beta}_{j,l}, \Sigma_{j,l})$ 中抽样, 其中, $\bar{\beta}_{j,l}$ 与 $\Sigma_{j,l}$ 分别为方程

$$f(\beta; \tau_j^2, \boldsymbol{y}^p_l) = \sum_{k=0}^{N_l} \left(1 - |y_{l,jk}|^2 \mathrm{e}^{-\beta_j^{\mathrm{T}} \boldsymbol{\psi}(w_k)}\right) \boldsymbol{\psi}(w_k) + \frac{1}{\tau_j^2} \beta_j = \mathbf{0}$$

的解与矩阵

$$H(\beta;\tau_j^2,\boldsymbol{y}_l^p)=\sum_{k=0}^{N_l}|y_{l,jk}|^2\mathrm{e}^{-\beta_j^{\mathrm{T}}\psi(w_k)}\boldsymbol{\psi}(w_k)\boldsymbol{\psi}(w_k)^{\mathrm{T}}+\frac{1}{\tau_j^2}I_{J+1}$$

的逆在 $\bar{\beta}_{j,l}$ 处的值. 对于每个 $l=k^*,k^*+1$, $\beta_{\Re_{12},l}^p$ 从正态分布 $N(\mu_{\Re_{12},l},\Sigma_{\Re_{12},l})$ 中抽样, 其中 $\mu_{\Re_{12},l}$ 与 $\Sigma_{\Re_{12},l}$ 由 (3-28) 定义. 对于每个 $l=k^*,k^*+1$, $\beta_{\Im_{12},l}^p$ 从正态分布 $N(\mu_{\Im_{12},l},\Sigma_{\Im_{12},l})$ 中抽样, 其中 $\mu_{\Im_{12},l}$ 与 $\Sigma_{\Im_{12},l}$ 由 (3-29) 定义.

生步移动的接受概率为 $\alpha=\min\{1,A\}$, 其中,

$$\begin{aligned}A=&\frac{p(\theta_{m^p}^p|\boldsymbol{x},\xi_{m^p}^p,m^p)p(\xi_{m^p}^p|m^p)p(m^p)}{p(\theta_{m^c}^c|\boldsymbol{x},\xi_{m^c}^c,m^c)p(\xi_{m^c}^c|m^c)p(m^c)}\frac{\mathrm{e}^{\vartheta_{t,m^c}}}{\mathrm{e}^{\vartheta_{t,m^p}}}\frac{q(m^c|m^p)}{q(m^p|m^c)}\frac{q(\xi_{m^c}^c|m^c,m^p,\xi_{m^p}^p)}{q(\xi_{m^p}^p|m^p,m^c,\xi_{m^c}^c)}\\&\times\frac{1}{p(u_{\delta_1})p(u_{\delta_2})p(u_{\Re_{12}})p(u_{\Im_{12}})}\\&\times\left|\frac{\partial(\tau_{\delta_1,k^*}^{2p},\tau_{\delta_1,k^*+1}^{2p})}{\partial(\tau_{\delta_1,k^*}^{2c},u_{\delta_1})}\right|\left|\frac{\partial(\tau_{\delta_2,k^*}^{2p},\tau_{\delta_2,k^*+1}^{2p})}{\partial(\tau_{\delta_2,k^*}^{2c},u_{\delta_2})}\right|\\&\times\left|\frac{\partial(\tau_{\Re_{12},k^*}^{2p},\tau_{\Re_{12},k^*+1}^{2p})}{\partial(\tau_{\Re_{12},k^*}^{2c},u_{\Re_{12}})}\right|\left|\frac{\partial(\tau_{\Im_{12},k^*}^{2p},\tau_{\Im_{12},k^*+1}^{2p})}{\partial(\tau_{\Im_{12},k^*}^{2c},u_{\Im_{12}})}\right|\\&\times\frac{p(\beta_{\delta_1,k^*}^c)}{p(\beta_{\delta_1,k^*}^p)p(\beta_{\delta_1,k^*+1}^p)}\frac{p(\beta_{\delta_2,k^*}^c)}{p(\beta_{\delta_2,k^*}^p)p(\beta_{\delta_2,k^*+1}^p)}\\&\times\frac{p(\beta_{\Re_{12},k^*}^c)}{p(\beta_{\Re_{12},k^*}^p)p(\beta_{\Re_{12},k^*+1}^p)}\frac{p(\beta_{\Im_{12},k^*}^c)}{p(\beta_{\Im_{12},k^*}^p)p(\beta_{\Im_{12},k^*+1}^p)}.\end{aligned}$$

这里, 若 $u_j\in[a,1-a]$, $p(u_j)=1/(1-2a)$, 否则, $p(u_j)=0$, $j=\delta_1,\delta_2,\Re_{12},\Im_{12}$; 对于每个 $j=\delta_1,\delta_2$ 与 $l=k^*,k^*+1$, $p(\beta_{j,l}^p)$ 为高斯建议分布 $N(\bar{\beta}_{j,l},\Sigma_{j,l})$ 的密度; 对于每个 $j=\Re_{12},\Im_{12}$ 与 $l=k^*,k^*+1$, $p(\beta_{j,l}^p)$ 为高斯建议分布 $N(\mu_{j,l},\Sigma_{j,l})$ 的密度; Jacobi 行列式为

$$\left|\frac{\partial(\tau_{j,k^*}^{2p},\tau_{j,k^*+1}^{2p})}{\partial(\tau_{j,k^*}^{2c},u_j)}\right|=2(\tau_{j,k^*}^p+\tau_{j,k^*+1}^p)^2,\quad j=\delta_1,\delta_2,\Re_{12},\Im_{12}.$$

(2) "灭" 步.

设 $m^p=m^c-1$, 则

A. 分割点的建议分布要做到从 m^c-1 个分割点中选择一个移除, 得 $\xi_{m^p}^p=(\xi_{0,m^c}^c,\cdots,\xi_{k^*-1,m^c}^c,\xi_{k^*+1,m^c}^c,\cdots,\xi_{m^c,m^c}^c)$. 在 m^c 个时间序列片段中, 有 m^c-1 个分割点可用于移除. 建议分布为以等可能的概率移除这些分割点. 设 $j=k^*$ 为移除的分割点, 则建议分布为

$$q(\xi_{j,m^p}^p=t^*|m^p,m^c,\xi_{m^c}^c)=\frac{1}{m^c-1}.$$

B. 从建议分布 $q(\tau_j^{2p}|\tau_j^{2c}, \xi_{m^p}^p, \xi_{m^c}^c)$ 中抽取光滑参数矩阵

$$\tau_{m^p}^{2p} = \begin{pmatrix} \tau_{\delta_1,1}^{2c} & \tau_{\delta_2,1}^{2c} & \tau_{\Re_{12},1}^{2c} & \tau_{\Im_{12},1}^{2c} \\ \vdots & \vdots & \vdots & \vdots \\ \tau_{\delta_1,k^*-1}^{2c} & \tau_{\delta_2,k^*-1}^{2c} & \tau_{\Re_{12},k^*-1}^{2c} & \tau_{\Im_{12},k^*-1}^{2c} \\ \tau_{\delta_1,k^*}^{2p} & \tau_{\delta_2,k^*}^{2p} & \tau_{\Re_{12},k^*}^{2p} & \tau_{\Im_{12},k^*}^{2p} \\ \tau_{\delta_1,k^*+2}^{2c} & \tau_{\delta_2,k^*+2}^{2c} & \tau_{\Re_{12},k^*+2}^{2c} & \tau_{\Im_{12},k^*+2}^{2c} \\ \vdots & \vdots & \vdots & \vdots \\ \tau_{\delta_1,m}^{2c} & \tau_{\delta_2,m}^{2c} & \tau_{\Re_{12},m}^{2c} & \tau_{\Im_{12},m}^{2c} \end{pmatrix} = (\tau_{\delta_1}^{2p}, \tau_{\delta_2}^{2p}, \tau_{\Re_{12}}^{2p}, \tau_{\Im_{12}}^{2p}),$$

$j = \delta_1, \delta_2, \Re_{12}, \Im_{12}$. 通过将“生”步光滑参数的抽样方法逆转, 建议取

$$\tau_{j,k^*}^{2p} = \sqrt{\tau_{j,k^*}^{2c}\tau_{j,k^*+1}^{2c}}, \quad j = \delta_1, \delta_2, \Re_{12}, \Im_{12}.$$

C. 从建议分布 $q(\beta_j^p|\beta_j^c, \tau_j^{2p}, \xi_{m^p}^p, \xi_{m^c}^c)$ 中抽取系数矩阵

$$\beta_{m^p}^p = \begin{pmatrix} \beta_{\delta_1,1}^{cT} & \beta_{\delta_2,1}^{cT} & \beta_{\Re_{12},1}^{cT} & \beta_{\Im_{12},1}^{cT} \\ \vdots & \vdots & \vdots & \vdots \\ \beta_{\delta_1,k^*-1}^{cT} & \beta_{\delta_2,k^*-1}^{cT} & \beta_{\Re_{12},k^*-1}^{cT} & \beta_{\Im_{12},k^*-1}^{cT} \\ \beta_{\delta_1,k^*}^{pT} & \beta_{\delta_2,k^*}^{pT} & \beta_{\Re_{12},k^*}^{pT} & \beta_{\Im_{12},k^*}^{pT} \\ \beta_{\delta_1,k^*+2}^{cT} & \beta_{\delta_2,k^*+2}^{cT} & \beta_{\Re_{12},k^*+2}^{cT} & \beta_{\Im_{12},k^*+2}^{cT} \\ \vdots & \vdots & \vdots & \vdots \\ \beta_{\delta_1,m^c}^{cT} & \beta_{\delta_2,m^c}^{cT} & \beta_{\Re_{12},m^c}^{cT} & \beta_{\Im_{12},m^c}^{cT} \end{pmatrix} = (\beta_{\delta_1}^p, \beta_{\delta_2}^p, \beta_{\Re_{12}}^p, \beta_{\Im_{12}}^p),$$

$j = \delta_1, \delta_2, \Re_{12}, \Im_{12}$. 同“生”步中系数矩阵的抽样方法, 对每个 $j = \delta_1, \delta_2$, 从正态分布 $N(\bar{\beta}_{j,k^*}, \Sigma_{j,k^*})$ 中抽取 β_{j,k^*}^p; 对每个 $j = \Re_{12}, \Im_{12}$, 从正态分布 $N(\mu_{j,k^*}, \Sigma_{j,k^*})$ 中抽取 β_{j,k^*}^p.

这里的接受概率为生步中接受概率的逆. 若移动被接受, 则取 $m_c = m_p$, $\theta_{m^c}^c = \theta_{m^p}^p$.

(3) 调整步.

在调整步骤中, m 是固定的, 即 $m^p = m^c$. 若 $m \geqslant 2$, 调整步骤共分为两步: 首先, 重新定位分割点; 然后, 在重新定位的分割点处, 更新系数 $\beta_{\delta_1}^p$ 与 $\beta_{\delta_2}^p$. 这两步联合进行, 通过 M-H 步接受或拒绝重新定位的分割点和得到的系数. 若 $m = 1$, 分割点的重新定位是无意义的, 仅需独立的通过 M-H 步接受或拒绝系数 $\beta_{\delta_1}^p$ 与 $\beta_{\delta_2}^p$. 接着, 通过 Gibbs 抽样更新 $\beta_{\Re_{12}}^p$ 和 $\beta_{\Im_{12}}^p$. 最后, 通过 Gibbs 抽样来更新光滑参数 $\tau_{m^p}^{2p} = (\tau_{\delta_1}^{2p}, \tau_{\delta_2}^{2p}, \tau_{\Re_{12}}^{2p}, \tau_{\Im_{12}}^{2p})$ 中的元素.

若 $m \geqslant 2$,

(a) 假设链在 $(\xi^c, \beta^c_{\delta_1}, \beta^c_{\delta_2})$ 处; 到 $(\xi^p, \beta^p_{\delta_1}, \beta^p_{\delta_2})$ 处的移动通过如下步骤实现.

(i) 从 $m-1$ 个可能的分割点中选一个分割点 ξ_{k^*} 作为重新定位的分割点. 接着, 从区间 $[\xi_{k^*}, \xi_{k^*+1}]$ 中由建议分布

$$\mathbf{P}(\xi^p_{k^*} = t) = \mathbf{P}(j = k^*)\mathbf{P}(\xi^p_{k^*} = t | j = k^*)$$

选择一个位置, 其中 $\mathbf{P}(j = k^*) = (m-1)^{-1}$. 这里, 新的分割点需要满足其离 ξ_{k^*} 与 ξ_{k^*+1} 的距离都至少为 $t_{\min}$. 同文献 [140], 为使参数更有效地在参数空间中移动, 构造 $\mathbf{P}(\xi^p_{k^*} = t | j = k^*)$ 为混合分布

$$\mathbf{P}(\xi^p_{k^*} = t | j = k^*) = \pi q_1(\xi^p_{k^*} = t | \xi^c_{k^*}) + (1-\pi) q_2(\xi^p_{k^*} = t | \xi^c_{k^*}),$$

其中 $q_1(\xi^p_{k^*} = t | \xi^c_{k^*}) = (n_{k^*} + n_{k^*+1} - 2t_{\min} + 1)^{-1}$, $\xi_{k^*-1} + t_{\min} \leqslant t \leqslant \xi_{k^*+1} - t_{\min}$,

$$q_2(\xi^p_{k^*} = t | \xi^c_{k^*}) = \begin{cases} 0, & |t - \xi^c_{k^*}| > 1, \\ 1/3, & |t - \xi^c_{k^*}| \leqslant 1, n_{k^*} \neq t_{\min} \text{ 且} n_{k^*+1} \neq t_{\min}, \\ 1/2, & |t - \xi^c_{k^*}| \leqslant 1, n_{k^*} = t_{\min} \text{ 且} n_{k^*+1} \neq t_{\min}, \\ 1/2, & |t - \xi^c_{k^*}| \leqslant 1, n_{k^*} \neq t_{\min} \text{ 且} n_{k^*+1} = t_{\min}, \\ 1, & t = \xi^c_{k^*}, n_{k^*} = t_{\min} \text{ 且} n_{k^*+1} = t_{\min}. \end{cases}$$

(ii) 从 $\prod_{l=k^*}^{k^*+1} p(\beta_{\delta_1,l} | \beta^c_{\Re,l}, \beta^c_{\Im,l}, \tau^2_{\delta_1,l}, \boldsymbol{y}^p_l)$ 的多变量正态近似 $q(\beta^p_{\delta_1,l} | \beta^c_{\Re,l}, \beta^c_{\Im,l}, \tau^2_{\delta_1,l}, \boldsymbol{y}^p_l)$ 中抽取 $\beta^p_{\delta_1,l}$, $l = k^*, k^*+1$, 并从 $\prod_{l=k^*}^{k^*+1} p(\beta_{\delta_2,l} | \tau^2_{\delta_2,l}, \boldsymbol{y}^p_l)$ 的多变量正态近似 $q(\beta^p_{\delta_2,l} | \tau^2_{\delta_2,l}, \mathbf{y}^p_l)$ 中抽取 $\beta^p_{\delta_2,l}$. 这里正态近似的方法如 3.7.2 (I). (1) 部分.

令 $\beta^p_{j,*} = (\beta^p_{j,k^*}, \beta^p_{j,k^*+1})$, $j = \delta_1, \delta_2$. 依概率 $\alpha = \min\{1, A\}$ 接受抽取的 $(\xi^p_{k^*}, \beta^p_{\delta_1,*}, \beta^p_{\delta_2,*})$, 其中

$$A = \frac{p(\beta^p_{\delta_1,*}, \beta^p_{\delta_2,*} | \beta^c_{\Re,*}, \beta^c_{\Im,*}, \tau^2_{\delta_1,*}, \tau^2_{\delta_2,*}, \boldsymbol{y}^p_*)}{p(\beta^c_{\delta_1,*}, \beta^c_{\delta_2,*} | \beta^c_{\Re,*}, \beta^c_{\Im,*}, \tau^2_{\delta_1,*}, \tau^2_{\delta_2,*}, \boldsymbol{y}^c_*)} \times \frac{\prod\limits_{l=k^*}^{k^*+1} q(\beta^p_{\delta_1,l} | \beta^c_{\Re,l}, \beta^c_{\Im,l}, \tau^2_{\delta_1,l}, \boldsymbol{y}^p_l) q(\beta^p_{\delta_2,l} | \tau^2_{\delta_2,l}, \boldsymbol{y}^p_l)}{\prod\limits_{l-k^*}^{k^*+1} q(\beta^c_{\delta_1,l} | \beta^c_{\Re,l}, \beta^c_{\Im,l}, \tau^2_{\delta_1,l}, \boldsymbol{y}^c_l) q(\beta^c_{\delta_2,l} | \tau^2_{\delta_2,l}, \boldsymbol{y}^c_l)}.$$

这里, $\tau^2_{j,*} = (\tau^2_{j,k^*}, \tau^2_{j,k^*+1})$, $j = \delta_1, \delta_2$, $\boldsymbol{y}^p_* = (\boldsymbol{y}^p_{k^*}, \boldsymbol{y}^p_{k^*+1})$. 若抽样没有被接受, 则取 $(\xi^p, \beta^p_{\delta_1}, \beta^p_{\delta_2}) = (\xi^c, \beta^c_{\delta_1}, \beta^c_{\delta_2})$.

(b) 对于每个 $l = k^*, k^*+1$, 给定 $\tau^2_{\Re_{12},l}$, 从正态分布 $N(\mu_{\Re_{12},l}, \Sigma_{\Re_{12},l})$ 中抽取 $\beta^p_{\Re_{12},l}$, 其中 $\mu_{\Re_{12},l}$ 与 $\Sigma_{\Re_{12},l}$ 由 (3-28) 定义. 对于每个 $l = k^*, k^*+1$, 给定 $\tau^2_{\Im_{12},l}$,

从正态分布 $N(\mu_{\Im_{12},l},\Sigma_{\Im_{12},l})$ 中抽取 $\beta^{p}_{\Im_{12},l}$, 其中 $\mu_{\Im_{12},l}$ 与 $\Sigma_{\Im_{12},l}$ 由 (3-29) 定义. $\beta^{p}_{\Re_{12},k^*}$, $\beta^{p}_{\Re_{12},k^*+1}$, $\beta^{p}_{\Im_{12},k^*}$ 与 $\beta^{p}_{\Im_{12},k^*+1}$ 皆以概率 1 被接受.

(c) 对于每个 $j=\delta_1,\delta_2,\Re_{12}$ 与 $l=k^*,k^*+1$, $\tau^2_{j,l}$ 抽取自截断倒 IG$\left(\dfrac{J-1}{2},\dfrac{1}{2}\beta^{p\mathrm{T}}_{j,l}\beta^{p}_{j,l}\right)$ 分布. 对于每个 $l=k^*,k^*+1$, $\tau^2_{\Im_{12},l}$ 抽取自截断 IG$\left(\dfrac{J-2}{2},\dfrac{1}{2}\beta^{p\mathrm{T}}_{\Im_{12},l}\cdot\beta^{p}_{\Im_{12},l}\right)$ 分布. 这里, 截断 IG 分布的截断区间为 $(0,c_{\tau^2})$.

若 $m=1$,

(a) 假设链在 $(\beta^{c}_{\delta_1},\beta^{c}_{\delta_2},\beta^{c}_{\Re_{12}},\beta^{c}_{\Im_{12}})$ 处; 采用 3.7.2 小节中第 1 步的抽样方法抽取 $(\beta^{p}_{\delta_1},\beta^{p}_{\delta_2},\beta^{p}_{\Re_{12}},\beta^{p}_{\Im_{12}})$.

(b) 给定 $(\beta^{p}_{\delta_1},\beta^{p}_{\delta_2},\beta^{p}_{\Re_{12}},\beta^{p}_{\Im_{12}})$, 利用 3.7.2 小节中第 2 步抽取 $(\tau^2_{\delta_1},\tau^2_{\delta_2},\tau^2_{\Re_{12}},\tau^2_{\Im_{12}})$.

5.2.2 时变谱与航向选择

为了探索在恶劣海况下航行时最优船舶驾驶入浪角, 以减小对船体主梁的疲劳损伤 (fatigue damage), 设计并实施了一次船体转向实验. 该实验仍然由上海海事大学教学实习船“育锋轮”承担, 并于 2010 年 4 月 19 日在北纬 31°48′, 东经 123°43′ 处水域附件开展. 当时船体转向实验的具体轨迹见图 5-2. 所收集的数据仍然为船体两测点的振动数据——纵向角度数据 (纵向角度见图 3-3, 测点位置见图 3-4). 实验共持续了 1 小时 3 分钟, 将入浪角从 80° 先降低到 0° 然后再提升

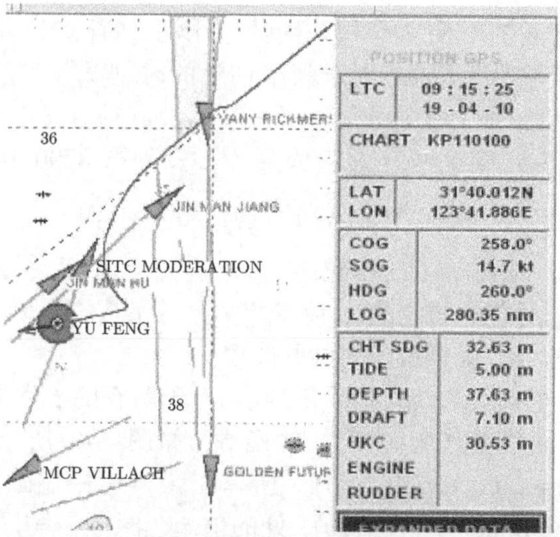

图 5-2 集装箱船舶转体实验轨迹图(后附彩图)

到 15°. 在实验中, 每两秒钟抽取一个二维点, 所抽取的时间序列时长 3790 秒. 对于时间序列两个分量中的每个分量, 将原始数据扩大了 10 倍, 并通过减掉上下包络的均值以去除由船舶前进方向改变而造成的趋势 (参见文献 [90]). 用 (X_1, X_2) 表示分析的时间序列 (图 5-3), 其中 X_1 与 X_2 分别抽取自靠近船首 1/4 船体处和靠近船尾 1/4 船体处.

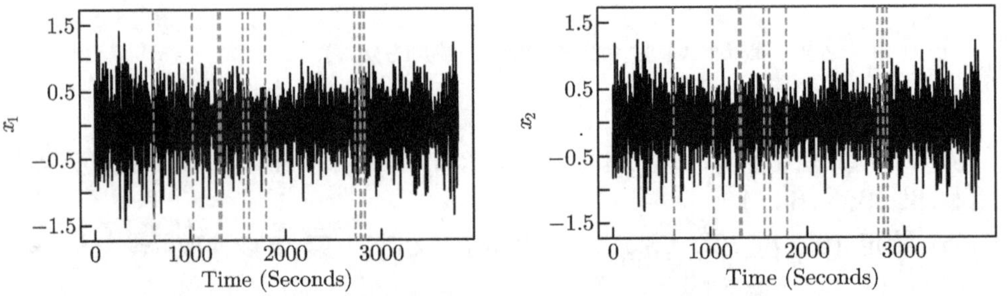

(a) 靠近船首1/4船体处的纵向振动数据　(b) 靠近船尾1/4船体处的纵向振动数据

图 5-3　船体转向实验中的纵向振动数据 (抽样频率为每 2 秒抽样一次). 垂向点线表示后验分割点中的出现频率最大的 12 个分割点位置

设定时间序列的最大分片数为 5, 运行 SSAMC 算法 10000 次迭代, 并取预烧期为 2000 次迭代. 时间序列的后验分割片段数仅集中于一个值, $m = 4$. 船体纵向振动数据相关谱元素 $\log(f_{11}(t, v))$, $\log(f_{22}(t, v))$ 与 $c_{12}(t, v)$ 的后验时间-频率平面如图 5-4所示, 其中的频率坐标轴计量单位已转化为赫兹. 这里,

$$c_{12}(t, v) = |f_{12}(t, v)|/\sqrt{f_{11}(t, v)f_{22}(t, v)}$$

为两时间序列分量间的时变协谱相关函数. 以上估计结论显示: $\log(f_{11}(t, v))$ 与 $\log(f_{22}(t, v))$ 是非常相似的; 对于每个估计的时刻 t, 两者几乎在同一频率点达到它们各自的峰值 (图 5-5); 对于每个时刻 t, $\log(f_{11}(t, v))$ 与 $\log(f_{22}(t, v))$ 都仅有一个峰值 (图 5-5); 当时间 t 从实验第 1 秒变到第 3790 秒的过程中,

$$\arg\max_v \log(f_{ii}(t, v)) \quad (i = 1, 2)$$

从 0.18 赫兹变到了 0.16 赫兹, 相应地, 振动周期从 5.56 秒变到了 6.25 秒. 由图 5-4还可以看出: 对任意固定的 t, 协谱相关系数 $c_{12}(t, v)$ 随着频率 v 的减小而递减, 这说明 X_1 与 X_2 低频振动的协调性较差.

为获得保障安全驾驶的航行入浪角, 我们对于所有的 t 及 $i = 1, 2$, 计算 $\max_v \log(f_{ii}(t, v))$ 的值并将其作为时间 t 的函数, 如图 5-6 所示. 既然 $\arg\max_v \log(f_{11}(t, v)) \approx \arg\max_v \log(f_{22}(t, v))$, 所以在图 5-6 中仅画出了对于所有的 t, $c_{12}(t, v)$ 在 $v = \arg\max_v \log(f_{11}(t, v))$ 处的值. 在图 5-3 与图 5-6 中, 都标出了后验分割点中出现频率最大的 12 个分割点位置, 即 $t = 628$, 1034, 1306, 1324,

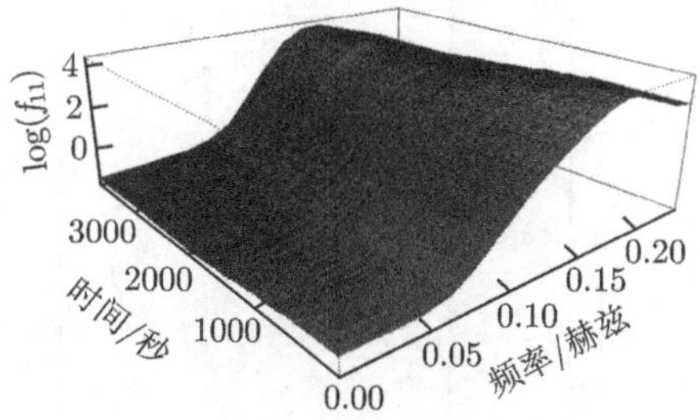

(a) $\log(f_{11}(t, v))$的估计

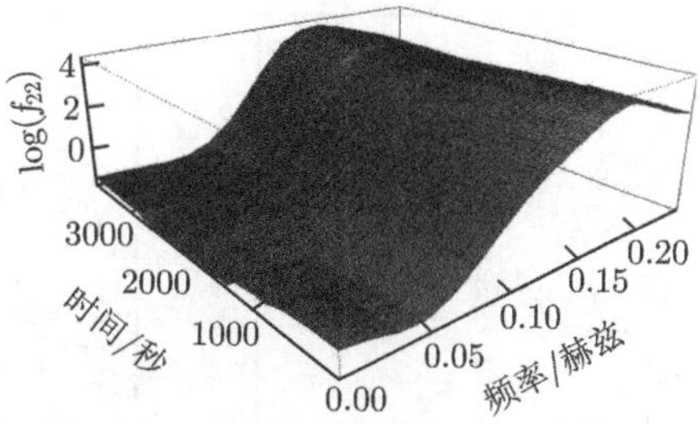

(b) $\log(f_{22}(t, v))$的估计

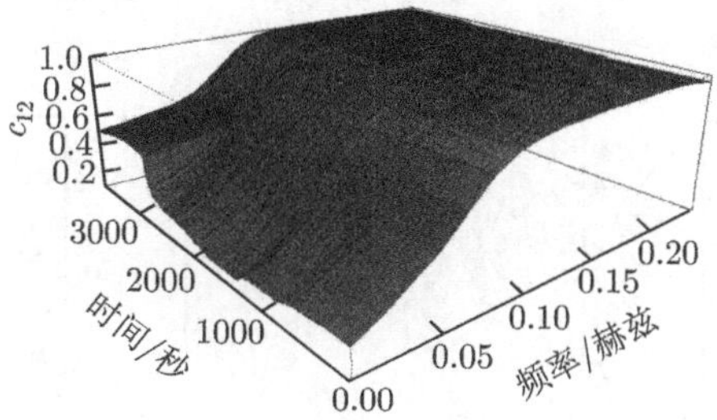

(c) $c_{12}(t, v)$的估计

图 5-4 船体转向实验中纵向振动数据相关时变谱元素时间-频率平面估计图(后附彩图)

1562, 1620, 1796, 2732, 2784, 2792, 2830, 2832 秒处. 随着航行入浪角的改变, 由于海浪对船体的作用方向改变, 故夹板偏离水平方向的角度也改变. 既然海浪对船体的作用改变, 振动数据的谱性质也将改变. 谱性质变化较大的时间点将被反映在后验时间序列分割点处. 在实际航行中, 选择振动能量最小的时间区间内的航行入浪角作为大风浪下实际操作的建议入浪角应是对实验数据进行分析的目标. 因此, 首先选择一时间区间使其中 $\max_v \log(f_{11}(t,v))$ 与 $\max_v \log(f_{22}(t,v))$ 同时较小. 由图 5-6 可见, 这一时间区间为 $[1324, 2732]$. 碰巧的是, 在这一时间区间内, 当时间 t 在 $[1324, 2732]\backslash(1620, 1792)$ 内变化时, 协谱相关函数 $c_{12}(t, v)$(取 $v = \arg\max_v \log(f_{11}(t, v)))$ 的估计几乎没有明显的差别. 当两个边际谱相同时, $c_{12}(t, v)$ 取值较小的时间区间是不被推荐的, 因为在其中突变应力往往较大. 虽然 $c_{12}(t, v)$ 的取值在时间区间 $(1620, 1792)$ 内是较小的, 但 $\max_v \log(f_{11}(t,v))$ 与 $\max_v \log(f_{22}(t,v))$ 也较小. 因此, 我们难于辨别在减小船体疲劳损伤方面, 是时间区间 $(1620, 1792)$ 内的入浪角还是时间区间 $[1324, 2732]\backslash(1620, 1792)$ 内的入浪角更值得推荐. 所以, 在恶劣海况下, 应按照在时间区间 $[1324, 2732]$ 内的入浪角进行航行, 经查阅实验时的航海日志和实验记录, 这时相应的入浪角范围为 $20°$—$60°$.

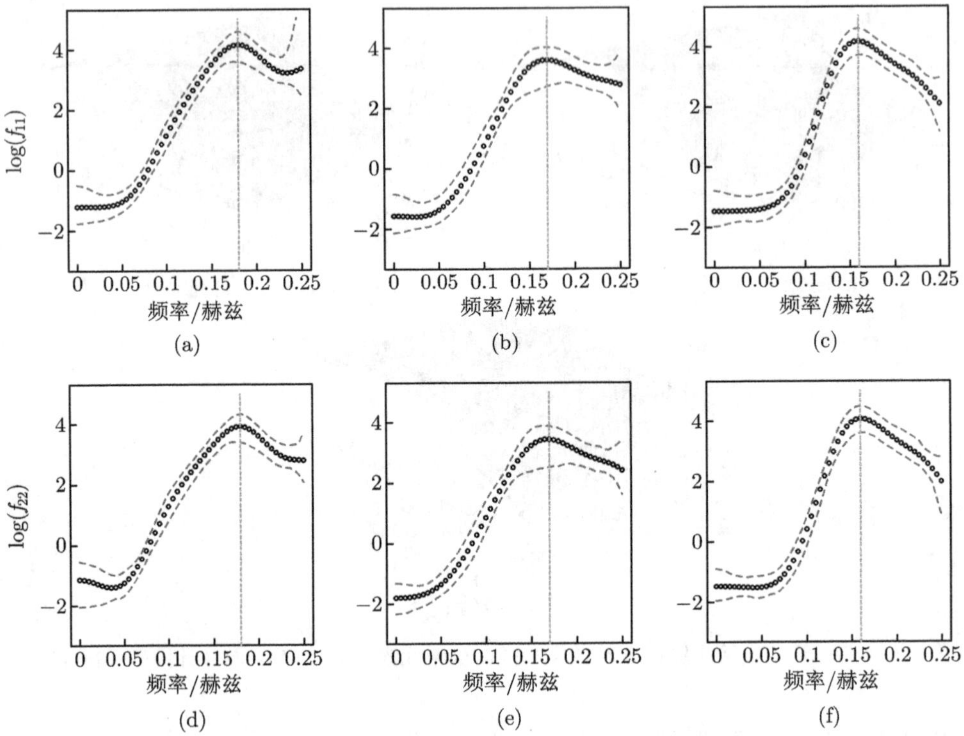

图 5-5　固定时间 t, 谱元素 $\log(f_{11}(t,v))$ 与 $\log(f_{22}(t,v))$ 的贝叶斯估计 (○○○) 及其 95% 贝叶斯可信区间 (- - -). (a)(d): $t=1000$; (b)(e): $t=2000$; (c)(f): $t=3000$. 每张图中, 垂直点线表示谱元素达到其最大值处的频率位置

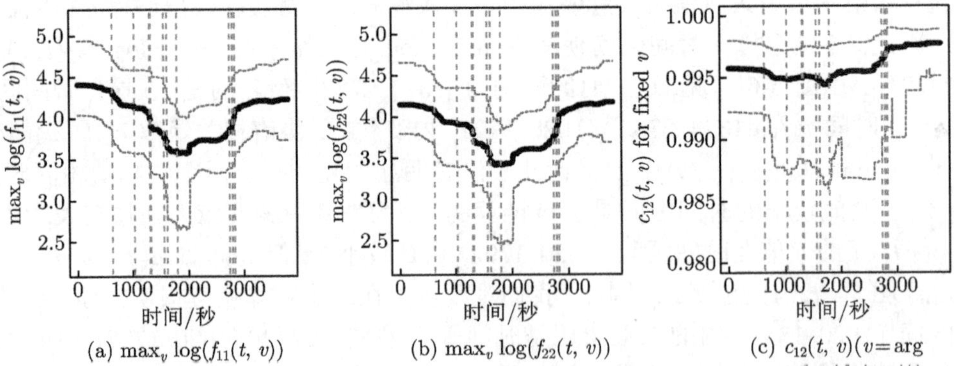

(a) $\max_v \log(f_{11}(t, v))$　　(b) $\max_v \log(f_{22}(t, v))$　　(c) $c_{12}(t, v)(v=\arg\max_v \log(f_{11}(t, v)))$

图 5-6　船体转向实验中纵向振动数据相关时变谱元素的贝叶斯估计 (○○○) 及其 95% 贝叶斯可信区间 (- - -). 垂向点线表示后验分割点中出现频率最大的 12 个分割点位置

5.3 谱一致性检验

多变量时间序列的谱比较在众多领域都有广泛的应用. 自 20 世纪 60 年代以来, 谱比较检验便得到极大关注, 文献 [78] 就是其中的早期尝试. 然而, 现存的关于该问题的相关研究主要针对平稳时间序列. 在很多情况下, 人们并不知道时间序列的平稳与否. 例如, 在研究集装箱船舶振动问题时, 随着船体载荷 (吃水的高低) 与波浪情况 (速度、海况、浪向) 持续改变, 船主梁处波浪驱动的振动产生了非平稳的时间序列. 因此, 研究用于适用于一般时间序列 (不管是平稳的还是非平稳的) 谱比较的新方法具有很强的实际意义, 也是非常重要的.

在过去的数年里, 曾提出过众多用于检验平稳谱是否相等的统计量. 其一是基于周期图的统计量. 文献 [36] 描述了一些用于检验原假设为两独立时间序列是取自同一平稳过程的基于周期图的检验. 文献 [127] 将上述检验扩展到每个过程复制观测可获得的情况. 文献 [49] 使用图形比较周期图并应用 Kolmogorov-Smirnov 或 Cramer-von Mises 类型的检验来分析荷尔蒙数据. 文献 [29] 提出了一种基于规范化周期图的新的时间序列间的距离测度. 文献 [30] 给出了若干插值周期图差异统计量, 用于比较长度不等的时间序列, 其数学性质由文献 [83] 给出. 基于两周期图的对数比, 文献 [85] 给出了一种数据驱动的非参数检验方法用于比较独立或相依的两时间序列. 其二是基于谱密度核估计的一类统计量. 基于估计与原假设下的积分偏差, 文献 [53] 发展了一类用于检验多变量平稳时间序列谱密度矩阵假设的一般非参数方法. 这一方法涵盖相当广的谱分析范围. 继文献 [53] 之后, 文献 [46] 利用一般的自助法近似多变量时间序列非参数频率域检验统计量在零假设下的分布. 文献 [46] 还调查了其方法在比较谱密度中的应用. 基于一 L^2 型检验统计量, 文献 [81] 提出了一种通过应用随机技术计算临界值的检验谱密度相等性的非参数方法. 其三是基于平稳时间序列谱密度矩阵与所有满足零假设的谱密度近似间的最小 L^2 距离的估计而构建的统计量. 利用这类方法, 文献 [45] 仅利用周期图构建了一类非参数检验统计量. 之后, 文献 [47] 发展了这一思想以用于检验局部平稳时间序列是否平稳. 近来, 文献 [48] 提供了一种依赖于两谱密度比值对数的经验小波系数的不等长时间序列的比较方法.

上述用于谱比较的统计量适用于平稳时间序列, 也适用于可通过差分等方法转化为平稳时间序列的非平稳时间序列. 很多时间序列转化为平稳时间序列是困难的, 甚至是不可能的. 文献 [106] 提供了一种用于比较两时变谱的非参数方法. 然而, 其方法基于文献 [131] 的谱密度估计, 而谱密度估计需要光滑参数的具体化. 文献 [183,184] 将平稳谱的谱比较检验问题转化为周期图的比取自 $F(2,2)$ 分布的分布拟合优度检验问题, 分别提出了 Pearson 型检验统计量和 Anderson-Darling

型检验统计量. 并利用分块的思想, 构造了最大值型统计量以检验局部平稳时间序列的谱比较问题. 文献 [183,184] 方法的主要优势在于, 所构造的统计量不依赖于谱的参数或非参数估计, 不需要光滑参数的选择, 既适用于独立时间序列又适用于相依时间序列.

接下来, 将主要介绍不依赖于谱的参数或非参数估计的谱比较检验方法.

5.3.1 基于分布拟合优度检验的平稳谱比较

1. 模型

设 $\{\boldsymbol{X}_t, t\in\mathbb{Z}\}$ 为取值在 $\mathbb{R}^2$ 上的一两变量平稳时间序列, 并具有线性表示形式 (线性过程):

$$\boldsymbol{X}_t=(X_{1,t},X_{2,t})^{\mathrm{T}}=\sum_{n=-\infty}^{\infty}\Psi_n Z_{t-n},\quad \text{其中} \sum_{n=-\infty}^{\infty}\|\Psi_n\||n|^{1/2}<\infty, \tag{5-25}$$

$\{Z_t,t\in\mathbb{Z}\}$ 为一列独立同分布的随机变量序列, 各随机变量均值为 $\mathbf{0}$, 协方差矩阵为 $\boldsymbol{\Sigma}$ 并具有有限的四阶矩.

对于 $\omega\in[-\pi,\pi]$, 二变量平稳时间序列 $\boldsymbol{X}_t$ 的谱密度矩阵由

$$\boldsymbol{f}(\omega)=\big(f_{ij}(\omega)\big)_{2\times 2}=(2\pi)^{-1}\mathcal{A}(\omega)\boldsymbol{\Sigma}\mathcal{A}^*(\omega) \tag{5-26}$$

给出, 其中 $\mathcal{A}(\omega)=(A_{ij}(\omega))_{2\times2}=\sum_{n=-\infty}^{\infty}\Psi_n\mathrm{e}^{-\mathrm{i}n\omega}$ (参见文献 [148, 第 4 章]). 由 (5-26) 可知谱密度矩阵 $\boldsymbol{f}(\omega)$ 关于 ω 连续. 观测序列 $\{\boldsymbol{X}_t, t=1,\cdots,T\}$ 的离散 Fourier 变换为

$$\boldsymbol{y}_T(\omega_k)=\frac{1}{\sqrt{2\pi T}}\sum_{t=1}^{T}\boldsymbol{X}_t\mathrm{e}^{\mathrm{i}\omega_k t},$$

其中 $\omega_k=2\pi k/T$, $k=0,1,\cdots,[T/2]$. 现将 $\boldsymbol{y}_T(\cdot)$ 的定义按照 (3-1) 扩展到区间 $[-\pi,\pi]$ 上的分段常值函数:

$$\boldsymbol{y}_T(\omega)=\begin{cases}\boldsymbol{y}_T(\omega_k), & \omega_k-\pi/T<\omega\leqslant\omega_k+\pi/T \text{ 且} 0\leqslant\omega\leqslant\pi,\\ \boldsymbol{y}_T(-\omega), & \omega\in[-\pi,0).\end{cases} \tag{5-27}$$

对任意的频率 $\omega\in[-\pi,\pi]$, 定义周期图

$$\boldsymbol{I}_T(\omega)=\big(I_{T,ij}(\omega)\big)_{2\times2}=\boldsymbol{y}_T(\omega)\boldsymbol{y}_T^*(\omega).$$

则该周期图也是区间 $[-\pi,\pi]$ 上的分段常值函数, 这一周期图的分段常值推广方式与文献 [58] 中的一致.

2. 检验问题与统计量

现考虑检验原假设

$$H_0:\ f_{11}(\omega) = f_{22}(\omega), \quad \omega \in (0,\pi). \tag{5-28}$$

检验统计量的构造思想源于独立时间序列的周期图性质. 对于每个 $i = 1,2$, 若 $f_{ii}(\omega) > 0$ 对所有的 $\omega \in (0,\pi)$ 都成立, 则当 $T \to \infty$ 时, 随机向量 $\left(2I_{T,ii}(\omega_1)/f_{ii}(\omega_1), \cdots, 2I_{T,ii}(\omega_m)/f_{ii}(\omega_m)\right)^{\mathrm{T}}$ 依分布收敛到独立同分布的 $\chi^2(2)$ 分布随机变量, $0 < \omega_1 < \cdots < \omega_m < \pi$, 其中 $\chi^2(2)$ 表示自由度为 2 的卡方分布 (参见文献 [26, 定理 10.3.2]).

当时间序列 $\boldsymbol{X}_t$ 的两元素 ($X_{1,t}$ 与 $X_{2,t}$) 相互独立时, $\{2I_{T,11}(\omega)/f_{11}(\omega), \omega \in (0,\pi)\}$ 与 $\{2I_{T,22}(\omega)/f_{22}(\omega), \omega \in (0,\pi)\}$ 亦相互独立. 于是对于原假设 (5-28) 的检验转化为拟合优度检验:

$$\frac{I_{T,11}(\omega_l)}{I_{T,22}(\omega_l)},\ l = 1,\cdots,m, \quad \text{取自总体为}F(2,2)\text{的分布}.$$

然而, 在两变量时间序列元素间的独立性未知的情况下, $2I_{T,11}(\omega)/f_{11}(\omega)$ 与 $2I_{T,22}(\omega)/f_{22}(\omega)$ 的独立性也是不成立的. 既然对于不同的 ω_l, 离散 Fourier 变换序列 $\{\boldsymbol{y}_T(\omega_l), l = 1,\cdots,m\}$ 是渐近独立的, 时间序列 $\boldsymbol{X}_t$ 两元素在不同频率处的周期图也应当是渐近独立的, 不管时间序列两分量间的独立性成立与否 (参见文献 [183, 引理 2.1]). 这一结论具体如下.

引理 5.1 假设对所有的 $\omega \in (0,\pi)$, 谱密度矩阵 $\boldsymbol{f}(\omega)$ 的每个对角线元素都取正. 若 $0 < \ell_1 < \ell_1' < \ell_2 < \ell_2' < \cdots < \ell_K < \ell_K' < \pi$, 则当 $T \to \infty$ 时, 随机向量

$$\left(\frac{2I_{T,11}(\ell_1)}{f_{11}(\ell_1)}, \frac{2I_{T,22}(\ell_1')}{f_{22}(\ell_1')}, \frac{2I_{T,11}(\ell_2)}{f_{11}(\ell_2)}, \frac{2I_{T,22}(\ell_2')}{f_{22}(\ell_2')}, \cdots, \frac{2I_{T,11}(\ell_K)}{f_{11}(\ell_K)}, \frac{2I_{T,22}(\ell_K')}{f_{22}(\ell_K')}\right)^{\mathrm{T}} \tag{5-29}$$

依分布收敛到由独立同分布 $\chi^2(2)$ 随机变量构成的随机向量.

若在 $(0,\pi)$ 内两谱密度是连续的且 L 取值较大, 则周期图 $I_{T,11}\left(\frac{l-1/2}{L}\pi\right)$ 与 $I_{T,22}\left(\frac{l}{L}\pi\right)$ 被期望用于估计谱密度 $f_{11}(\cdot)$ 与 $f_{22}(\cdot)$ 在同一频率点处的值. 由引理 5.1, 在原假设 (5-28) 下, 对于较大的 L, 当 T 趋于无穷大时, 周期图比值序列

$$I_{T,11}\left(\frac{l-1/2}{L}\pi\right) \Big/ I_{T,22}\left(\frac{l}{L}\pi\right), \quad l = 1,\cdots,L-1$$

被期望取自独立同分布的 $F(2,2)$ 分布. 现对原假设 (5-28) 的检验被转化为拟合

优度检验

$$\frac{I_{T,11}\left(\dfrac{l-1/2}{L}\pi\right)}{I_{T,22}\left(\dfrac{l}{L}\pi\right)},\ l=1,\cdots,L-1,\quad \text{取自总体为 } F(2,2) \text{ 的分布}. \tag{5-30}$$

基于将谱比较转化为分布拟合优度检验的这一思想, 文献 [183] 提出了具有卡方极限分布的 Pearson 型统计量用于检验假设 (5-28).

对于每个整数 $L>1$ 及每个 $i=1,\cdots,q$, 定义

$$U_{T,L,i}=\sum_{l=1}^{L-1}\mathbb{I}_{\mathcal{X}_i}\left(\frac{I_{T,11}\left(\dfrac{l-1/2}{L}\pi\right)}{I_{T,22}\left(\dfrac{l}{L}\pi\right)}\right), \tag{5-31}$$

其中 $\mathbb{I}_{\mathcal{X}_i}(x)$ 为示性函数, 其当 $x\in\mathcal{X}_i$ 时取值为 1, 其他情况取值为 0. 令

$$U_{T,L}=(U_{T,L,1},\cdots,U_{T,L,q})^{\mathrm{T}}.$$

在原假设 (5-28) 下, $U_{T,L}$ 近似服从参数为 $L-1$ 与 $\boldsymbol{p}$ 的多项分布 (实际上是 q 项分布), 其中 $\boldsymbol{p}=(p_1,\cdots,p_q)^{\mathrm{T}}$, $p_i=\mathbf{P}(X\in\mathcal{X}_i)$, $X\sim F(2,2)$. 众所周知, 对假设 (5-30) 的检验可以通过验证 $U_{T,L}$ 是否服从具有概率向量 $\boldsymbol{p}$ 的 q 项分布来实现. 因此, 文献 [183] 推荐的检验统计量具有与 Pearson 卡方统计量 (参见文献 [125]) 相同的形式, 即

$$V_{T,L}=\sum_{i=1}^{q}\frac{(U_{T,L,i}-(L-1)p_i)^2}{(L-1)p_i}, \tag{5-32}$$

其中 $U_{T,L,i}$ 由 (5-31) 定义, $p_i=\mathbf{P}(X\in\mathcal{X}_i)$, $X\sim F(2,2)$.

Pearson 统计量具有卡方极限分布, 这一点在应用中较为方便. 但它依赖于样本空间的划分, 不同的划分方法可能造成检验结论的不同. 实际上, 文献 [3] 提供了通过刻画分布函数与其经验版本间的距离而构造的用于拟合优度检验的一大类准则是不依赖于样本空间的划分的. 在这其中, Anderson-Darling 统计量就是一类非常好的待选检验统计量, 它在检验样本取自 $F(2,2)$ 分布时具有很大的优势 (见注 5.1).

鉴于统计量 (5-14) 的优良性质, 文献 [184] 提出了 Anderson-Darling 型统计量

$$\hat{A}_{T,L}=(L-1)\int_0^{\infty}\frac{(\hat{F}_{T,L}(x)-F(x))^2}{F(x)(1-F(x))}\,\mathrm{d}F(x), \tag{5-33}$$

用于比较两个时间不变的谱密度, 即检验 (5-30), 其中 $L>1$ 为一整数,

$$\hat{F}_{T,L}(x)=\frac{1}{L-1}\sum_{l=1}^{L-1}\mathbb{I}_{(0,x]}\left(\frac{I_{T,11}\left(\dfrac{l-1/2}{L}\pi\right)}{I_{T,22}\left(\dfrac{l}{L}\pi\right)}\right), \tag{5-34}$$

$F(x)=\dfrac{x}{1+x}\mathbb{I}_{(0,\infty)}(x)$.

3. 原假设下的抽样分布

为了得到在原假设 (5-28) 下统计量 $V_{T,L}$ 与 $\hat{A}_{T,L}$ 的渐近分布, L 需要依合适的速度趋于无穷大. 确切地讲, 我们需要下面的条件.

假设 5.4 当 $T\to\infty$ 时, $T=O(L^2)$, $L\log T/T\to 0$ (为记号清楚起见, 这里省略了 L 对 T 的相依性表示).

在原假设下, $V_{T,L}$ 的 $\chi^2(q-1)$ 极限分布的具体结论见定理 5.3, 详细的证明参见文献 [183].

定理 5.3 假设 $f_{ii}(\omega)$, $i=1,2$ 有大于 0 的下界, 且为 Lipschitz 连续的函数, 即 $f_{ii}(\omega)\geqslant\delta>0$ 对所有的 $\omega\in(0,\pi)$ 与 $i=1,2$ 都成立, 且当 $\omega_1\neq\omega_2$ 时, $|f_{ii}(\omega_1)-f_{ii}(\omega_2)|\leqslant C|\omega_1-\omega_2|$, $i=1,2$. 则在假设 5.4 的条件下, 若原假设 (5-28) 成立, 有 $V_{T,L}\rightsquigarrow\chi^2(q-1)$.

对于统计量 $\hat{A}_{T,L}$, 其原假设下的极限分布由定理 5.4 给出, 详细证明参见文献 [184].

定理 5.4 在与定理 5.3 完全相同的条件下, 有

$$\hat{A}_{T,L}\rightsquigarrow\int_0^1\frac{B_0^2(t)}{t(1-t)}\,\mathrm{d}t, \tag{5-35}$$

其中 $B_0(t)$ 为定义在 $[0,1]$ 上的标准布朗桥.

注 5.2 在原假设下, 谱密度的 Lipschitz 连续性条件保证当 L 趋于无穷大时, 周期图 $I_{T,11}\left(\dfrac{l-1/2}{L}\pi\right)$ 与 $I_{T,22}\left(\dfrac{l}{L}\pi\right)$ 本质上估计同一个谱密度值.

注 5.3 既然周期图定义为分段常值函数, 并且其值仅在频率点 $\omega_k=2\pi k/T$ $(k=0,1,\cdots,[T/2])$ 处发生变化, 所以对于小的样本容量 T, L 应当取得满足 $L\leqslant[T/4]$. 例如, 虽然取 $L=[T^{3/4}]$ 满足假设 5.4, 但当 $T=100$ 时, $[T^{3/4}]=31$ 超过了 $[T/4]=25$. 因此, 当 $T=100$ 时, $L=[T^{3/4}]$ 不是一个合理的选择, 其应当取为一个不超过 $[T/4]=25$ 的整数.

由定理 5.3, 统计量 (5-32) 可用于检验原假设 (5-28). 假设事先确定的显著性水平为 α $(0<\alpha<1)$. 则若

$$V_{T,L}>\chi^2_{1-\alpha}(q-1), \tag{5-36}$$

应当拒绝原假设 (5-28), 其中 $\chi^2_{1-\alpha}(q-1)$ 表示自由度为 $q-1$ 的卡方分布的 $1-\alpha$ 分位点. 在原假设下, 当 T 趋于无穷大时, 检验 (5-36) 的拒绝概率收敛到 α.

由定理 5.4, 统计量 (5-33) 也可用于检验原假设 (5-28). 给定显著性水平为 α $(0<\alpha<1)$, 当

$$\hat{A}_{T,L} > a_{1-\alpha} \tag{5-37}$$

时拒绝原假设 (5-28), 其中 $a_{1-\alpha}$ 表示当样本容量趋于无穷大时 A-D 检验统计量分布的 $1-\alpha$ 分位点. 在原假设下, 当 T 趋于无穷大时, 检验 (5-37) 的拒绝概率也收敛到 α. A-D 统计量原假设下的分布函数可以通过文献 [108] 提供的算法进行计算, 相应的分位点可以通过解方程得到. 计算的相应函数可以在 R 软件包 `goftest` (参见文献 [55]) 中找到.

4. 调节参数的选择

首先讨论样本空间划分的选择. 既然在式 (5-32) 中, $p_i = \mathbf{P}(X \in \mathcal{X}_i)$, $X \sim F(2,2)$, 选择使 $p_1 = p_2 = \cdots = p_q = 1/q$ 成立的样本空间划分策略是方便的, 即取

$$\mathcal{X}_i = \left(\frac{i-1}{q-i+1}, \frac{i}{q-i}\right], \ i=1,\cdots,q-1, \quad \mathcal{X}_q = (q-1,\infty), \tag{5-38}$$

其中 $i/(q-i)$ 为 $F(2,2)$ 分布的 i/q-分位数, $i=1,\cdots,q-1$.

对于 Pearson 统计量, 关于 q 的选择, 经常选为使得划分后的样本空间满足 $np_i \geqslant 5$, 其中 n 为样本容量, $p_i = \mathbf{P}(X \in \mathcal{X}_i)$. 在 (5-32) 中, $L-1$ 可视为样本容量. 因此, $(L-1)/q \geqslant 5$, 即 $q \leqslant (L-1)/5$. 理论上, 在检验 (5-36) 中, 可选满足 $q \leqslant (L-1)/5$ 的任意 q. 实践中, 建议取 $q=3$ 时的划分方案 (5-38), 因为这一划分不仅方便, 并且模拟发现这种情况下检验具有较高的势.

接着讨论 L 的选择. 对于小样本的情况, 在检验 (5-36) 与 (5-37) 中, L 应当取得满足 $16 \leqslant L \leqslant [T/4]$, 其中下界 16 是通过不等式 $(L-1)p_i \geqslant 5$ 确定的. 这样, $T \geqslant 64$ 也是必要的.

5.3.2 时变谱的比较

1. 模型

设 $\{\boldsymbol{X}_{t,T}, t=1,\cdots,T\}$ $(T\in\mathbb{N})$ 为一个两变量局部平稳时间序列, 其中每个观测值 $\boldsymbol{X}_{t,T}$ 都具有形如

$$\boldsymbol{X}_{t,T} = \sum_{n=-\infty}^{\infty} \Psi_{t,T,n} Z_{t-n}, \quad t=1,\cdots,T \tag{5-39}$$

的线性表示, 其中 $\{Z_t, t \in \mathbb{Z}\}$ 为一列独立同分布的随机变量, 每个随机变量均值为 $\mathbf{0}$, 协方差矩阵为 Σ 并具有有限的四阶矩. 进一步假设系数 $\{\Psi_{t,T,n}\}$ 在时间 t/T 的一邻域内的性质与某些光滑函数类似. 因此我们不仅采用一般的假设 $\sum_{n=-\infty}^{\infty}\|\Psi_{t,T,n}\| < \infty$, 并且额外的假定存在一矩阵值函数 $\Psi_n : [0,1] \to \mathbb{R}^{2\times 2}$ 和一常数 C 满足

$$\sum_{n=-\infty}^{\infty} \sup_{t=1,\cdots,T} \|\Psi_{t,T,n} - \Psi_n(t/T)\| \leqslant C\frac{1}{T}. \tag{5-40}$$

进一步假设

$$\sum_{n=-\infty}^{\infty} \sup_{u\in[0,1]} \|\Psi_n(u)\||n|^{1/2} < \infty, \tag{5-41}$$

Ψ_n 的每个元素都是 u 的连续可微函数,

$$\sum_{n=-\infty}^{\infty} \sup_{i,j} \sup_{u\in[0,1]} |\mathrm{d}\Psi_n^{(i,j)}(u)/\mathrm{d}u| < \infty. \tag{5-42}$$

局部平稳过程 $\{\boldsymbol{X}_{t,T}\}$ 的时变谱密度由辅助函数 Ψ_n 加以定义 (参见文献 [47]), 具体为

$$\boldsymbol{f}(u,\omega) = (f_{ij}(u,\omega))_{2\times 2} = (2\pi)^{-1}\mathcal{A}(u,\omega)\Sigma\mathcal{A}^*(u,\omega), \quad u \in [0,1], \quad \omega \in [-\pi,\pi], \tag{5-43}$$

其中 $\mathcal{A}(u,\omega) = \sum_{n=-\infty}^{\infty} \Psi_n(u)\mathrm{e}^{-\mathrm{i}n\omega}$.

假设条件 (5-40) 与 (5-41) 确保了由 (5-39) 定义的过程时变谱密度函数 (5-43) 的存在性. 假设条件 (5-41) 也是 (5-25) 中系数条件在局部平稳过程中的对应物. 函数 Ψ_n 关于 u 的光滑性保证过程在局部表现出平稳性特征. 假设条件 (5-42) 是统计量渐近分布定理证明过程中的技术性条件. 以上给定的条件是较为温和的, 因为随时间变化的 ARMA(p,q) 模型都是满足的. 在这些条件下, 谱密度 $\boldsymbol{f}(u,\omega)$ 是唯一的 (参见文献 [38] 中的第 2 部分).

注 5.4 模型 (5-39) 为文献 [47] 中的模型向多变量情况下的扩展. 模型 (5-39) 的主要缺点在于其谱密度必须通过近似序列 Ψ_n 来定义 (参见文献 [47, 注 3]).

不失一般性, 假定样本容量 T 可以分解为 $T = MB$, 其中 B 是一整数, M 是一偶数. 下将整个的观测数据分为 B 块, 每块含 M 个观测值, 从这些分块数据可以定义局部周期图. 具体地, 设

$$\boldsymbol{I}_M(u,\omega_k) := (I_{M,ij}(u,\omega_k))_{2\times 2} = \boldsymbol{y}_M(u,\omega_k)\boldsymbol{y}_M^*(u,\omega_k) \tag{5-44}$$

为由 M 个观测数据计算所得的 u 附近的周期图, 也就是设定

$$\boldsymbol{y}_M(u,\omega_k) = \frac{1}{\sqrt{2\pi M}} \sum_{s=1}^{M} \boldsymbol{X}_{[uT]-M/2+s,T}\mathrm{e}^{\mathrm{i}\omega_k s}, \tag{5-45}$$

其中当 $t \notin \{1, \cdots, T\}$ 时, $\boldsymbol{X}_{t,T} = \mathbf{0}$(参见文献 [39]), $\omega_k = 2\pi k/M$, $k = 0, 1, \cdots, [M/2]$. 对于每个 u, 仍按式 (5-27) 中的方法将 $\boldsymbol{y}_M(u, \cdot)$ 的定义扩充到 $[0,1] \times [-\pi, \pi]$ 上的分段常值函数. 相应地, 式 (5-44) 中周期图 $\boldsymbol{I}_M(\cdot, \cdot)$ 的定义也扩充到 $[0,1] \times [-\pi, \pi]$ 上.

2. 检验问题与统计量

考虑检验问题

$$H_0: \ f_{11}(u, \omega) = f_{22}(u, \omega), \quad \omega \in (0, \pi), \quad u \in [0, 1]. \tag{5-46}$$

用记号 $u_k = \dfrac{(k-1)M + M/2}{T}$ $(k = 1, \cdots, B)$ 表示每一块观测的中点. 对于每个整数 $L > 1$, $k = 1, \cdots, B$ 与 $i = 1, \cdots, q$, 定义

$$U_{M,L,i}^{(k)} = \sum_{l=1}^{L-1} \mathbb{I}_{\mathcal{X}_i} \left(\frac{I_{M,11}\left(u_k, \dfrac{l-1/2}{L}\pi\right)}{I_{M,22}\left(u_k, \dfrac{l}{L}\pi\right)} \right). \tag{5-47}$$

令

$$V_{M,L}^{(k)} = \sum_{i=1}^{q} \frac{(U_{M,L,i}^{(k)} - (L-1)p_i)^2}{(L-1)p_i}, \tag{5-48}$$

其中 $U_{M,L,i}^{(k)}$ 由 (5-47) 定义, p_i 在 (5-32) 中定义. 在第 k-块观测中, 我们用 (5-48) 比较两个局部谱密度. 自然地, 当至少一个 $V_{M,L}^{(k)}(k = 1, \cdots, B)$ 超过事先设定的门限值时, 我们应当拒绝原假设 (5-46). 因此, 为了检验原假设 (5-46), 文献 [183] 建议采用局部 Pearson 统计量的最大值

$$W_{B,M,L} = \max_{k=1,\cdots,B} \{V_{M,L}^{(k)}\} \tag{5-49}$$

作为检验统计量.

对每个整数 $L > 1$, 定义

$$\hat{F}_{M,L}^{(k)}(x) = \frac{1}{L-1} \sum_{l=1}^{L-1} \mathbb{I}_{(0,x]} \left(\frac{I_{M,11}\left(u_k, \dfrac{l-1/2}{L}\pi\right)}{I_{M,22}\left(u_k, \dfrac{l}{L}\pi\right)} \right). \tag{5-50}$$

令

$$\hat{A}_{M,L}^{(k)} = (L-1) \int_0^{\infty} \frac{(\hat{F}_{M,L}^{(k)}(x) - F(x))^2}{F(x)(1 - F(x))} \,\mathrm{d}F(x), \tag{5-51}$$

其中 $\hat{F}^{(k)}_{M,L}(x)$ 由 (5-50) 定义, $F(x)$ 在 (5-34) 中定义. 在第 k-块观测中, 用 (5-51) 比较两个局部谱密度. 直观上, 当至少有一个 $\hat{A}^{(k)}_{M,L}(k=1,\cdots,B)$ 超过事先设定的门限值时, 应当拒绝原假设 (5-46). 因此, 文献 [184] 建议采用局部 A-D 统计量的最大值

$$M_{B,M,L} = \max_{k=1,\cdots,B}\{\hat{A}^{(k)}_{M,L}\} \tag{5-52}$$

作为检验原假设 (5-46) 的检验统计量.

3. *原假设下的抽样分布*

为研究原假设下统计量 $W_{B,M,L}$ 与 $M_{B,M,L}$ 的渐近行为, 需要如下条件.

假设 5.5 当 $T\to\infty$ 时, $M\to\infty$, $M^2=O(T)$, $M=O(L^2)$, $L\log M/M\to 0$ (为记号明晰起见, 这里省略了 L 与 M 对样本量 T 的依赖关系).

在假设 5.5 中, $M^2=O(T)$ 暗含着 $B\to\infty$.

在原假设和一些温和的条件下, 所有的局部 Pearson 统计量 $V^{(k)}_{M,L}$ $(k=1,\cdots,B)$ 应该收敛到 $\chi^2(q-1)$ 分布, 因此统计量 (5-49) 的渐近行为应该像独立 $\chi^2(q-1)$ 分布随机变量最大者的分布. 确切地, 文献 [183] 给出了如下的定理 (证明见文献 [183]).

定理 5.5 假定局部平稳的时间序列 $\{\boldsymbol{X}_{t,T}, t=1,\cdots,T\}$ $(T\in\mathbb{N})$ 满足条件 (5-40)—(5-42), 时变谱密度 $\boldsymbol{f}(u,\omega)$ 对于所有的 $(u,\omega)\in[0,1]\times(0,\pi)$ 存在大于 0 的下界, 并且 $f_{11}(u,\omega)$ 与 $f_{22}(u,\omega)$ 关于 ω 对 $u\in[0,1]$ 是 Lipschitz 连续的, 即存在独立于 u 和 ω 的常数 C, 使得对任意的 $\omega_1\neq\omega_2$, $|f_{ii}(u,\omega_1)-f_{ii}(u,\omega_2)|\leqslant C|\omega_1-\omega_2|$ 恒成立, $i=1,2$. 则当假设 5.5 的条件满足时, 若原假设 (5-46) 成立, 有

$$W_{B,M,L} = \max_{k=1,\cdots,B}\{\breve{V}^{(k)}_{M,L}\} + o_p\left(\frac{\sqrt{L\log M}}{\sqrt{M}}\right), \tag{5-53}$$

其中, 对每个固定的 B, $\breve{V}^{(k)}_{T,L}$, $k=1,\cdots,B$ 是独立同分布的随机变量序列. 进一步, 对每个固定的 k, 当 $T\to\infty$ 时, $\breve{V}^{(k)}_{T,L}\rightsquigarrow\chi^2(q-1)$.

若施加比假设 5.5 更强的条件, 还可得到 $W_{B,M,L}$ 正则化统计量的渐近分布. 这些更强的条件和结论如下.

假设 5.6 当 $T\to\infty$ 时, $M\to\infty$, $M^2=O(T)$, $M=O(L^2)$, $B/L^2\to 0$, $(\log B)^{q-1}L\log M/M\to 0$ (为记号明晰起见, 这里省略了 B, L 与 M 对样本量 T 的依赖关系).

推论 5.3 假设定理 5.5 的条件满足. 则在假设 5.6 的条件下, 若原假设 (5-46) 成立, 有

$$B(1-F(W_{B,M,L}))\rightsquigarrow\mathcal{E}(1), \tag{5-54}$$

其中 $F(x)$ 是 $\chi^2(q-1)$ 分布的分布函数, $\mathcal{E}(\theta)$ 表示均值为 θ 的指数分布.

证明参见文献 [183] 补充材料的 S.4.4 部分.

注 5.5　在原假设下, 即使当 B 趋于无穷大时 B 个随机变量的最大值统计量 $W_{B,M,L}$ 趋于无穷大, 但在假设 5.6 成立时, 该最大值统计量也可以规范化至收敛到标准的指数分布. 既然 $W_{B,M,L}$ 是通过最大化局部 Pearson 统计量 $V_{M,L}^{(k)}(k=1,\cdots,B)$ 来得到的, 在备择假设下 $B(1-F(W_{B,M,L}))$ 分布的尾部将比指数分布厚. 因此, 当 B 趋于无穷大时, 可以辨别出备择假设和原假设下的差别.

文献 [183] 建议采用统计量 (5-49) 检验原假设 (5-46). 根据定理 5.5, 我们有 $W_{B,M,L}$ 的分布函数近似的与随机变量 $\max_{k=1,\cdots,B}\{\chi_k^2\}$ 的相同, 其中 $\chi_k^2, k=1,\cdots,B$ 为具有相同的 $\chi^2(q-1)$ 分布的独立同分布的随机变量序列. 对于一事先给定的显著性水平 α $(0<\alpha<1)$, 当

$$W_{B,M,L}>\kappa_{1-\alpha}(q-1,B) \tag{5-55}$$

时应拒绝原假设 (5-46), 其中 $\kappa_{1-\alpha}(q-1,B)$ 表示 $\max_{k=1,\cdots,B}\{\chi_k^2\}$ 分布的 $1-\alpha$ 分位点. 在原假设下, 检验 (5-55) 的拒绝概率近似为 α.

对于一般的 q, 因为 $\kappa_{1-\alpha}(q-1,B)$ 没有闭形式 (closed-form), 检验 (5-55) 用起来不见得容易. 计算中可将 $\kappa_{1-\alpha}(q-1,B)$ 用经验 $1-\alpha$ 分位数来代替, 经验分位数可以通过产生随机变量 $\max_{k=1,\cdots,B}\{\chi_k^2\}$ 的随机数利用它们形成的经验分布来求得. 当 $q=3$ 时, 随机变量 $\max_{k=1,\cdots,B}\{\chi_k^2\}$ 的分布函数为 $F_B(x)=(1-\mathrm{e}^{-x/2})^B$, 分位数为

$$\kappa_{1-\alpha}(2,B)=-2\log(1-(1-\alpha)^{1/B}). \tag{5-56}$$

既然自由度为 2 的卡方分布实际上是均值为 2 的指数分布, 因此若取 $q=3$, 分位数具有闭形式 (5-56), 检验 (5-55) 的应用非常方便.

文献 [184] 给出的统计量 $M_{B,M,L}$ 的渐近行为如下.

定理 5.6　在与定理 5.5完全相同的条件下, 有

$$M_{B,M,L}=\max_{k=1,\cdots,B}\{\breve{A}_{M,L}^{(k)}\}+o_p\left(\frac{\sqrt{L\log M}}{\sqrt{M}}\right), \tag{5-57}$$

其中对固定的 B, $\breve{A}_{M,L}^{(k)}$, $k=1,\cdots,B$ 是独立同分布的随机变量. 并且, 对于每个固定的 k, 当 T 趋于无穷时, $\breve{A}_{M,L}^{(k)}\rightsquigarrow\displaystyle\int_0^1\frac{B_0^2(t)}{t(1-t)}\,\mathrm{d}t$.

文献 [184] 推荐用统计量 (5-52) 检验原假设 (5-46). 根据定理 5.6, 统计量 $M_{B,M,L}$ 的分布函数近似地等于随机变量 $\max_{k=1,\cdots,B}\{A_k\}$ 的分布函数, 其中 $A_k\overset{d}{=}\displaystyle\int_0^1\frac{B_0^2(t)}{t(1-t)}\,\mathrm{d}t$, $k=1,\cdots,B$ 是独立同分布的随机变量序列. 随机变

量 $\max_{k=1,\cdots,B}\{A_k\}$ 的分布函数为 $F_M(x) = F_A(x)^B$, 其中 $F_A(x)$ 是随机变量 $\int_0^1 \frac{B_0^2(t)}{t(1-t)}\mathrm{d}t$ 的分布函数. 对于事先设定的显著性水平 α $(0<\alpha<1)$, 当

$$M_{B,M,L} > \kappa_{1-\alpha}(B) \tag{5-58}$$

满足时拒绝原假设 (5-46), 其中 $\kappa_{1-\alpha}(B)$ 表示随机变量 $\max_{k=1,\cdots,B}\{A_k\}$ 分布的 $1-\alpha$ 分位点. 在原假设下, 检验 (5-58) 的拒绝概率近似为 α.

既然 $\kappa_{1-\alpha}(B)$ 可以非常容易地通过解方程 $F_A(x)^B = 1-\alpha$ 得到, 检验 (5-58) 在应用中是非常方便的.

注 5.6 当 M 较小时, 实践中取 L 满足 $16 \leqslant L \leqslant [M/4]$, 其中下界 16 是通过不等式 $(L-1)p_i \geqslant 5$ 确定的. 这样, $M \geqslant 64$ 也是必要的. 既然当 $\Psi_{t,T,n}$ 与 t 和 T 都无关时, 模型 (5-25) 退化为模型 (5-39), 故检验 (5-55) 与 (5-58) 也可用于比较时间不变的谱密度.

5.3.3 谱比较与航行风险探测

涌浪会抨击船体, 进而致使船体受到突变应力的作用. 船体由此引起的疲劳损伤可以通过船体不同部位振动的协调性加以刻画. 了解船体不同部位振动的协调一致性除了估计多变量振动时间序列的谱之外还可以通过探测不同边际谱的一致性来完成.

例 5.2 (例 5.1续) 为了利用谱比较检验对航行中的船体进行风险探测, 现对例 5.1 中两个时段船体纵向角度数据进行谱比较检验分析. 由于海况及船舶前进方向的不断变化, 每个时间序列的谱密度可能会随时间变化. 根据例 5.1 的检验结论, 2009 年 12 月 7 日的振动序列是平稳的, 而 2009 年 12 月 13 日的振动序列是非平稳的. 对于 2009 年 12 月 7 日的振动序列, 考虑通过 (5-36) 与 (5-37) 检验原假设 (5-28). 对于 2009 年 12 月 13 日的振动序列, 考虑通过 (5-55) 与 (5-58) 检验原假设 (5-46). 在利用 (5-55) 进行检验时, 样本空间的划分采用 (5-38) 的方式, 取 $q=3$, $L=\min\{[M/4],[M^{3/4}]\}$. 在利用 (5-58) 进行检验时, 也取 $L=\min\{[M/4],[M^{3/4}]\}$. 根据航海专家的建议, 在实际情况下 10—15 分钟之内的海况可以认为是近似不变的. 因此对于 2009 年 12 月 13 日的振动序列考虑 $B=4,5,6$ 三种观测序列的分块方式. 相应地, 每块的历时时间长为 15, 12 与 10 分钟.

表 5-2 给出了基于 2009 年 12 月 7 日与 13 日的观测数据算得的各个检验统计量的观测值及检验的 p-值. 正如从表 5-2 中看到的, 利用 2009 年 12 月 7 日的振动数据所算得的检验 (5-36) 与 (5-37) 的 p-值都较大. 如果事先设定的显著性水平不超过 0.10, 我们就不能拒绝原假设 (5-28). 因为在这一时段海况是温和的, 所以这一检验结论也是合理的. 然而, 对于每个 $B=4,5,6$, 利用 2009 年 12 月

13 日的振动数据所算得的检验 (5-55) 与 (5-58) 的 p-值都是小于 0.10 的. 如果事先设定的显著性水平不超过 0.10(或甚至更小的 0.05), 原假设 (5-46) 应当被拒绝. 这是因为在 2009 年 12 月 13 日 6:00–7:00 这一时段海况是恶劣的. 根据这些分析结论, 这时应当调整航速或入浪角以减小波浪对船体的疲劳损伤. 例如, 可以参照 5.2.5 小节的分析结论来选择恶劣海况下的入浪角来进行航行. 从表 5-2 也可以看出, 检验 (5-58) 比 (5-55) 的势更大 (参见文献 [184] 中的第 4 部分).

表 5-2　基于纵向振动数据对时变谱的一致性进行检验的检验统计值和 p-值

2009 年 12 月 7 日的时间序列		2009 年 12 月 13 日的时间序列		
$V_{T,L}$	p-值	B	$W_{B,M,L}$	p-值
3.171	0.205	4	9.188	0.040
		5	10.881	0.021
		6	8.891	0.068
$\hat{A}_{T,L}$	p-值	B	$M_{B,M,L}$	p-值
1.630	0.148	4	11.408	0.000
		5	5.464	0.009
		6	6.981	0.002

5.4　本章小结

5.1 节主要介绍了三种二阶平稳性检验的方法, 这些检验方法有一个共同的特点: 检验统计量不依赖于光滑参数的选择, 使用较为方便. 但是, 相较于基于积分局部周期图的 L^2 检验与 Kolmogorov-Smirnov 型检验, 基于最大化 Anderson-Darling 统计量的检验在进行二阶平稳性检验时还是有其优势的. 比如, 相较于基于积分局部周期图的 L^2 检验, 它将犯第 I 类错误的概率控制得更接近于事先设定的显著性水平; 而相较于 Kolmogorov-Smirnov 型检验, 它的编码更易, 且计算速度更快. 另一方面, 基于最大化 Anderson-Darling 统计量的检验对备择假设没有过多的限制, 而其他两种检验一般限定在局部平稳过程的背景下进行二阶平稳性的检验. 近来, 有文献讨论谱域平稳性检验的局部势性质. 例如, 文献 [123] 在两类局部备择假设 (时间全局化与时间局部化局部备择假设) 下调查一些最近发展的谱域平稳性检验方法的局部势性质. 在被调查的谱域方法中就有基于积分局部周期图的 L^2 检验与 Kolmogorov-Smirnov 型检验. 当然, 调查基于最大化 Anderson-Darling 统计量的检验的局部势性质也是一个有趣的课题, 但因统计量 (5-22) 的构造方式特殊, 其与局部周期图 $I_M(u_k,\omega)$ 或 $I_M(u_k,\omega)^2$ 间的联系是非线性的. 这使得基于最大化 Anderson-Darling 统计量检验的局部势性质的讨论很难在文献 [123] 局部备择假设的背景下讨论. 这样, 提供新型局部备择假设使基于最大化 Anderson-Darling 统计量检验的局部势性质可与其他方法进行比较就是一类值得进一步探讨的课题. 谱域二阶平稳性研究具有挑战性的新问题是将现有方法向多变量数据或空间数据的情况推广. 虽然这方面已经有了一些较好的成果(如文献 [13,82]), 但不依赖于谱密度估计的方法在实践中更为方便, 还需要进一步深入探讨.

5.2 节将文献 [140] 中单变量非平稳模型谱估计的方法推广到了多变量的情形. 除了融合文献 [138] 与 [140] 的方法之外, 为了避免在将时间序列分为未知数量片段时的局部陷阱问题 (local-trap problem), 将文献 [101] 中 SSAMC 策略也融入其中. 在文献 [67, 119, 120] 的时变谱估计方法中, 某些时频点需要事先确定下来, 然后通过不同的光滑策略估计这些确定下来的时间-频率点处的谱密度. 本章所提供的 SSAMC 方法是不需要事先设定时频点集的, 在算法执行完成后可以获得任意时间-频率点处的谱估计. 虽然文献 [131] 所提供的简单常用的谱估计方法所估计的谱值可以在任意时间-频率点处得到, 但其谱估计光滑性较差, 均分误差也相对较低. 在本著作写作的过程中, 文献 [99] 又对本章多变量时变谱估计的方法进行了改进, 使之容许在每步 Markov 链 Monte Carlo 迭代中, 每一时刻点可以容许有的谱元素发生变化而其他谱元素不发生改变. 后来, 文献 [100] 又将文献 [99] 中的方法推广到高维时变谱的估计.

5.3 节为了对平稳谱及时变谱进行比较检验, 给出了基于 Pearson 统计量的检验统计量 (5-32) 与 (5-49)、基于 Anderson-Darling 统计量的检验统计量 (5-33) 与 (5-52). 这些检验统计量都是从周期图的比值出发构造的. 相对于一些常用的谱比较检验方法 (如文献 [46, 81, 106]), 本章所给出的谱比较检验方法与谱估计无关, 无须光滑参数的选择. 另外, 本章所介绍的谱比较检验方法还具有计算简单、可适用于平稳及局部平稳的时间序列、检验结论对时间序列分量间相依关系的强弱敏感性不强的诸多优点. 本章谱比较的检验方法还具有推广到多个谱的比较检验、时间序列分量自相关函数的比较检验等问题的巨大潜力 (参见文献 [183,184]).

本章对船舶航行风险探测的研究实例主要以船体振动数据的统计分析为基础. 事实上, 利用船体安全实时监测系统, 船体不同部位所受应力数据也是可以获得的. 利用这些受力数据, 基于本章的谱域统计方法, 还可以做如下众多实际工作. 例如, 调查船体不同部位所受应力平稳性间的差异; 根据平稳性差异选择合适的检验方法, 探测船体不同位置受力谱的差异; 利用受力谱比较的结论探讨船体所受突变应力与交变应力的统计规律性, 为船体整体安全评估提供科学依据, 据此可进一步研究大风浪中船舶安全驾驶的相应对策.

第 6 章　基于分位数谱的统计分析

经典的协方差对于描述序列相依性而言是不充分的. 首先, 本章将传统自协方差函数的概念推广到分位数-耦合自协方差函数的概念. 该函数可以描述平稳过程的时间可逆性、状态相依性, 以及在二阶矩不存在时的长程相依性等自协方差函数无法刻画的过程特征.

其次, 本章将借助分位数-耦合自协方差函数从频域角度介绍耦合 (copula) 谱密度核的概念和性质. 在不同概率对下耦合谱密度核的集合包含着时间序列的众多重要动态性质, 例如, 条件偏度与峰度的变化、时间可逆性、状态极值间的联系等. 经典谱密度都无法将这些性质囊括在内. 对耦合谱密度核的估计可以提供时间序列的这些信息, 本章还将讨论耦合谱密度核的统计推断方法及其在船体受力分析中的应用.

一般时间可逆性是过程高斯性或线性性的一类重要特征, 对时间序列的时间可逆性进行分析有助于为其提供正确可靠的拟合模型. 但时间可逆性的条件较强, 在检验时一般通过检验成对时间可逆性来近似. 即使是检验成对时间可逆性, 要想提供一个统计量捕获对这一性质的任何偏离也是一件困难的事情. 在时间域的检验方法中, 对滞后阶数的依赖性很难对成对时间可逆性作出全面的评价. 在基于双频频谱 (bispectrum) 或三频频谱 (trispectrum) 的频域检验中, 常用的方法也仅能描述过程对增量矩对称性的偏离. 本章最后从成对时间可逆性与耦合谱密度核性质之间的联系出发, 介绍基于耦合谱密度核虚部与成对时间可逆性假设下其值的 L^2 距离而构建的基于分位数谱的谱域检验方法. 该方法可以用于探测时间序列对成对时间可逆的任何偏离, 并可适用于广泛的时间序列模型, 不管过程的矩是否存在, 也不管过程是否具有 Markov 性. 所介绍的谱域时间可逆性检验方法还可用于从成对时间可逆性质的角度判断一类模型是否可以很好地拟合实际数据.

6.1　分位数-耦合交叉协方差函数及其应用

6.1.1　从自协方差函数到分位数-耦合交叉协方差函数

设 $\{\Omega, \mathcal{F}, \mathbf{P}\}$ 为一概率空间, $\{\mathcal{F}_t, t \in \mathbb{R}\}$ 为一定义在时间集 $\mathbb{R}$ 上的右连续 σ-代数流. 又设 $\{X_t,\ t \in \mathbb{R}\}$ 为关于 $\{\mathcal{F}_t, t \in \mathbb{R}\}$ 可测的一严平稳随机过程. 长期

以来, 基于二阶矩定义的随机过程自协方差函数 $C(u) = \mathbf{Cov}(X_t, X_{t+u})$ 是描述过程自相依关系的一个重要工具. 例如, 二阶矩存在时过程长程相依性的定义[20], 众多平稳过程中心极限定理相依性的条件[76] 等都通过协方差函数给出. 然而, 用自协方差函数 $C(u)$ 描述过程的相依性还至少存在如下三个方面的问题.

第一, 自协方差函数不能刻画历史对现在的超 "位置-尺度" 影响. 平稳随机过程的自相依信息除了蕴含在其位置与尺度参数中之外, 还可能反映在其偏度、峰度等信息中, 而随机过程在这些方面的相依信息却无法用自协方差函数 $C(u)$ 加以刻画.

第二, 自协方差函数关于随机过程不具有非线性变换稳健性. 自协方差函数对随机过程的非线性变换是不稳健的. 如果多个观测者观察同一过程的同一轨道, 但采用了不同的计量尺度, 例如, 如果分别考察 X_t, $\exp(X_t)$ 或 X_t^3, 那么他们将得到截然不同的描述同一观察过程相关性的自协方差函数.

第三, 自协方差函数的存在性依赖于二阶矩的存在性. 并不是所有随机过程的自协方差函数都存在, 对于由 α-稳定 (α-stable, $0 < \alpha < 2$)-Lévy 过程 (参见文献 [143]) 驱动的扩散型过程 (即 X_t 为扩散型随机微分方程 $\mathrm{d}X_t = \mu(X_{t-})\,\mathrm{d}t + \sigma(X_{t-})\,\mathrm{d}L_t$ 的解, 其中 L_t 为 α-稳定-Lévy 过程) 而言, 其自协方差函数就不存在, 也就无法用自协方差函数刻画其自相依性质, 因此, 有很多学者借助于 Hurst 指数 (如文献 [20]) 刻画平稳随机过程自相依程度.

平稳随机过程在两时间点 t 与 $t-u$ 处的时间相依特征完全包含在 (X_t, X_{t-u}) 的联合分布中. 事实上, (X_t, X_{t-u}) 的联合分布共包含两个方面的信息: 一是一维边际分布 $F(x)$ 的信息; 二是 $(F(X_t), F(X_{t-u}))$ 的联合分布信息, 其中 $F(\cdot)$ 为随机过程的一维边际分布函数. 可以看出: 平稳随机过程在两个时间点的时间相依特征完全包含在 $F(X_t)$ 与 $F(X_{t-u})$ 的相依信息中. 同时, 为了能够刻画历史对现在的超 " 位置-尺度" 影响, 这里借用分位数分析的思想, 对任意的 $(\tau_1, \tau_2) \in (0,1)^2$, 定义刻画随机过程自相依特征的量

$$\begin{aligned}\gamma^{(\tau_1,\tau_2)}(u) &:= \mathbf{Cov}\big(\mathbb{I}_{(0,\tau_1]}(U_t), \mathbb{I}_{(0,\tau_2]}(U_{t-u})\big)\\ &= \mathbf{Cov}\big(\mathbb{I}_{(-\infty,q_{\tau_1}]}(X_t), \mathbb{I}_{(-\infty,q_{\tau_2}]}(X_{t-u})\big),\end{aligned} \tag{6-1}$$

其中 $U_t := F(X_t)$ 为由平稳分布 F 诱导的随机过程, q_τ 为一维边际分布 F 的 τ-分位点. (6-1) 实际上是两个取值为 0-1 的随机过程 $\mathbb{I}_{(0,\tau_1]}(U_t)$ 与 $\mathbb{I}_{(0,\tau_2]}(U_t)$ (或 $\mathbb{I}_{(-\infty,q_{\tau_1}]}(X_t)$ 与 $\mathbb{I}_{(-\infty,q_{\tau_2}]}(X_t)$) 的交叉协方差, 其定义一方面用到了耦合 (见文献 [115]) 的思想; 另一方面用到了平稳过程一维边际分布的分位数, 因此, 我们称 (6-1) 为随机过程 $\{X_t\}$ 的 **$(\boldsymbol{\tau_1}, \boldsymbol{\tau_2})$-分位数-耦合交叉协方差函数** (参见文献 [190]). 显然, (6-1) 定义的量不仅可以克服上面提及的自协方差函数在描述过程相依性方面存在的三个方面的弊端, 而且通过变换 τ_1 与 τ_2 的值能够全面描述随机过程

$\{X_t\}$ 在任意两时刻处的自相依性质.

在时间序列的相依性刻画方面, 借助分位数的分析方法在近年来尤其得到关注. 例如, 利用基于分位数的谱, 文献 [72] 给出了两类检验序列相依性的方法; 为了处理重尾噪声及数据获得和传输中的非线性扭曲问题, 文献 [98] 提出了分位数周期图 (quantile periodogram) 的概念. 最近, 文献 [44] 将分位数和耦合的思想融合, 提出了一个既拥有分位数分析的优点又能描述时间序列中传统谱分析方法难以刻画的相依性质的工具——耦合谱密度核 (copula spectral density kernel). 在时间序列谱分析领域, 该量非常具有吸引力. 相继, 文献 [92] 对其一类非参数估计量进行了渐近分析, 文献 [175] 基于 Whittle 型似然给出了其贝叶斯统计推断方法, 文献 [21] 将该概念推广到了局部平稳时间序列的情形. 上述研究都是将时间序列转化到频域中进行分析. 在时间序列研究中, 在频域中研究序列的自相依性质是方便的, 相应谱密度 (例如自协方差函数的 Fourier 变换) 的定义域为有界区间 $(-\pi,\pi]$, 实现了数据的压缩. 但是, 对于时间连续的随机过程而言, 频域分析的定义域仍为无界区域, 即 $\mathbb{R}$, 相对于在时域内对过程自相依性质的研究, 其优势并不十分明显.

6.1.2 分位数-耦合交叉协方差函数

1. 分位数-耦合交叉协方差函数的优势

显然, 一平稳随机过程的自协方差函数仅仅描述其在任意两时刻处的线性自相依性. 为全面描述平稳随机过程在任意两时刻处的自相依性, 同时融合分位数和耦合两个分析角度, 提出由 (6-1) 定义的分位数-耦合交叉协方差函数 $\gamma^{(\tau_1,\tau_2)}(u)$. 不同概率对下分位数-耦合交叉协方差函数的集合

$$\{\gamma^{(\tau_1,\tau_2)}(u)|\,(\tau_1,\tau_2)\in(0,1)^2, u\in\mathbb{R}\} \tag{6-2}$$

可以全面描述一平稳随机过程在任意两时刻处的自相依性质.

对任意的 $u\in\mathbb{R}$ 及 $(\tau_1,\tau_2)\in(0,1)^2$, 分位数-耦合交叉协方差函数 $\gamma^{(\tau_1,\tau_2)}(u)$ 的值仅由 $\mathbb{I}_{(0,\tau_1]}(U_t)=\mathbb{I}_{(-\infty,q_{\tau_1}]}(X_t)$ 与 $\mathbb{I}_{(0,\tau_2]}(U_t)=\mathbb{I}_{(-\infty,q_{\tau_2}]}(X_t)$ 定义. 与经典的自协方差函数不同, 对所有的平稳随机过程而言, $\gamma^{(\tau_1,\tau_2)}(u)$ 始终都是存在的. 并且, 对于固定的 $u\in\mathbb{R}$, $\{\gamma^{(\tau_1,\tau_2)}(u)|\,(\tau_1,\tau_2)\in(0,1)^2\}$ 完全刻画了 (U_t,U_{t-u}) 的联合分布信息; 反之, (U_t,U_{t-u}) 的联合分布信息完全能够描述 $\{\gamma^{(\tau_1,\tau_2)}(u)|\,(\tau_1,\tau_2)\in(0,1)^2\}$. 平稳随机过程任意两时刻处的自相依信息完全可以由 (U_t,U_{t-u}) 的联合分布所提供的信息来刻画. 现在, 分位数-耦合交叉自协方差函数将平稳随机过程任意两时刻处的自相依信息从二维平稳边际分布中剥离出来, 研究随机过程任意两时刻处的自相依信息只需研究集合 (6-2) 即可.

2. 平稳随机过程的自相依特征

因

$$\mathbf{E}[\mathbb{I}_{(0,q_{\tau_1}]}(X_t)\mathbb{I}_{(0,q_{\tau_2}]}(X_{t-u})] = \mathbf{P}(X_t \leqslant q_{\tau_1}, X_{t-u} \leqslant q_{\tau_2})$$

且

$$\begin{aligned} 0 &\leqslant \mathbf{P}(X_t \leqslant q_{\tau_1}, X_{t-u} \leqslant q_{\tau_2}) \\ &\leqslant \min\{\mathbf{P}(X_t \leqslant q_{\tau_1}), \mathbf{P}(X_{t-u} \leqslant q_{\tau_2})\} = \min(\tau_1, \tau_2), \end{aligned}$$

故

$$-\tau_1\tau_2 \leqslant \gamma^{(\tau_1,\tau_2)}(u) \leqslant \min(\tau_1,\tau_2) - \tau_1\tau_2$$

对所有的 $u \in \mathbb{R}$ 及 $(\tau_1, \tau_2) \in (0,1)^2$ 都成立. 并且, 平稳随机过程的自相依性与分位数-耦合交叉协方差函数存在如下关系.

命题 6.1 (自相依性与分位数-耦合交叉协方差函数) 假设平稳随机过程 $\{X_t, t \in \mathbb{R}\}$ 的一维边际分布在状态空间上具有严格单调递增的分布函数, 则

(1) 平稳随机过程 $\{X_t, t \in \mathbb{R}\}$ 是一关于时间两两独立的随机过程 (即对于任意的 $t_1, t_2 \in \mathbb{R}$, X_{t_1} 与 X_{t_2} 相互独立) 的充分必要条件是 $\gamma^{(\tau_1,\tau_2)}(u) = (\min(\tau_1,\tau_2) - \tau_1\tau_2)\mathbb{I}_{\{0\}}(u)$ 对所有的 $(\tau_1,\tau_2) \in (0,1)^2$ 都成立.

(2) 对所有的 $u \in \mathbb{R}$, $(X_t, X_{t+u}) \overset{d}{=} (X_t, X_{t-u})$ 成立的充分必要条件是对任意的 $(\tau_1,\tau_2) \in (0,1)^2$, $\gamma^{(\tau_1,\tau_2)}(u)$ 关于 u 为偶函数, 其中 "$\overset{d}{=}$" 表示依概率分布相等. 当 $\tau_1 = \tau_2 = \tau \in (0,1)$ 时, $\gamma^{(\tau,\tau)}(u)$ 关于 u 一定是偶函数.

证明 因平稳随机过程 $\{X_t, t \in \mathbb{R}\}$ 的一维边际分布在状态空间上具有严格单调递增的分布函数, 故对于任意的 $(\tau_1,\tau_2) \in (0,1)^2$, 存在状态空间内唯一的两点 x_1 与 x_2 满足 $q_{\tau_i} = F^{-1}(\tau_i) = x_i$ $(i = 1, 2)$, 使得

$$\mathbf{P}(X_t \leqslant q_{\tau_1}, X_{t-u} \leqslant q_{\tau_2}) = \mathbf{P}(X_t \leqslant x_1, X_{t-u} \leqslant x_2), \quad u \in \mathbb{R}. \tag{6-3}$$

(1) 平稳随机过程 $\{X_t, t \in \mathbb{R}\}$ 是一关于时间两两独立的随机过程的充分必要条件是对任意状态空间中的两点 x_1 与 x_2 满足

$$\mathbf{P}(X_t \leqslant x_1, X_{t-u} \leqslant x_2) = \begin{cases} \mathbf{P}(X_t \leqslant x_1)\mathbf{P}(X_{t-u} \leqslant x_2), & u \neq 0, \\ \mathbf{P}(X_t \leqslant \min(x_1, x_2)), & u = 0. \end{cases} \tag{6-4}$$

由 (6-3), (6-4) 等价于对任意的 $(\tau_1,\tau_2) \in (0,1)^2$,

$$\mathbf{P}(X_t \leqslant q_{\tau_1}, X_{t-u} \leqslant q_{\tau_2}) = \begin{cases} \mathbf{P}(X_t \leqslant q_{\tau_1})\mathbf{P}(X_{t-u} \leqslant q_{\tau_2}) = \tau_1\tau_2, & u \neq 0, \\ \mathbf{P}(X_t \leqslant \min(q_{\tau_1}, q_{\tau_2})) = \min(\tau_1,\tau_2), & u = 0. \end{cases} \tag{6-5}$$

再根据分位数-耦合交叉协方差函数的定义 (6-1), 可知 (6-5) 等价于对任意的 $(\tau_1, \tau_2) \in (0,1)^2$,

$$\begin{aligned}\gamma^{(\tau_1,\tau_2)}(u) &= \mathbf{P}(X_t \leqslant q_{\tau_1}, X_{t-u} \leqslant q_{\tau_2}) - \mathbf{P}(X_t \leqslant q_{\tau_1})\mathbf{P}(X_{t-u} \leqslant q_{\tau_2}) \\ &= \begin{cases} 0, & u \neq 0, \\ \min(\tau_1, \tau_2) - \tau_1\tau_2, & u = 0. \end{cases}\end{aligned} \tag{6-6}$$

(2) 对所有的 $u \in \mathbb{R}$, $(X_t, X_{t+u}) \stackrel{d}{=} (X_t, X_{t-u})$ 成立的充分必要条件是对任意的状态空间中的两点 x_1 与 x_2, 满足

$$\mathbf{P}(X_t \leqslant x_1, X_{t-u} \leqslant x_2) = \mathbf{P}(X_t \leqslant x_1, X_{t+u} \leqslant x_2), \quad u \in \mathbb{R}. \tag{6-7}$$

由 (6-3), (6-7) 等价于对于任意的 $(\tau_1, \tau_2) \in (0,1)^2$,

$$\mathbf{P}(X_t \leqslant q_{\tau_1}, X_{t-u} \leqslant q_{\tau_2}) = \mathbf{P}(X_t \leqslant q_{\tau_1}, X_{t+u} \leqslant q_{\tau_2}). \tag{6-8}$$

由 (6-6) 即知, (6-8) 定价于 $\gamma^{(\tau_1,\tau_2)}(u) = \gamma^{(\tau_1,\tau_2)}(-u)$ 对所有的 $u \in \mathbb{R}$ 成立, 即 $\gamma^{(\tau_1,\tau_2)}(u)$ 关于 u 为偶函数.

而当 $\tau_1 = \tau_2 = \tau \in (0,1)$ 时, 由随机过程的严平稳性, (6-8) 是一定成立的, 所以 $\gamma^{(\tau,\tau)}(u)$ 关于 u 必定是偶函数. 证毕.

对大多数随机过程而言, 在不同概率对 $(\tau_1, \tau_2) \in (0,1)^2$ 处, 分位数-耦合交叉协方差函数 $\gamma^{(\tau_1,\tau_2)}(u)$ 往往呈现出不同的特征, 即概率 $\mathbf{P}(X_t \leqslant q_{\tau_1}, X_{t-u} \leqslant q_{\tau_2})$ 呈现不同的特征, 也就是随机过程在不同平稳分布分位数对 (q_{τ_1}, q_{τ_2}) 处的自相依性质不同. 下面将讨论这些由平稳分布分位数对界定的自相依性质.

1) 时间可逆性

定义 6.1 设 $\{X_t, t \in \mathbb{R}\}$ 为一平稳随机过程. 若对于固定的 $(\tau_1, \tau_2) \in (0,1)^2$, $\gamma^{(\tau_1,\tau_2)}(u)$ 关于 u 为偶函数, 则称该随机过程在平稳分布分位数对 (q_{τ_1}, q_{τ_2}) 处具有**时间可逆性**.

注 6.1 对任意的 $\tau \in (0,1)$, 平稳随机过程在平稳分布分位数对 (q_τ, q_τ) 处一定具有时间可逆性, 即平稳随机过程关于其平稳分布的任意分位数自身都是时间可逆的.

现考虑两类 OU 过程模型, 它们都是 OU 型随机微分方程

$$\mathrm{d}X_t = -\lambda X_t \,\mathrm{d}t + \mathrm{d}L_t \tag{6-9}$$

的解, 其中 $\lambda > 0$ 为均值反演参数. 在模型 A 中, $\{L_t, t \in \mathbb{R}\}$ 为标准布朗运动; 而在模型 B 中, $\{L_t, t \in \mathbb{R}\}$ 为一标准的 Cauchy-Lévy 过程, 即 L_t 具有特征函数 $\mathbb{E}[\mathrm{e}^{\mathrm{i}zL_t}] = \exp\{-t|z|\}$(参见文献 [143]). 实际上, 模型 B 为文献 [188] 中所研究的

由对称 α-稳定运动驱动的 OU 型过程当 $\alpha=1$ 时的特例. 模型 A 具有几乎处处连续的轨道, 而模型 B 是一纯跳过程. 模型 A 与 B 的一维平稳边际分布分别为 $N(0,(2\lambda)^{-1})$ 与 $S_1(\lambda^{-1},0)$, 其中 $N(\mu,\sigma^2)$ 代表均值为 μ、方差为 σ^2 的正态分布, $S_1(\sigma,\mu)$ 代表特征函数为 $\exp\{\sigma|z|+\mathrm{i}\mu z\}$ 的概率分布. 并且, 在给定 $X_t=x$ 的条件下, 模型 A 与 B 转移到 X_{t+u} 的分布分别为

$$N\left(\mathrm{e}^{-\lambda u}x,\frac{1-\mathrm{e}^{-2\lambda u}}{2\lambda}\right)\quad 与 \quad S_1\left(\frac{1-\mathrm{e}^{-\lambda u}}{\lambda},\mathrm{e}^{-\lambda u}x\right).$$

模型 A 的自协方差函数存在但模型 B 的并不存在. 对任意的概率对 $(\tau_1,\tau_2)\in(0,1)^2$, 两模型的分位数-耦合交叉协方差函数都是存在的, 因此, 可以用其描述两模型的自相依性并对它们的自相依性进行比较. 取 $\lambda=0.5$, 图 6-1 给出了在几个典型概率对下模型 A 与 B 的分位数-耦合交叉协方差函数

$$\gamma^{(\tau_1,\tau_2)}(u),\quad \tau_1,\tau_2=0.05,0.50,0.95 \text{ 且 } \tau_2\geqslant\tau_1 \tag{6-10}$$

的图像, 其中 "—" 为模型 A 的分位数-耦合交叉协方差函数, "…" 为模型 B 的分位数-耦合交叉协方差函数. 在图 6-1及以下各图中, γ_{ij} 代表 $\gamma^{(\tau_{1i},\tau_{2j})}(u)$ 的取值,

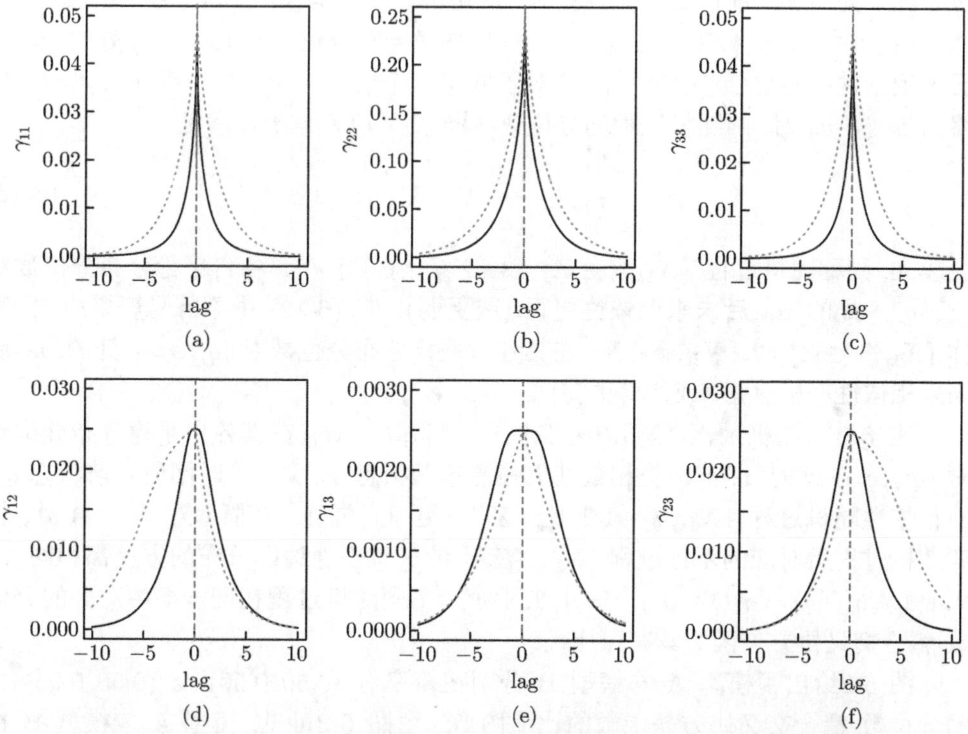

图 6-1 模型 A 与 B 在不同概率对下分位数-耦合交叉协方差函数比较

其中当 $i=1,2,3$ 时, τ_{1i} 分别为 0.05, 0.50, 0.95; 同样, 当 $j=1,2,3$ 时, τ_{2j} 也分别为 0.05, 0.50, 0.95.

由图 6-1可见, 模型 A 在其平稳分布任意分位数对 (q_{τ_1},q_{τ_2}) 处都具有时间可逆性, 模型 B 在分位数对 $(q_{0.05},q_{0.50})$ 与 $(q_{0.50},q_{0.95})$ 处是不具有时间可逆性的. 也就是说, 对于模型 A, $\mathbf{P}(X_t\leqslant q_{\tau_1},X_{t+u}\leqslant q_{\tau_2})=\mathbf{P}(X_t\leqslant q_{\tau_2},X_{t+u}\leqslant q_{\tau_1})$ 对所有的概率对 (τ_1,τ_2) 都是成立的; 而对于模型 B, $\mathbf{P}(X_t\leqslant q_{\tau_1},X_{t+u}\leqslant q_{\tau_2})=\mathbf{P}(X_t\leqslant q_{\tau_2},X_{t+u}\leqslant q_{\tau_1})$ 仅在满足 $\tau_1=\tau_2$ 和 $\tau_1+\tau_2=1$ 的概率对 (τ_1,τ_2) 处成立, 在其他概率对处未必成立. 需要指出的是, 利用自协方差函数, 是无法展示清楚平稳随机过程的这些时间可逆性特征的.

2) 时间相依性强弱比较

定义 6.2　设 $\{X_{1t},t\in\mathbb{R}\}$ 与 $\{X_{2t},t\in\mathbb{R}\}$ 为两平稳随机过程. 若对于固定的 $(\tau_1,\tau_2)\in(0,1)^2$, 存在 $u_0\geqslant 0$, 使得当 $u\geqslant u_0$ 时, 两随机过程的分位数-耦合交叉协方差函数满足

$$\frac{\gamma_2^{(\tau_1,\tau_2)}(u)}{\gamma_1^{(\tau_1,\tau_2)}(u)}\leqslant(\text{或}\geqslant)1 \tag{6-11}$$

恒成立, 则称随机过程 $\{X_{1t},t\in\mathbb{R}\}$ 较 $\{X_{2t},t\in\mathbb{R}\}$ 在其各自平稳分布分位数对 (q_{τ_1},q_{τ_2}) 处的 $\boldsymbol{u_0}$**-前历史相依性**更强 (或更弱). 若 (6-11) 中不等号严格成立, 则称 $\{X_{1t},t\in\mathbb{R}\}$ 较 $\{X_{2t},t\in\mathbb{R}\}$ 在其各自平稳分布分位数对 (q_{τ_1},q_{τ_2}) 处的 $\boldsymbol{u_0}$**-前历史相依性**严格更强 (或更弱). 若对于固定的 $(\tau_1,\tau_2)\in(0,1)^2$, 存在 $u_0\geqslant 0$, 使得当 $u\leqslant -u_0$ 时, 两随机过程的分位数-耦合交叉协方差函数满足

$$\frac{\gamma_2^{(\tau_1,\tau_2)}(u)}{\gamma_1^{(\tau_1,\tau_2)}(u)}\leqslant(\text{或}\geqslant)1 \tag{6-12}$$

恒成立, 则称随机过程 $\{X_{1t},t\in\mathbb{R}\}$ 较 $\{X_{2t},t\in\mathbb{R}\}$ 在其各自平稳分布分位数对 (q_{τ_1},q_{τ_2}) 处的 $\boldsymbol{u_0}$**-后未来相依性**更强 (或更弱). 若 (6-12) 中不等号严格成立, 则称 $\{X_{1t},t\in\mathbb{R}\}$ 较 $\{X_{2t},t\in\mathbb{R}\}$ 在其各自平稳分布分位数对 (q_{τ_1},q_{τ_2}) 处的 $\boldsymbol{u_0}$**-后未来相依性**严格更强 (或严格更弱).

注 6.2　随机过程 $\{X_{1t},t\in\mathbb{R}\}$ 较 $\{X_{2t},t\in\mathbb{R}\}$ 在其各自平稳分布分位数对 (q_{τ_1},q_{τ_2}) 处的 u_0-前历史相依性更强意味着状态 q_{τ_1} 对 u_0 时间段之前状态 q_{τ_2} 的相依性随机过程 $\{X_{1t},t\in\mathbb{R}\}$ 比 $\{X_{2t},t\in\mathbb{R}\}$ 更强. 在概率对 (τ_1,τ_2) 处, 任意随机过程所对应的示性过程 $\{\mathbb{I}_{(0,\tau_i]}(U_t)\}$ 的一维平稳边际分布的方差都相同, 即 $\mathbf{Var}(\mathbb{I}_{(0,\tau_i]}(U_t))=\tau_i(1-\tau_i)$, $i=1,2$. 因此, 不同随机过程在同一概率对处的分位数-耦合交叉协方差函数具有可比性.

图 6-2给出了模型 A 与模型 B 分别在概率对 $(0.50,0.50)$ 与 $(0.50,0.95)$ 处的分位数-耦合交叉协方差函数的比值图像. 由图 6-2可见, 模型 A 较模型 B 在其各自平稳分布分位数对 $(q_{0.50},q_{0.50})$ 处的 0-前历史相依性和 0-后未来相依性都

更弱; 在各自平稳分布分位数对 $(q_{0.50}, q_{0.95})$ 处, 模型 A 较模型 B 的 0-前历史相依性更弱. 从图像的趋势可以看出, 存在 $u_0 > 0$, 使得在各自平稳分布分位数对 $(q_{0.50}, q_{0.95})$ 处, 模型 A 较模型 B 的 u_0-后未来相依性更弱.

3) 状态相依性

定义 6.3　设 $\{X_t, t \in \mathbb{R}\}$ 为一平稳随机过程. 若对于固定的 $(\tau_1, \tau_2) \in (0,1)^2$, 当 $u \neq 0$ 时, $\gamma^{(\tau_1,\tau_2)}(u) \equiv 0$, 则称该随机过程在平稳分布分位数对 (q_{τ_1}, q_{τ_2}) 处具有**状态独立性**.

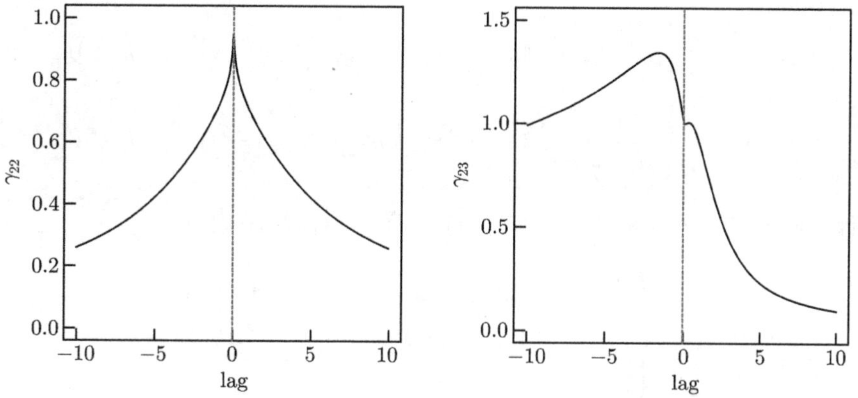

(a)　　(b)

图 6-2　模型 A 与 B 在不同概率对下历史与未来相依性比较

注 6.3　平稳分布的分位数 q_{τ_1} 与 q_{τ_2} 实际上是随机过程状态空间中的两点, 随机过程在平稳分布分位数对 (q_{τ_1}, q_{τ_2}) 处具有状态独立性实际上是这两个状态关于时间没有相依性. 若当 $u \neq 0$ 时, $\gamma^{(\tau_1,\tau_2)}(u) \not\equiv 0$, 但 $\gamma^{(\tau_1,\tau_2)}(u)$ 的值都非常接近于 0, 这说明随机过程平稳分布分位数 q_{τ_1} 与 q_{τ_2} 关于时间的相依性较弱.

由图 6-1可见, 在概率对 (0.05, 0.95) 处, 模型 A 与 B 的分位数-耦合交叉协方差函数的值都非常接近于 0, 这说明模型 A 与 B 状态空间中的正极端值与负极端值的时间相依性都非常弱, 接近独立.

从以上讨论可见: 时域研究可以探讨随机过程状态相依性的强弱、不同随机过程时间相依性的强弱等, 而这些工作在频域内研究都较为困难.

6.1.3　分位数-耦合交叉协方差函数的估计

1. 估计量

设 $\{t_k = kh, k = 1, 2, \cdots, n\}$ 为平稳随机过程 $\{X_t\}$ 的等距时间观测点, 其中 $h > 0$ 为观测的时间间距. 平稳随机过程的一维平稳边际分布函数 $F(x)$ 用其经验版本

$$F_{n,h}(x) = \frac{1}{n}\sum_{k=1}^{n}\mathbb{I}_{(-\infty,x]}(X_{t_k})$$

来估计. 在引入 $F_{n,h}(x)$ 后, $U_{t_k} = F(X_{t_k})$ 可以用 $\hat{U}_{t_k} = F_{n,h}(X_{t_k})$ 进行估计, $k = 1, \cdots, n$. 由于 (6-1) 定义的分位数-耦合交叉协方差函数也可以写作

$$\gamma^{(\tau_1,\tau_2)}(u) = \mathbf{P}(U_t \leqslant \tau_1, U_{t-u} \leqslant \tau_2) - \tau_1\tau_2, \tag{6-13}$$

因此, 对任意的概率对 $(\tau_1, \tau_2) \in (0,1)^2$, $\gamma^{(\tau_1,\tau_2)}(kh)$ 可由其经验版本

$$\hat{\gamma}^{(\tau_1,\tau_2)}(kh) = \begin{cases} \dfrac{1}{n-k}\displaystyle\sum_{i=1}^{n-k}\mathbb{I}_{(0,\tau_1]}(\hat{U}_{t_{i+k}})\,\mathbb{I}_{(0,\tau_2]}(\hat{U}_{t_i}) - \tau_1\tau_2, & k \geqslant 0 \\ \dfrac{1}{n+k}\displaystyle\sum_{i=1}^{n+k}\mathbb{I}_{(0,\tau_1]}(\hat{U}_{t_i})\,\mathbb{I}_{(0,\tau_2]}(\hat{U}_{t_{i-k}}) - \tau_1\tau_2, & k < 0 \end{cases} \tag{6-14}$$

来估计. 对任意的 $u \in \mathbb{R}$, 将 $\hat{\gamma}^{(\tau_1,\tau_2)}(u)$ 定义为阶梯型函数

$$\hat{\gamma}^{(\tau_1,\tau_2)}(u) = \begin{cases} \hat{\gamma}^{(\tau_1,\tau_2)}(kh), & u \leqslant [-(n-1)h, (n-1)h] \\ & \text{且} kh - h/2 \leqslant u < kh + h/2, \\ 0, & \text{其他}, \end{cases} \tag{6-15}$$

其中 $\hat{\gamma}^{(\tau_1,\tau_2)}(kh)$ 由 (6-14) 定义, k 为一满足 $|k| \leqslant n-1$ 且使 $kh - h/2 \leqslant u < kh + h/2$ 成立的整数 (即 $k = [u/h + 1/2]$, 其中 $[x]$ 为不超过 x 的最大整数). 这里用由 (6-15) 定义的 $\hat{\gamma}^{(\tau_1,\tau_2)}(u)$ 作为 $\gamma^{(\tau_1,\tau_2)}(u)$ 的估计量, 以下讨论 $\hat{\gamma}^{(\tau_1,\tau_2)}(u)$ 的渐近性质.

2. 渐近性质

设 $\mathcal{G}_0^- = \sigma(X_t, t \leqslant 0)$ 及 $\mathcal{G}_u^+ = \sigma(X_t, t \geqslant u)$, 即 $\mathcal{G}_0^-$ 与 $\mathcal{G}_u^+$ 分别为由 $\{X_t, t \leqslant 0\}$ 与 $\{X_t, t \geqslant u\}$ 生成的 σ-代数. 对任意的 $u > 0$, 记 α-混合系数

$$\alpha_u = \sup\{|\mathbf{P}(A \cap B) - \mathbf{P}(A)\mathbf{P}(B)|;\ A \in \mathcal{G}_0^-, B \in \mathcal{G}_u^+\}.$$

为得到 $\hat{\gamma}^{(\tau_1,\tau_2)}(u)$ 的渐近结论, 需要平稳随机过程的如下假设.

假设 6.1　存在 $a > 1$ 使得 $\alpha_u = O(u^{-a})$.

假设 6.2　平稳随机过程 $\{X_t\}$ 是随机连续的, 即对任意的 $\varepsilon > 0$ 及任意的 $t \in \mathbb{R}$,

$$\lim_{s \to t}\mathbf{P}(|X_s - X_t| > \varepsilon) = 0.$$

假设 6.3　平稳随机过程的一维平稳边际分布函数 $F(x)$ 的导数在状态空间上有界.

假设 6.1 为平稳随机过程 $\{X_t\}$ 的混合性条件. 当假设 6.1 成立时, 由弱相依过程的经验分布函数在 Skohorod 空间上的泛函收敛定理 (参见文 [7, 定理 5.3]), 可得当 $n \to \infty$, $h \to 0$ 且 $nh^a \to \infty$ 时,

$$\sup_{x\in\mathbb{R}} |F_{n,h}(x) - F(x)| = O_P\left(\frac{1}{\sqrt{nh^a}}\right) \tag{6-16}$$

成立. 还存在其他多个使得 (6-16) 成立的弱相依性条件, 但为了使所提供的条件不依赖于二阶矩的存在性且在证明中易于技术操作, 这里仅给出了假设 6.1 中的条件. 假设 6.2 是证明过程中的技术性条件. 假设 6.3 是为了保证当 h 较小时 (6-15) 提供的估计量可以用于近似 $\gamma^{(\tau_1,\tau_2)}(u)$.

定理 6.1 设 $\{X_t,\ t\in\mathbb{R}\}$ 为一严平稳的随机过程, 且假设 6.1—假设 6.3 都成立. 则对任意的 $u\in\mathbb{R}$, 当 $n\to\infty$, $h\to 0$ 且 $nh^a\to\infty$ 时, 有 $\hat{\gamma}^{(\tau_1,\tau_2)}(u) \xrightarrow{P} \gamma^{(\tau_1,\tau_2)}(u)$, 其中 "$\xrightarrow{P}$" 代表依概率收敛.

定理 6.1 的详细证明参见文献 [190].

基于离散抽样, 以上给出了分位数-耦合交叉协方差函数的一个具有相合性的估计量 (6-15). 一方面, 估计量 (6-15) 的计算量小, 使用较为方便. 但另一方面, 在估计量 (6-15) 的构造过程中使用了二重估计, 即 $\hat{\gamma}^{(\tau_1,\tau_2)}(u)$ 为过程 $\mathbb{I}_{(0,\tau_1]}(\hat{U}_t)$ 与 $\mathbb{I}_{(0,\tau_2]}(\hat{U}_t)$ 的经验交叉协方差函数, 而 $\{\hat{U}_t\}$ 又是 $\{U_t\}$ 通过 $F_{n,h}(x)$ 得到的估计量. 这使得估计量 $\hat{\gamma}^{(\tau_1,\tau_2)}(u)$ 相对于 $\gamma^{(\tau_1,\tau_2)}(u)$ 的收敛速度依赖于 $F_{n,h}(x)$ 收敛到 $F(x)$ 的收敛速度, 而 $F_{n,h}(x)$ 收敛到 $F(x)$ 的收敛速度由 (6-16) 给出, 且无法进一步提高, 致使讨论 $\hat{\gamma}^{(\tau_1,\tau_2)}(u)$ 关于 $\gamma^{(\tau_1,\tau_2)}(u)$ 的渐近正态性十分困难. 因此, 构造分位数-耦合交叉协方差函数具有渐近正态性的估计量是一个值得进一步研究的问题.

6.1.4 Gamma-OU 过程与 CIR 模型相依特征比较

考虑两类一维平稳边际分布与自协方差函数完全相同的模型——模型 C 与 D. 模型 C 为 OU 型随机微分方程

$$\mathrm{d}X_t = -\lambda X_t\,\mathrm{d}t + \mathrm{d}Z_{\lambda t} \tag{6-17}$$

的解, 其中 $Z_t = \sum_{i=1}^{N_t} Y_i$ 为带有均值为 $1/\alpha$ 的指数分布跳 $\{Y_i\}$ 的复合 Poisson 分布, $\{N_t,\, t\geqslant 0\}$ 为强度参数为 ν 的 Poisson 过程. 模型 C 的平稳分布为 Gamma 分布, 因此称为 Gamma-OU 过程 (参见文献 [15, 191]), 主要用于随机波动率模型中波动率的刻画. 模型 D 为扩散型随机微分方程

$$\mathrm{d}X_t = \lambda(\nu/\alpha - X_t)\,\mathrm{d}t + \sqrt{2\lambda X_t/\alpha}\,\mathrm{d}W_t \tag{6-18}$$

的解, 其中 $\{W_t, t\geqslant 0\}$ 为一标准布朗运动. 模型 D 称为 CIR 模型 (参见文献 [35]), 常被用于刻画短期利率等. 模型 C 与 D 中的参数 λ, ν, α 都为正实数,

(6-17) 与 (6-18) 的参数化使得两模型具有相同的一维平稳边际分布 $\Gamma(\nu,\alpha)$ 分布$\left(其密度为 \dfrac{\alpha^\nu}{\Gamma(\nu)}x^{\nu-1}\mathrm{e}^{-\alpha x}\mathbb{I}_{(0,\infty)}(x)\right)$与相同的自协方差函数 $C(u)=\dfrac{\nu}{\alpha^2}\mathrm{e}^{-\lambda|u|}$. 并且, 模型 C 与 D 都满足假设 6.1 的混合性条件, 可分别参见文献 [109, 定理 4.3] 与文献 [103, 定理 2.5].

从一维平稳边际分布与自协方差函数两个方面很难对模型 C 与 D 的自相依性特征进行区分, 但事实上它们的相依性是有差异的, 因为模型 C 与 D 的转移分布截然不同 (参见文献 [35,191]). 由于 (X_t,X_{t-u}) 的联合分布函数不是标准的分布函数, 直接计算模型 C 与 D 的分位数-耦合交叉协方差函数是不方便的. 因此, 通过模拟产生两模型的轨道, 利用分位数-耦合交叉协方差函数的估计对其自相依性特征进行比较研究, 其中 Gamma-OU 过程的模拟算法参见文献 [171], CIR 模型的模拟算法参见文献 [75]. 参数设定为 $\lambda=0.5$ $\nu=3$, $\alpha=6$, 取 $n=5\times10^5$, $h=0.2$, 各产生两模型的一条轨道, 然后利用估计量 (6-15) 对分位数-耦合交叉协方差函数 (6-10) 进行估计, 如图 6-3 所示, 其中 "—" 为模型 C 一条模拟轨道的分位数-耦合交叉自协方差函数估计, "$\cdots$" 为模型 D 一条模拟轨道的分位数-耦合交叉协方差函数估计.

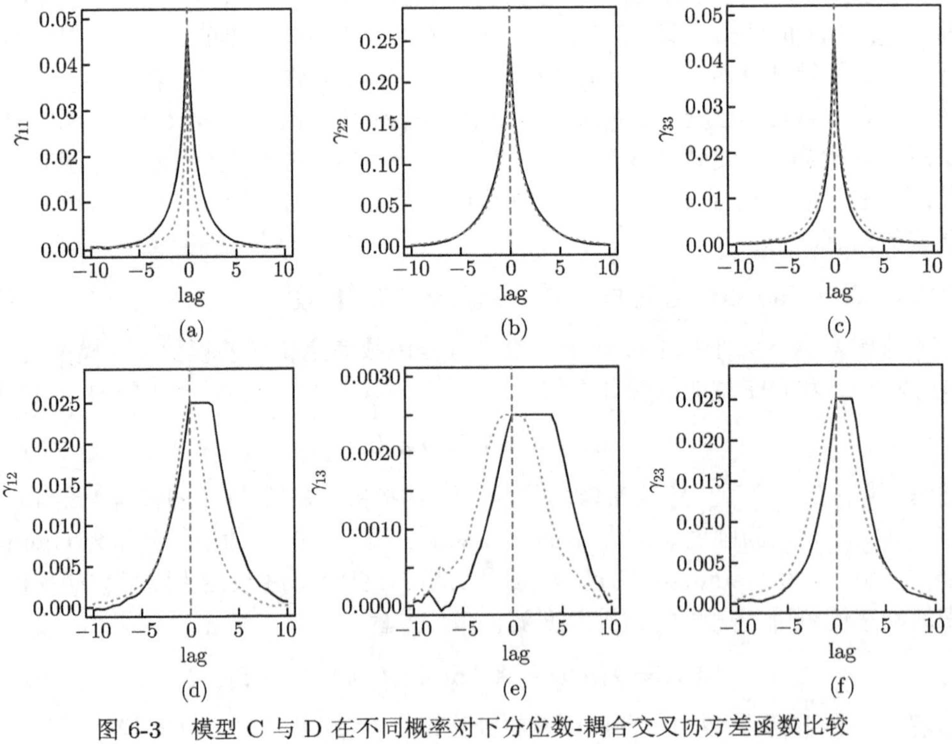

图 6-3 模型 C 与 D 在不同概率对下分位数-耦合交叉协方差函数比较

由图 6-3 可见: ① 模型 D 在其平稳分布各分位数对 (q_{τ_1}, q_{τ_2}) 处都具有时间可逆性, 而模型 C 在其平稳分布分位数对 $(q_{0.05}, q_{0.50})$, $(q_{0.05}, q_{0.95})$ 与 $(q_{0.50}, q_{0.95})$ 处都不具有时间可逆性; ② 在有限滞后时间内, 模型 C 平稳分布分位数 $q_{0.05}$ 对 $q_{0.50}$ 与 $q_{0.95}$ 的历史相依性都强于模型 D, 模型 D 平稳分布分位数 $q_{0.50}$ 与 $q_{0.95}$ 对其自身的 u_0-前历史相依性与 u_0-后未来相依性都强于模型 C(其中 $u_0 \geqslant 0$ 为某常数), 但两模型分位数 $q_{0.05}$ 对其自身的历史相依性与未来相依性较难判断 (见图 6-4, 其中给出了 γ_D/γ_C 在不同分位数对处的图像); ③ 模型 C 与模型 D 的下极端状态与上极端状态的相依性都较小, 接近独立 (见图 6-3 中 γ_{13} 的图像).

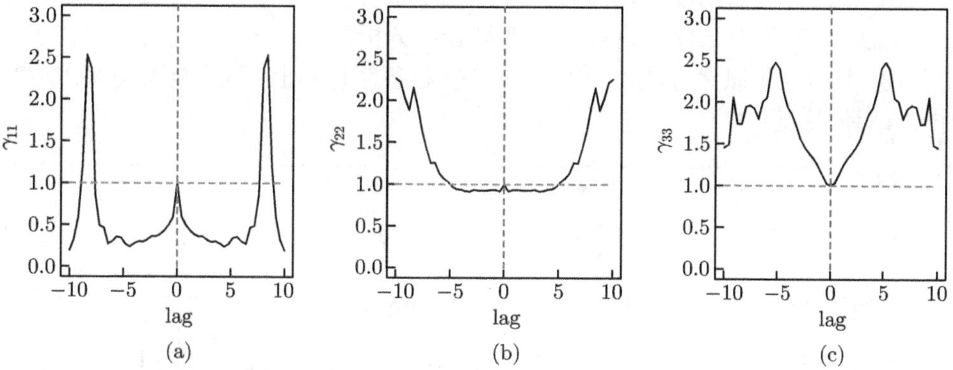

图 6-4 模型 C 与 D 在不同概率对下历史与未来相依性比较

6.1.5 船体振动数据自相依性质分析

船体主梁的弯矩一般由船舶的振动所驱动, 二者经常存在线性或非线性的过滤 (filter) 关系 (见文献 [124]). 因此, 分析船体的振动性质对研究航行中船舶的主梁弯矩具有重要的实践意义. 船体垂向加速度 (VAC) 是船舶振动的一个重要指标. 通过最大经验似然比检验, 文献 [173] 建议用具有特殊核函数的一类高斯滑动平均过程 $X_t = \sigma \int_{\mathbb{R}} K(t-s)\,\mathrm{d}W_s$ 对 VAC 序列进行建模, 其中 $\sigma > 0$ 为标准差参数, $\{W_s\}$ 为标准布朗运动, 核函数为 $K(s) = \cos(\omega s)\mathrm{e}^{-\lambda s}\mathbb{I}_{(0,\infty)}(s)$. 这里, 将用分位数-耦合交叉协方差函数对文献 [173] 中的 VAC 序列 (单位: 米/秒^2) 与高斯滑动平均过程的自相依性进行比较.

例 6.1 所分析的 VAC 序列取自安装在上海海事大学教学实习船 “育锋轮” 上的船体强度实时监测系统在船首一测点处的测量值. 序列 VAC 覆盖一个小时的测量值, 数据的详细描述可见例 3.1.

利用经验似然方法, 文献 [173] 中给出的用高斯滑动平均过程拟合 VAC 序列的参数值为 $\lambda = 0.260$, $\sigma^2 = 0.149$ 与 $\omega = 2.054$ (拟合效果如图 2-3 所示). 借助估计量 (6-15), 对 VAC 序列和文献 [173] 中拟合参数 VAC 序列的高斯滑动平均

过程模拟轨道 (模拟方法参见文献 [167, 173], 其中用 $h=1$ 代表 2 秒, $n=1801$) 的分位数-耦合交叉协方差函数进行估计. 对估计的结论进行观察和比较发现: ① VAC 序列是具有时间可逆性的过程; ② 在平稳分布中位数对 $(q_{0.50}, q_{0.50})$ 处, 文献 [173] 中推荐的高斯滑动平均过程与 VAC 序列的分位数-耦合交叉协方差函数十分一致, 但在平稳分布分位数对 $(q_{0.50}, q_{0.95})$ 处, 高斯滑动平均过程与 VAC 序列的分位数-耦合交叉协方差函数出现较大的差异 (如图 6-5 所示, 其中 "—" 为 VAC 序列的分位数-耦合交叉协方差函数的估计, "···" 为文献 [173] 推荐的高斯滑动平均过程一条模拟轨道的分位数-耦合交叉协方差函数的估计). 这说明, 文献 [173] 推荐的高斯滑动平均过程并不能完全拟合 VAC 序列的自相依特征, 该结果与文献 [175] 中对该序列进行贝叶斯耦合谱分析的结论一致. 主要原因在于: 文献 [173] 中的经验似然方法主要建立在二阶矩条件基础上, 不能全面捕获 VAC 序列的自相依特征.

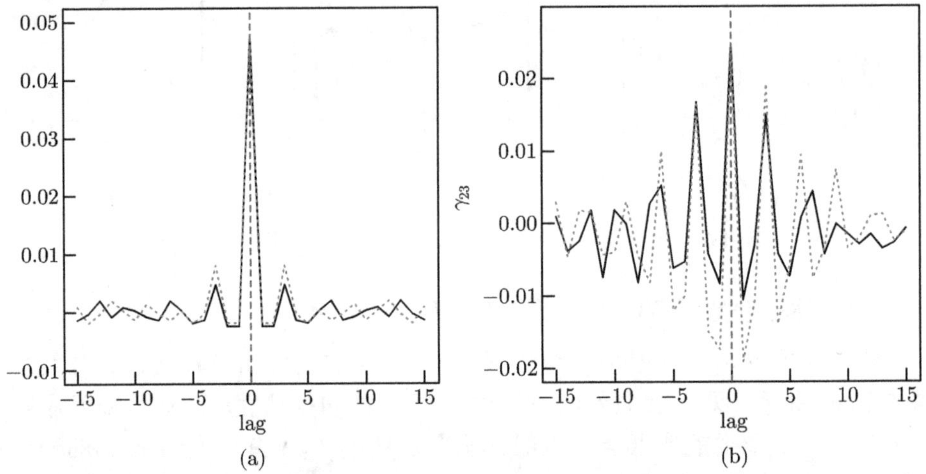

图 6-5 VAC 序列与高斯滑动平均在不同概率对下的分位数-耦合交叉自协方差函数比较

6.2 时间序列耦合谱密度核的统计推断与航海数据分析

本节我们将视线转向时间序列模型. 对于时间序列模型, 通过谱分析研究其自相关性质是方便的, 因为其谱仅定义在有限区间 $(-\pi, \pi]$ 上.

6.2.1 谱分析的 L^1 方法

1. 耦合谱密度核

设 $\{X_t, t \in \mathbb{Z}\}$ 是一严平稳的单变量时间序列, $F(\cdot)$ 是其一维平稳边际分布的分布函数. 假定时间序列 $\{X_t, t \in \mathbb{Z}\}$ 在概率对 (τ_1, τ_2) 处 $(\tau_1, \tau_2 \in (0,1))$ 的分

位数-耦合交叉协方差函数 $\gamma^{(\tau_1,\tau_2)}(h)$ 仍然由 (6-1) 定义, 但这里 $h \in \mathbb{Z}$. 进一步假定 $\gamma^{(\tau_1,\tau_2)}(h)$ 关于 $h \in \mathbb{Z}$ 是绝对可加的, 即

$$\sum_{h=-\infty}^{\infty} |\gamma^{(\tau_1,\tau_2)}(h)| < \infty$$

对所有的 $(\tau_1,\tau_2) \in (0,1)^2$ 都成立. 设 $q_{\tau_i} := F^{-1}(\tau_i)$. 那么, $\gamma^{(\tau_1,\tau_2)}(h)$ 将具有表示形式

$$\gamma^{(\tau_1,\tau_2)}(h) = \int_{-\pi}^{\pi} \mathrm{e}^{\mathrm{i}h\omega} f_{q_{\tau_1},q_{\tau_2}}(\omega)\,\mathrm{d}\omega, \quad (\tau_1,\tau_2) \in (0,1)^2,$$

其中

$$f_{q_{\tau_1},q_{\tau_2}}(\omega) = \frac{1}{2\pi}\sum_{h=-\infty}^{\infty} \gamma^{(\tau_1,\tau_2)}(h)\,\mathrm{e}^{-\mathrm{i}h\omega}, \quad \omega \in (-\pi,\pi]. \tag{6-19}$$

定义 6.4 由 (6-19) 定义的函数 $f_{q_{\tau_1},q_{\tau_2}}(\omega)$ 称为耦合谱密度核.

耦合谱密度核的概念由文献 [44] 提出, 它具有能够描述诸如时间可逆性、极端值的相依性等基于分位数分析的优点. 耦合谱密度核满足性质

$$f_{q_{\tau_1},q_{\tau_2}}(-\omega) = f_{q_{\tau_2},q_{\tau_1}}(\omega) = \overline{f_{q_{\tau_1},q_{\tau_2}}(\omega)}.$$

它不像经典的谱密度函数, 不一定具有偶函数性.

由命题 6.1, 不难得到关于自相依性与耦合谱密度核的如下结论.

命题 6.2 (自相依性与耦合谱密度核) 假设平稳时间序列 $\{X_t,\, t \in \mathbb{Z}\}$ 的一维边际分布在状态空间上具有严格单调递增的分布函数, 则:

(1) 平稳时间序列 $\{X_t,\, t \in \mathbb{Z}\}$ 是一关于时间两两独立的序列 (即对于任意的 $t_1, t_2 \in \mathbb{Z}$, X_{t_1} 与 X_{t_2} 相互独立) 的充分必要条件是 $f_{q_{\tau_1},q_{\tau_2}}(\omega) = \dfrac{1}{2\pi}(\min(\tau_1,\tau_2) - \tau_1\tau_2)$ 对所有的 $(\tau_1,\tau_2) \in (0,1)^2$ 都成立.

(2) 对所有的 $u \in \mathbb{Z}$, $(X_t, X_{t+h}) \overset{d}{=} (X_t, X_{t-h})$ 成立的充分必要条件是对任意的 $(\tau_1,\tau_2) \in (0,1)^2$ 及 $\omega \in (0,\pi)$, $\Im f_{q_{\tau_1},q_{\tau_2}}(\omega) = 0$ 成立.

注 6.4 利用时间序列的一对状态值 $(x_1,x_2) \in \mathbb{R}^2$, 文献 [44] 还给出了另一类基于 L^1 方法的谱——Laplace 谱密度核, 其定义为

$$f_{x_1,x_2}(\omega) = \frac{1}{2\pi}\sum_{h=-\infty}^{\infty} \gamma^{(x_1,x_2)}(h)\,\mathrm{e}^{-\mathrm{i}h\omega}, \quad \omega \in (-\pi,\pi], \tag{6-20}$$

其中

$$\gamma^{(x_1,x_2)}(h) = \mathbf{P}(X_t \leqslant x_1, X_{t-u} \leqslant x_2) - \mathbf{P}(X_t \leqslant x_1)\mathbf{P}(X_{t-u} \leqslant x_2).$$

由 (6-20) 定义的谱称为 Laplace 谱密度核. 因耦合谱密度核使用更为方便, 本书对 Laplace 谱密度核不再累述.

2. 基于分位数的离散 Fourier 变换与周期图

令 $d \geqslant 1$ 为一正整数, 并设 $0 < \tau_1 < \cdots < \tau_d < 1$. 这些 τ_i 构成了分位数水平的一个集合.

共存在两种不同的定义基于分位数的离散 Fourier 变换的方法, 相应的周期图的定义也有两种.

一种是基于分位数回归的方法. 文献 [44] 给出了不同分位数水平下的离散 Fourier 变换, 基于这一变换, 他们给出了基于秩的 Laplace 周期图 (rank-based Laplace periodogram, RLP). 令 $R_t^{(n)}$ 表示 X_t 在观测值 $X_1, \cdots, X_n$ 中的秩. 首先通过式

$$(\hat{a}_{n,R}^{\tau}(\omega_{k,n}), \hat{\boldsymbol{b}}_{n,R}^{\tau}(\omega_{k,n})^{\mathrm{T}}) := \arg \min_{(a,\boldsymbol{b}^{\mathrm{T}})\in\mathbb{R}^3} \sum_{t=1}^{n} \rho_\tau(n^{-1}R_t^{(n)} - (a, \boldsymbol{b}^{\mathrm{T}})\boldsymbol{c}_t(\omega_{k,n}))$$

定义 $\hat{\boldsymbol{b}}$, 其中

$$\rho_\tau(x) := x(\tau - \mathbb{I}_{(-\infty,0]}(x)) = (1-\tau)|x|\,\mathbb{I}_{(-\infty,0]}(x) + \tau|x|\,\mathbb{I}_{(0,\infty)}(x)$$

为损失函数 (参见文献 [93]), $\omega_{k,n} = 2\pi k/n$, $k = 1, \cdots, N$, $N = [(n-1)/2]$, $\boldsymbol{c}_t(\omega_{k,n}) := (1, \cos(t\omega_{k,n}), \sin(t\omega_{k,n}))^{\mathrm{T}}$. 将 $\hat{\boldsymbol{b}}_{n,R}^{\tau}(\omega_{k,n})$ 的定义扩充到 $\Omega_n := (\pi/n, (2N+1)\pi/n]$ 上的分段常值函数:

$$\hat{\boldsymbol{b}}_{n,R}^{\tau}(\omega) = \hat{\boldsymbol{b}}_{n,R}^{\tau}(\omega_{k,n}), \quad 若\omega_{k,n} - \pi/n < \omega \leqslant \omega_{k,n} + \pi/n. \tag{6-21}$$

令 $\boldsymbol{\tau} = (\tau_1, \cdots, \tau_d)^{\mathrm{T}}$. 记 $\hat{\boldsymbol{b}}_{n,R}^{\boldsymbol{\tau}}(\omega) = (\hat{\boldsymbol{b}}_{n,R}^{\tau_1}(\omega)^{\mathrm{T}}, \cdots, \hat{\boldsymbol{b}}_{n,R}^{\tau_d}(\omega)^{\mathrm{T}})^{\mathrm{T}}$. 则在标准的混合条件 (见文献 [44, 定理 3.3]) 下, 对 $\omega \in (0,\pi)$, 当 $n \to \infty$ 时, $\sqrt{n}\hat{\boldsymbol{b}}_{n,\boldsymbol{\tau}}(\omega)$ 收敛到具有协方差矩阵为

$$4\pi \begin{pmatrix} \Sigma_{11} & \cdots & \Sigma_{1d} \\ \vdots & \ddots & \vdots \\ \Sigma_{d1} & \cdots & \Sigma_{dd} \end{pmatrix}$$

的零均值高斯分布, 其中

$$\Sigma_{ij} = \begin{cases} \begin{pmatrix} f_{q_{\tau_i},q_{\tau_i}}(\omega) & 0 \\ 0 & f_{q_{\tau_i},q_{\tau_i}}(\omega) \end{pmatrix}, & i = j, \\ \begin{pmatrix} \Re f_{q_{\tau_i},q_{\tau_j}}(\omega) & \Im f_{q_{\tau_i},q_{\tau_j}}(\omega) \\ -\Im f_{q_{\tau_i},q_{\tau_j}}(\omega) & \Re f_{q_{\tau_i},q_{\tau_j}}(\omega) \end{pmatrix}, & i \neq j. \end{cases}$$

当 $i \neq j$ 时, 有 $\Sigma_{ji} = \Sigma_{ij}^{\mathrm{T}}$. 由文献 [44, 定理 3.3] 还可以得到 $\sqrt{n}\hat{\boldsymbol{b}}_{n,R}^{\boldsymbol{\tau}}(\omega)$ 关于不同的 ω 是渐近独立的. 令 $\boldsymbol{\vartheta} = (1,\mathrm{i})^{\mathrm{T}}$. 对于 $\tau \in (0,1)$ 及 $\omega \in \Omega_n$, 可以定义基于分位数回归的离散 Fourier 变换为

$$y_{n,q}^{\tau}(\omega) := (2\sqrt{2\pi})^{-1}\sqrt{n}\boldsymbol{\vartheta}^{\mathrm{T}}\hat{\boldsymbol{b}}_{n,R}^{\tau}(\omega).$$

对于 $\boldsymbol{\tau} = (\tau_1, \cdots, \tau_d)^{\mathrm{T}}$ 及 $\omega \in \Omega_n$, 记

$$\boldsymbol{y}_{n,q}^{\boldsymbol{\tau}}(\omega) = (y_{n,q}^{\tau_1}(\omega), \cdots, y_{n,q}^{\tau_d}(\omega))^{\mathrm{T}}. \tag{6-22}$$

根据文献 [63], 有: 当 $n \to \infty$ 时, 对任意的 $\omega \in (0,\pi)$, $\boldsymbol{y}_{n,q}^{\boldsymbol{\tau}}(\omega)$ 收敛到一均值为零协方差矩阵为

$$\boldsymbol{f}_{q_{\tau_1}:q_{\tau_d}}(\omega) = \left(f_{q_{\tau_i},q_{\tau_j}}(\omega)\right)_{d\times d} \tag{6-23}$$

的圆对称复高斯分布, 并且 $\boldsymbol{y}_{n,q}^{\boldsymbol{\tau}}(\omega)$ 关于不同的 ω 是渐近独立的.

对于任意的一个概率对 $(\tau_1,\tau_2) \in (0,1)^2$ 及任意的 $\omega \in \Omega_n$, 基于秩的 Laplace 周期图可定义为

$$I_{n,q}^{(\tau_1,\tau_2)}(\omega) = \overline{y_{n,q}^{\tau_1}(\omega)}y_{n,q}^{\tau_2}(\omega).$$

由 $\boldsymbol{y}_{n,q}^{\boldsymbol{\tau}}(\omega)$ 的渐近分布, 不难发现 $I_{n,q}^{(\tau_1,\tau_2)}(\omega)$ 为 $f_{q_{\tau_1},q_{\tau_2}}(\omega)$ 的渐近无偏估计.

第二种是基于裁剪 (clipped) 时间序列的离散 Fourier 变换. 裁剪时间序列的 Fourier 变换最早由文献 [72] 引入, 其将之用于成对独立性的检验. 文献 [68] 分析了在出现序列相依性时 $\tau_1 = \tau_2$ 条件下的一种特殊情况. 文献 [92] 讨论了不同分位数对 (τ_1,τ_2) 满足 $\tau_1 \neq \tau_2$ 时的情况并建立了离散 Fourier 变换的渐近性质. 对于 $\tau \in (0,1)$ 及 $\omega \in \{\omega_{k,n} = 2\pi k/n,\ k = 1,\cdots,N\}$, 基于裁剪时间序列的离散 Fourier 变换定义为

$$y_{n,c}^{\tau}(\omega) := (\sqrt{2\pi n})^{-1}\sum_{t=1}^{n}\mathbb{I}_{(0,\tau]}(n^{-1}R_t^{(n)})\mathrm{e}^{\mathrm{i}\omega t},$$

其中 $R_t^{(n)}$ 仍为 X_t 在观测值 $X_1,\cdots,X_n$ 中的秩. 像 (6-21) 一样, 仍将 $y_{n,c}^{\tau}(\omega)$ 的定义扩展至 Ω_n 上的分段常值函数. 对于 $\boldsymbol{\tau} = (\tau_1,\cdots,\tau_d)^{\mathrm{T}}$ 及 $\omega \in \Omega_n$, 记

$$\boldsymbol{y}_{n,c}^{\boldsymbol{\tau}}(\omega) = (y_{n,c}^{\tau_1}(\omega), \cdots, y_{n,c}^{\tau_d}(\omega))^{\mathrm{T}}. \tag{6-24}$$

则由文献 [92, 命题 3.4], 利用与得到 (6-22) 中 $\boldsymbol{y}_{n,q}^{\boldsymbol{\tau}}(\omega)$ 渐近正态性相同的论证方法, 亦可在某些标准混合条件下 (参见文献 [92]) 获得关于 $\boldsymbol{y}_{n,c}^{\boldsymbol{\tau}}(\omega)$ 的同 $\boldsymbol{y}_{n,q}^{\boldsymbol{\tau}}(\omega)$ 一样的渐近正态性.

类似地, 基于裁剪时间序列的周期图可定义为

$$I_{n,c}^{(\tau_1,\tau_2)}(\omega)=\overline{y_{n,c}^{\tau_1}(\omega)}y_{n,c}^{\tau_2}(\omega). \tag{6-25}$$

它也是 $f_{q_{\tau_1},q_{\tau_2}}(\omega)$ 的渐近无偏估计.

既然 (6-22) 中的 $\boldsymbol{y}_{n,q}^{\boldsymbol{\tau}}(\omega)$ 与式 (6-24) 中的 $\boldsymbol{y}_{n,c}^{\boldsymbol{\tau}}(\omega)$ 是渐近等价的, 故它们中的任何一个都可用于耦合谱的统计推断及 Whittle 型似然的建立. 因此, 不失一般性, 我们将利用一个共同的记号 $\boldsymbol{y}_{n}^{\boldsymbol{\tau}}(\omega)$ 表示它们中的任一个 (类似地, 用记号 $I_n^{(\tau_1,\tau_2)}(\omega)$ 作为两种周期图共同的记号). 事实上, 从谱估计的计算中也确实很难发现它们之间的差别. 然而, $\boldsymbol{y}_{n,c}^{\boldsymbol{\tau}}(\omega)$ 计算相对快速. 因此, 除非特殊声明, 在后文计算中都采用 $\boldsymbol{y}_{n,c}^{\boldsymbol{\tau}}(\omega)$.

6.2.2 光滑周期图

文献 [92] 提供了耦合谱密度核的一类估计量的渐近性质, 即基于秩的 Laplace 周期图或基于裁剪时间序列的周期图的光滑版本的渐近结论. 这些结论在文献 [16] 中被推广到多维时间序列的情况. 以下介绍采用光滑周期图估计耦合谱密度核的方法.

由文献 [92, 命题 3.4], 在合适的条件下, 对任意固定的 $\omega\neq\{0,2\pi\}$, $\mathbf{E}[I_n^{(\tau_1,\tau_2)}(\omega)]$ 收敛到 $f_{q_{\tau_1},q_{\tau_2}}(\omega)$; 并且, 在不同的频率点处 $I_n^{(\tau_1,\tau_2)}(\omega)$ 是渐近独立的. 自然地, 为了估计耦合谱密度核, 可以考虑用 $I_n^{(\tau_1,\tau_2)}(\omega)$ 的光滑化版本, 即, 对于 $(\tau_1,\tau_2)\in[0,1]^2$ 与 $\omega\in(0,\pi]$, 用

$$\hat{G}_n(\tau_1,\tau_2;\omega)=\frac{2\pi}{n}\sum_{k=1}^{n-1}W_n(\omega-\omega_{k,n})I_n^{(\tau_1,\tau_2)}(\omega_{k,n}) \tag{6-26}$$

来估计 $f_{q_{\tau_1},q_{\tau_2}}(\omega)$, 其中 $W_n(\cdot)$ 表示一权重函数列. 在一些正则化条件下, $\hat{G}_n(\tau_1,\tau_2;\omega)$ 为 $f_{q_{\tau_1},q_{\tau_2}}(\omega)$ 的相合估计量.

要得到 (6-26) 中 $\hat{G}_n(\tau_1,\tau_2;\omega)$ 关于 $f_{q_{\tau_1},q_{\tau_2}}(\omega)$ 的相合性, 需要的假设如下:

以下先给出过程 $\{X_t\}_{t\in\mathbb{Z}}$ 相依结构的假设, 其与其他经典弱相依假设间的联系可参见文献 [92] 第 3 部分.

假设 6.4 存在常数 $\rho\in(0,1)$ 与 $K<\infty$, 使得对于任意的 $A_1,\cdots,A_p\subset\mathbb{R}$ 及任意的 $t_1,\cdots,t_p\in\mathbb{Z}$,

$$\left|\mathrm{cum}\big(\mathbb{I}_{A_1}(X_{t_1}),\cdots,\mathbb{I}_{A_p}(X_{t_p})\big)\right|\leqslant K\rho^{\max_{i,j}|t_i-t_j|}.$$

既然假设 6.4 是关于原始观测某些示性函数联合累积 (其定义参见定义 3.1) 的假设, 故它无须任何过程的矩条件. 此外, 集合 A_j 也仅需考虑区间的情况, 并不需要像传统的混合条件那样考虑一般的 Borel 集.

为了得到估计量 $\hat{G}_n(\tau_1,\tau_2;\omega)$ 的相合性, 还需要 (6-26) 中的权重 W_n 满足下面的条件. 这些条件在经典时间序列分析中是标准的权重条件, 可参见文献 [24, 第 147 页].

假设 6.5 权重函数 W 是一实值偶函数, 其支撑集为 $[-\pi,\pi]$; 并且其具有有界变差性, 并满足 $\int_{-\pi}^{\pi} W(u)\,\mathrm{d}u = 1$.

用 $b_n > 0$, $n = 1,2,\cdots$ 表示一列尺度参数, 使得当 $n\to\infty$ 时, $b_n\to 0$, $nb_n\to\infty$. 定义

$$W_n(u) := \sum_{j=-\infty}^{\infty} b_n^{-1} W(b_n^{-1}[u+2\pi j]).$$

有了这些条件, 便可得到 $\hat{G}_n(\tau_1,\tau_2;\omega)$ 关于 $f_{q_{\tau_1},q_{\tau_2}}(\omega)$ 的相合性.

定理 6.2 设假设 6.4 与假设 6.5 成立. 假定 $\{X_t\}_{t\in\mathbb{Z}}$ 是一严平稳的过程, F 是一连续的函数, 并且存在常数 $\kappa > 0$ 与 $k\in\mathbb{N}$, 使得

$$h_n = o(n^{-1/(2k+1)}) \quad 且 \quad b_n n^{1-\kappa}\to\infty.$$

那么, 当 $n\to\infty$ 时, 对于任意的 $(\tau_1,\tau_2)\in(0,1)^2$ 及 $\omega\in(-\pi,\pi]$, $\hat{G}_n(\tau_1,\tau_2;\omega)$ 依概率收敛到 $f_{q_{\tau_1},q_{\tau_2}}(\omega)$.

在文献 [92, 定理 3.5] 中, 基于定理 6.2 的条件, 还得到了依分布收敛的若干结论. 因其超出了本书的范围, 这里从略.

例 6.2 作为示例, 本例分析例 3.1 中的船体振动序列 VAC. 该数据在 6.1.5 小节部分利用分位数-耦合交叉协方差函数的估计研究了用高斯滑动平均对其建模存在的缺陷.

这里我们取 $(\tau_1,\tau_2) = (0.05, 0.50)$, 说明光滑周期图 $\hat{G}_n(\tau_1,\tau_2;\omega)$ 的估计表现. 取权重核函数

$$W(x) = \frac{3}{4\pi}\left(1-\left(\frac{x}{\pi}\right)^2\right)\mathbb{I}_{[-\pi,\pi]}(x),$$

该核函数称为 Epanechnikov 核, 它是由文献 [59] 导出的在给定尺度参数下可以最小化渐近方差和渐近积分均方误差的最优核函数. 众所周知, 在估计密度函数时 b_n 的选择比 W 的选择更为重要 (参见文献 [149]). 诸如交叉验证等确定带宽的方法在计算光滑周期图时计算量大, 实践中不易操作. 因此, b_n 的选择是光滑周期图的一个难点. 这里, 根据定理 6.2 中相合性成立的条件, 取 $b_n = n^{-1/5}$. 利用光滑周期图法得到的耦合谱密度核估计的结论如图 6-6 所示, 其中波浪振动的周期在谱估计的实部中清晰可辨.

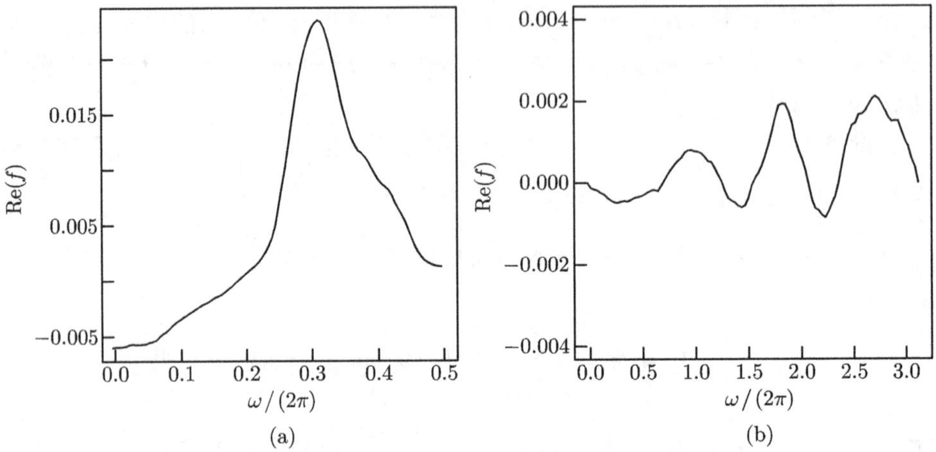

图 6-6 基于 VAC 序列利用光滑周期图法得到的耦合谱密度核估计

6.2.3 贝叶斯统计推断

本小节致力于同时估计大量不同分位数对下的耦合谱密度核. 设 $d \geqslant 1$ 为一正整数, $0 < \tau_1 < \cdots < \tau_d < 1$. 具体地, 欲同时估计谱矩阵

$$\boldsymbol{f}_{q_{\tau_1}:q_{\tau_d}}(\omega) = \Big(f_{q_{\tau_i},q_{\tau_j}}(\omega)\Big)_{d\times d}$$

的所有元素. 因不同的谱元素光滑性质不一致, 故用光滑周期图法来估计耦合谱密度核时, 带宽等光滑参数的确定将是一个难点.

既然 $\boldsymbol{f}_{q_{\tau_1}:q_{\tau_d}}(\omega)$ 是 Hermite 矩阵, 其估计问题类似于平稳多变量时间序列谱矩阵的估计问题. 关于平稳多变量时间序列谱矩阵的估计, 早已有众多方法可以借鉴. 例如, 通过从光滑谱密度矩阵 Cholesky 分解的元素来重构谱矩阵的估计, 文献 [138] 建立了一套 MCMC 方法用于对谱矩阵 Cholesky 分解的每个元素用光滑样条自动拟合. 在此基础上, 文献 [99, 174] 将其发展到估计非平稳多变量时间序列的时变谱矩阵. 文献 [94] 提出了一种惩罚 Whittle 似然的方法用于非参数多变量谱分析, 该方法也允许在保证谱矩阵正定性的同时使不同的谱元素具有不同的光滑水平.

理论上, 文献 [94, 138] 的方法都可用于估计一般的 d 维时间序列的谱矩阵. 但当 d 较大, 如 $d > 3$ 时, 实际上是不可行的. Cholesky 分解的矩阵元素个数共 d^2 个, 除了编码的高工作量外, 文献 [138] 中方法模拟产生的 Markov 链的收敛速度也会随着 d 的增大而变慢. 由于在最小化惩罚 Whittle 对数似然中含有高维的半正定规划问题, 随着数据维数的提高, 文献 [94] 中惩罚 Whittle 似然方法的计算将异常耗时. 事实上, 在文献中还没有看到过当 $d > 3$ 时关于时间序列谱密度推断的模拟或实际数据分析的例子. 然而, 为了研究 (X_t, X_{t-k}) 的分布更具体的特征, 在 d 较大时估计耦合谱密度核组成的矩阵 $\boldsymbol{f}_{q_{\tau_1}:q_{\tau_d}}(\omega)$ 是十分有必要的.

在贝叶斯框架下, 文献 [175] 将 $\boldsymbol{f}_{q_{\tau_1}:q_{\tau_d}}(\omega)$ 的逆表示为一个和式形式, 利用该和式, 样条基的系数与光滑参数都可以独立地分组. 在每组参数中, 样条基的系数通过将 Gibbs 抽样与 Hamiltonian Monte Carlo (HMC) 抽样方法相结合来实现. 给定样条基的系数, 可以独立地对光滑参数进行抽样. 参数分组策略大大降低了编码的负担, 而 HMC 降低了计算中的时间复杂度. 两者结合使同时估计大量耦合谱密度核成为可能. 以下将重点介绍文献 [175] 中的这一谱估计方法.

1. 似然函数与先验具体化

假定可获得 $\{X_t\}$ 充分多的观测数据, 即样本容量 n 充分大, 以保证渐近圆对称复高斯分布对离散 Fourier 变换型统计量 $\boldsymbol{y}_n^{\boldsymbol{\tau}}(\omega)$ 提供一个很好的近似. 由 6.2.1 小节可知, $\boldsymbol{y}_n^{\boldsymbol{\tau}}(\omega_{k,n})$ ($\boldsymbol{y}_{n,q}^{\boldsymbol{\tau}}(\omega_{k,n})$ 或 $\boldsymbol{y}_{n,c}^{\boldsymbol{\tau}}(\omega_{k,n})$)$(k=0,\cdots,N)$ 的分布可以用均值为零、协方差矩阵为 $\boldsymbol{f}_{q_{\tau_1}:q_{\tau_d}}(\omega_{k,n})$ 的互不相关的圆对称复高斯分布来近似. 为了符号的简短化, 记 $\boldsymbol{f}_k=\boldsymbol{f}_{q_{\tau_1}:q_{\tau_d}}(\omega_{k,n})$, $\boldsymbol{y}_k=\boldsymbol{y}_n^{\boldsymbol{\tau}}(\omega_{k,n})=(y_{1k},\cdots,y_{dk})^{\mathrm{T}}$. 给定数据 $\boldsymbol{y}_k(k=0,\cdots,N)$, 耦合谱密度核 $\boldsymbol{f}_k(k=0,\cdots,N)$ 的近似似然由

$$L(\boldsymbol{y}_k,\boldsymbol{f}_k;k=1,\cdots,N)\propto\exp\left\{-\sum_{k=1}^{N}\left[\log(\det(\boldsymbol{f}_k))+\boldsymbol{y}_k^*\boldsymbol{f}_k^{-1}\boldsymbol{y}_k\right]\right\} \tag{6-27}$$

给出 (参见文献 [63]). (6-27) 与多变量时间序列 Whittle 似然 (见文献 [164]) 的形式类似.

需要指出的是: 在每个频率点 $\omega_{n,k}$ 处的谱矩阵是一个 Hermite 矩阵. 如 (3-27) 一样, 将 $\boldsymbol{f}_k$ 的逆表示为修正的复 Cholesky 分解的形式

$$\boldsymbol{f}_k^{-1}=T_k^*D_k^{-1}T_k, \tag{6-28}$$

其中 T_k 是一复的单位上三角矩阵, D_k 是一对角矩阵. 具体地,

$$T_k=\begin{pmatrix}1 & \varsigma_{12k} & \varsigma_{13k} & \cdots & \varsigma_{1dk}\\ & 1 & \varsigma_{23k} & \cdots & \varsigma_{2dk}\\ & & 1 & \cdots & \varsigma_{3dk}\\ & & & \ddots & \vdots\\ & & & & 1\end{pmatrix},$$

$D_k=\mathrm{diag}\left(\mathrm{e}^{\delta_{1k}},\cdots,\mathrm{e}^{\delta_{dk}}\right)$. 需要进一步指出的是: 修正的复 Cholesky 分解 (6-28) 还可以表示成一个和式

$$\boldsymbol{f}_k^{-1}=\sum_{i=1}^{d}\mathrm{e}^{-\delta_{ik}}(\boldsymbol{\varsigma}_{ik}^{\mathrm{T}})^*\boldsymbol{\varsigma}_{ik}^{\mathrm{T}}, \tag{6-29}$$

其中 ς_{ik} 是由 T_k 的第 i 行组成的向量, $i=1,\cdots,d$. 和式 (6-29) 使得后验参数具有分组独立性, 大大降低了编码的强度. 利用 (6-29), 可得 (6-27) 中的 $\log(\det(\boldsymbol{f}_k))+\boldsymbol{y}_k^*\boldsymbol{f}_k^{-1}\boldsymbol{y}_k$ 可分解为

$$\begin{aligned}\log(\det(\boldsymbol{f}_k))+\boldsymbol{y}_k^*\boldsymbol{f}_k^{-1}\boldsymbol{y}_k &=\sum_{i=1}^{d}\left\{\delta_{ik}+\mathrm{e}^{-\delta_{ik}}|\boldsymbol{\varsigma}_{ik}^{\mathrm{T}}\boldsymbol{y}_k|^2\right\}\\ &=\sum_{i=1}^{d}\left\{\delta_{ik}+\mathrm{e}^{-\delta_{ik}}\left|y_{ik}+\sum_{j=i+1}^{d}\varsigma_{ijk}y_{jk}\right|^2\right\}.\end{aligned} \tag{6-30}$$

既然 $\boldsymbol{f}_k$ 是一 Hermite 矩阵, 那么 δ_{ik} 与 $\Re(\varsigma_{ijk})$ 关于 k 是偶函数, 而 $\Im(\varsigma_{ijk})$ 是奇函数. 将 δ_{ik} 与 $\Re(\varsigma_{ijk})$ 表示为 $\boldsymbol{\beta}^{\mathrm{T}}\boldsymbol{\psi}(\omega_{k,n})$ 的形式, 同时将 $\Im(\varsigma_{ijk})$ 表示为 $\boldsymbol{\beta}^{\mathrm{T}}\boldsymbol{\phi}(\omega_{k,n})$ 的形式, 其中

$$\boldsymbol{\psi}(\omega)=(1,\psi_1(\omega),\cdots,\psi_J(\omega))^{\mathrm{T}},\quad \boldsymbol{\phi}(\omega)=(\phi_1(\omega),\cdots,\phi_J(\omega))^{\mathrm{T}},$$

$\psi_j(\omega)=\sqrt{2}\cos(j\omega)$, $\phi_j(\omega)=\sqrt{2}\sin(j\omega)$, $j=1,\cdots,J$.

在上述这些设定下, 有

$$\delta_{ik}=\boldsymbol{\beta}_{\delta_i}^{\mathrm{T}}\boldsymbol{\psi}(\omega_{k,n}),\quad \Re(\varsigma_{ijk})=\boldsymbol{\beta}_{\Re_{ij}}^{\mathrm{T}}\boldsymbol{\psi}(\omega_{k,n})\quad 与\quad \Im(\varsigma_{ijk})=\boldsymbol{\beta}_{\Im_{ij}}^{\mathrm{T}}\boldsymbol{\phi}(\omega_{k,n}), \tag{6-31}$$

其中 $i=1,\cdots,d$, $j=i+1,\cdots,d$, $k=1,\cdots,N$. 这里, 仍然建议取 $J=10$.

系数 $\boldsymbol{\beta}_{\delta_i}$, $\boldsymbol{\beta}_{\Re_{ij}}$ 与 $\boldsymbol{\beta}_{\Im_{ij}}$ 的先验分别取为 $N(0,\lambda_{\delta_i}I_{J+1})$, $N(0,\lambda_{\Re_{ij}}I_{J+1})$ 与 $N(0,\lambda_{\Im_{ij}}I_J)$, 其中 I_n 是 $n\times n$ 单位矩阵. 为完成先验的设定, 按照文献 [138] 对光滑参数取先验的方法, 取 $p(\lambda_{\delta_i})\propto\lambda_{\delta_i}^{-1}$, $p(\lambda_{\Re_{ij}})\propto\lambda_{\Re_{ij}}^{-1}$ 及 $p(\lambda_{\Im_{ij}})\propto\lambda_{\Im_{ij}}^{-1}$. 实际上, 采用文献 [61] 中提供的三类不同的弱信息先验作为光滑参数的先验, 所得估计结论的差异十分微小. 这里, 相较于 3.6.1 小节与 3.7.1 小节中采用的先验的主要优势在于不依赖于其他超参数.

2. 抽样策略

令 $\boldsymbol{\beta}_i=\{\boldsymbol{\beta}_{\delta_i},\boldsymbol{\beta}_{\Re_{ij}},\boldsymbol{\beta}_{\Im_{ij}},j=i+1,\cdots,d\}$, $\boldsymbol{\lambda}_i=\{\lambda_{\delta_i},\lambda_{\Re_{ij}},\lambda_{\Im_{ij}},j=i+1,\cdots,d\}$, $i=1,\cdots,d$. 定义 $\boldsymbol{\theta}_i=\{\boldsymbol{\beta}_i,\boldsymbol{\lambda}_i\}$, $i=1,\cdots,d$. 由 (6-27), (6-30) 及各参数的先验设定, 可得所有参数的后验分布具有乘积形式

$$p(\boldsymbol{\theta}_i,i=1,\cdots,d|\boldsymbol{y}_k,k=1,\cdots,N)\propto\prod_{i=1}^{d}p_i(\boldsymbol{\theta}_i|\boldsymbol{y}_k^{(i:d)},k=1,\cdots,N), \tag{6-32}$$

其中,

$$p_i(\boldsymbol{\theta}_i|\boldsymbol{y}_k^{(i:d)},k=1,\cdots,N)$$

$$\propto \exp\Bigg\{-\sum_{k=1}^{N}\Bigg[\boldsymbol{\beta}_{\delta_i}^{\mathrm{T}}\boldsymbol{\psi}(\omega_{k,n})+\mathrm{e}^{-\boldsymbol{\beta}_{\delta_i}^{\mathrm{T}}\boldsymbol{\psi}(\omega_{k,n})}\Bigg|y_{ik}$$

$$+\sum_{j=i+1}^{d}\left(\boldsymbol{\beta}_{\Re_{ij}}^{\mathrm{T}}\boldsymbol{\psi}(\omega_{k,n})+\mathrm{i}\boldsymbol{\beta}_{\Im_{ij}}^{\mathrm{T}}\boldsymbol{\phi}(\omega_{k,n})\right)y_{jk}\Bigg|^2\Bigg]-\frac{\boldsymbol{\beta}_{\delta_i}^{\mathrm{T}}\boldsymbol{\beta}_{\delta_i}}{2\lambda_{\delta_i}}-\sum_{j=i+1}^{d}\frac{\boldsymbol{\beta}_{\Re_{ij}}^{\mathrm{T}}\boldsymbol{\beta}_{\Re_{ij}}}{2\lambda_{\Re_{ij}}}$$

$$-\sum_{j=i+1}^{d}\frac{\boldsymbol{\beta}_{\Im_{ij}}^{\mathrm{T}}\boldsymbol{\beta}_{\Im_{ij}}}{2\lambda_{\Im_{ij}}}\Bigg\}\lambda_{\delta_i}^{-\frac{J+1}{2}-1}\prod_{j=i+1}^{d}\left\{\lambda_{\Re_{ij}}^{-\frac{J+1}{2}-1}\lambda_{\Im_{ij}}^{-\frac{J}{2}-1}\right\}. \tag{6-33}$$

这里, $\boldsymbol{y}_k^{(i:d)}=(y_{ik},\cdots,y_{dk})^{\mathrm{T}}$.

给定 $\{\boldsymbol{y}_k,k=1,\cdots,N\}$, 从 (6-32) 与 (6-33) 可知, 参数 $\boldsymbol{\theta}_i$ 关于 $i=1,\cdots,d$ 是相互独立的.

从后验分布 (6-32) 中抽取所有参数可以分为 d 个独立的步骤. 第 i $(i=1,\cdots,d)$ 个独立的步骤致力于从后验分布

$$p_i(\boldsymbol{\theta}_i|\boldsymbol{y}_k^{(i:d)},k=1,\cdots,N)$$

中抽取参数 $\boldsymbol{\theta}_i$.

参数 $\boldsymbol{\theta}_i$ 的抽取可以通过一个 Gibbs 步来完成, 其包含两部分:

(i) $\boldsymbol{\beta}_i=\{\boldsymbol{\beta}_{\delta_i},\boldsymbol{\beta}_{\Re_{ij}},\boldsymbol{\beta}_{\Im_{ij}},j=i+1,\cdots,d\}$ 仍然由 Gibbs 抽样取自分布

$$p(\boldsymbol{\beta}_i|\boldsymbol{\lambda}_i,\boldsymbol{y}_k^{(i:d)},k=1,\cdots,N)$$

$$\propto \exp\Bigg\{-\sum_{k=1}^{N}\Bigg[\boldsymbol{\beta}_{\delta_i}^{\mathrm{T}}\boldsymbol{\psi}(\omega_{k,n})+\mathrm{e}^{-\boldsymbol{\beta}_{\delta_i}^{\mathrm{T}}\boldsymbol{\psi}(\omega_{k,n})}\Bigg|y_{ik}$$

$$+\sum_{j=i+1}^{d}\left(\boldsymbol{\beta}_{\Re_{ij}}^{\mathrm{T}}\boldsymbol{\psi}(\omega_{k,n})+\mathrm{i}\boldsymbol{\beta}_{\Im_{ij}}^{\mathrm{T}}\boldsymbol{\phi}(\omega_{k,n})\right)y_{jk}\Bigg|^2\Bigg]$$

$$-\frac{\boldsymbol{\beta}_{\delta_i}^{\mathrm{T}}\boldsymbol{\beta}_{\delta_i}}{2\lambda_{\delta_i}}-\sum_{j=i+1}^{d}\frac{\boldsymbol{\beta}_{\Re_{ij}}^{\mathrm{T}}\boldsymbol{\beta}_{\Re_{ij}}}{2\lambda_{\Re_{ij}}}-\sum_{j=i+1}^{d}\frac{\boldsymbol{\beta}_{\Im_{ij}}^{\mathrm{T}}\boldsymbol{\beta}_{\Im_{ij}}}{2\lambda_{\Im_{ij}}}\Bigg\}.$$

在抽样中, 给定其他分量, 每个 $\boldsymbol{\beta}_{\delta_i}$, $\boldsymbol{\beta}_{\Re_{ij}}$, $\boldsymbol{\beta}_{\Im_{ij}}$, $j=i+1,\cdots,d$, 由 Hamiltonian Monte Carlo (HMC, 参见文献 [62, 第 12 章]) 抽样方法分别抽取. 具体的 HMC 抽样步骤将在 6.2.3小节的第 3 部分中给出.

(ii) 光滑参数 λ_{δ_i}, $\lambda_{\Re_{ij}}$ 与 $\lambda_{\Im_{ij}}$ $(j=i+1,\cdots,d)$ 分别从倒 Gamma 分布 $\mathrm{IG}\left(\frac{J+1}{2},\frac{1}{2}\boldsymbol{\beta}_{\delta_i}^{\mathrm{T}}\boldsymbol{\beta}_{\delta_i}\right)$, $\mathrm{IG}\left(\frac{J+1}{2},\frac{1}{2}\boldsymbol{\beta}_{\Re_{ij}}^{\mathrm{T}}\boldsymbol{\beta}_{\Re_{ij}}\right)$ 与 $\mathrm{IG}\left(\frac{J}{2},\frac{1}{2}\boldsymbol{\beta}_{\Im_{ij}}^{\mathrm{T}}\boldsymbol{\beta}_{\Im_{ij}}\right)$ 中抽取. 这里, $\mathrm{IG}(\nu,\alpha)$ 表示密度函数为 $p(\lambda|\nu,\alpha)\propto(\lambda)^{-\nu-1}\exp(-\alpha/\lambda)$ 的倒 Gamma 分布, 其中 $\lambda\in(0,\infty)$.

总之, 整个抽样方案基于图 6-7 所示的分组策略. 最后, 对于每个固定的 i, 借助于 HMC 对每个 $\{\boldsymbol{\beta}_{\delta_i}, \boldsymbol{\beta}_{\Re_{ij}}, \boldsymbol{\beta}_{\Im_{ij}}, j=i+1,\cdots,d\}$ 进行抽样; 接着, 在给定这些系数参数后, 从倒 Gamma 分布中对每个 $\{\lambda_{\boldsymbol{\delta}_i}, \lambda_{\Re_{ij}}, \lambda_{\Im_{ij}}, j=i+1,\cdots,d\}$ 进行抽样.

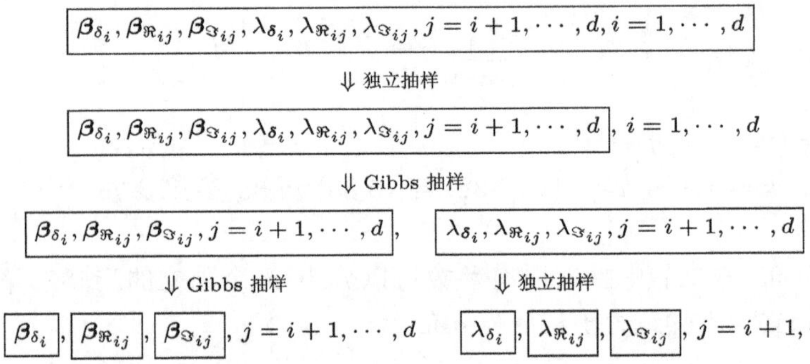

图 6-7　HMC 嵌套入 Gibbs 的抽样策略

3. Hamiltonian Monte Carlo 抽样

下面, 参数 $\boldsymbol{\beta}_i$ 的当前与建议值分别用上标 c 与 p 表示. 假定 $\boldsymbol{\beta}_i$ 的 Markov 链当前在 $\boldsymbol{\beta}_i^c = \{\boldsymbol{\beta}_{\delta_i}^c, \boldsymbol{\beta}_{\Re_{ij}}^c, \boldsymbol{\beta}_{\Im_{ij}}^c, j=i+1,\cdots,d\}$ 处. 作为示例, 下仅给出抽取 $\boldsymbol{\beta}_{\delta_i}^p$ 的具体步骤. 给定 $\boldsymbol{\beta}_{\Re_{ij}}^c$, $\boldsymbol{\beta}_{\Im_{ij}}^c$, $j=i+1,\cdots,d$, $\boldsymbol{\lambda}_i$ 与 $\boldsymbol{y}_k^{(i:d)}$, $k=1,\cdots,N$ 后, 便可设计 HMC 抽样以从 $p(\boldsymbol{\beta}_{\delta_i}|\boldsymbol{\beta}_{\Re_{ij}}^c, \boldsymbol{\beta}_{\Im_{ij}}^c, j=i+1,\cdots,d, \boldsymbol{\lambda}_i, \boldsymbol{y}_k^{(i:d)}, k=1,\cdots,N)$ 中联合地抽取 $\boldsymbol{\beta}_{\delta_i}^p$.

除了后验密度外, HMC 抽样还需要后验密度对数的梯度值. 首先给出梯度的解析表达式, 再给出 HMC 抽样步骤.

1) 梯度

为了符号简短起见, 以下省略了密度 p 中的参数. 对于固定的 $i=1,\cdots,d$ 及 $j=i+1,\cdots,d$,

$$\frac{\partial \log p}{\partial \boldsymbol{\beta}_{\delta_i}} = -\sum_{k=1}^{N}\left[1-\mathrm{e}^{-\boldsymbol{\beta}_{\delta_i}^{\mathrm{T}}\boldsymbol{\psi}(\omega_{k,n})}\left|y_{ik}+\sum_{l=i+1}^{d}(\boldsymbol{\beta}_{\Re_{il}}^{\mathrm{T}}\boldsymbol{\psi}(\omega_{k,n})+\mathrm{i}\boldsymbol{\beta}_{\Im_{il}}^{\mathrm{T}}\boldsymbol{\phi}(\omega_{k,n}))y_{lk}\right|^2\right] \times \boldsymbol{\psi}(\omega_{k,n}) - \lambda_{\boldsymbol{\delta}_i}^{-1}\boldsymbol{\beta}_{\boldsymbol{\delta}_i}, \tag{6-34}$$

$$\frac{\partial \log p}{\partial \boldsymbol{\beta}_{\Re_{ij}}} = -2\sum_{k=1}^{N}\mathrm{e}^{-\boldsymbol{\beta}_{\delta_i}^{\mathrm{T}}\boldsymbol{\psi}(\omega_{k,n})}\Re\left[\left(y_{ik}+\sum_{l=i+1}^{d}(\boldsymbol{\beta}_{\Re_{il}}^{\mathrm{T}}\boldsymbol{\psi}(\omega_{k,n})+\mathrm{i}\boldsymbol{\beta}_{\Im_{il}}^{\mathrm{T}}\boldsymbol{\phi}(\omega_{k,n}))y_{lk}\right)\overline{y}_{jk}\right] \times \boldsymbol{\psi}(\omega_{k,n}) - \lambda_{\Re_{ij}}^{-1}\boldsymbol{\beta}_{\Re_{ij}},$$

$$\frac{\partial \log p}{\partial \boldsymbol{\beta}_{\Im_{ij}}} = -2\sum_{k=1}^{N} \mathrm{e}^{-\boldsymbol{\beta}_{\delta_i}^{\mathrm{T}}\boldsymbol{\psi}(\omega_{k,n})} \Im\left[\left(y_{ik} + \sum_{l=i+1}^{d}(\boldsymbol{\beta}_{\Re_{il}}^{\mathrm{T}}\boldsymbol{\psi}(\omega_{k,n}) + \mathrm{i}\boldsymbol{\beta}_{\Im_{il}}^{\mathrm{T}}\boldsymbol{\phi}(\omega_{k,n}))y_{lk}\right)\overline{y}_{jk}\right]$$
$$\times \boldsymbol{\phi}(\omega_{k,n}) - \lambda_{\Im_{ij}}^{-1}\boldsymbol{\beta}_{\Im_{ij}}.$$

2) HMC 抽样步骤

设 $\boldsymbol{m}$ 为与 $\boldsymbol{\beta}_{\delta_i}$ 同维数的动量向量, 并假设 $\boldsymbol{m}$ 服从多变量正态分布 $N(\boldsymbol{0}, M)$. 为简单起见, 设 $M = \kappa^2 I$.

注意 $\boldsymbol{\beta}_{\delta_i}$ 的现值为 $\boldsymbol{\beta}_{\delta_i}^c$. HMC 步骤从 $N(\boldsymbol{0}, M)$ 分布开始抽取 $\boldsymbol{m}$, 记为 $\boldsymbol{m}^c$. 然后通过 L 步由因子 ϵ 尺度化的 “越级步骤”(leapfrog steps) 同时更新 $\boldsymbol{m}$ 与 $\boldsymbol{\beta}_{\delta_i}$. 每个越级步包括以下三步:

(a) 利用梯度 (6-34) 作 $\boldsymbol{m}$ 的半次更新:

$$\boldsymbol{m} \longleftarrow \boldsymbol{m} + \frac{1}{2}\epsilon\frac{\partial \log p}{\partial \boldsymbol{\beta}_{\delta_i}}.$$

(b) 利用动量向量 $\boldsymbol{m}$ 更新 $\boldsymbol{\beta}_{\delta_i}$:

$$\boldsymbol{\beta}_{\delta_i} \longleftarrow \boldsymbol{\beta}_{\delta_i} + \epsilon M^{-1}\boldsymbol{m}.$$

(c) 再次利用梯度 (6-34) 作 $\boldsymbol{m}$ 的半次更新:

$$\boldsymbol{m} \longleftarrow \boldsymbol{m} + \frac{1}{2}\epsilon\frac{\partial \log p}{\partial \boldsymbol{\beta}_{\delta_i}}.$$

用 $\boldsymbol{m}'$ 与 $\boldsymbol{\beta}_{\delta_i}'$ 表示 $\boldsymbol{m}$ 与 $\boldsymbol{\beta}_{\delta_i}$ 经过 L 次越级步骤之后的值. 令

$$A = \frac{p(\boldsymbol{\beta}_{\delta_i}'|\boldsymbol{\beta}_{\Re_{ij}}^c, \boldsymbol{\beta}_{\Im_{ij}}^c, j = i+1, \cdots, d, \boldsymbol{\lambda}_i, \boldsymbol{y}_k^{(i:d)}, k = 1, \cdots, N)p(\boldsymbol{m}')}{p(\boldsymbol{\beta}_{\delta_i}^c|\boldsymbol{\beta}_{\Re_{ij}}^c, \boldsymbol{\beta}_{\Im_{ij}}^c, j = i+1, \cdots, d, \boldsymbol{\lambda}_i, \boldsymbol{y}_k^{(i:d)}, k = 1, \cdots, N)p(\boldsymbol{m}^c)},$$

其中无条件密度 $p(\cdot)$ 为 $N(\boldsymbol{0}, M)$ 的概率密度函数. 最后, $\boldsymbol{\beta}_{\delta_i}$ 的更新通过依概率 $\min(1, A)$ 取 $\boldsymbol{\beta}_{\delta_i}^p = \boldsymbol{\beta}_{\delta_i}'$ 并依剩余概率取 $\boldsymbol{\beta}_{\delta_i}^p = \boldsymbol{\beta}_{\delta_i}^c$ 来完成.

遵照文献 [62] 的建议, 设定 $\epsilon L = 1$. HMC 步骤仅有两个调节参数: 尺度参数 κ 及越级步数 L.

耦合谱密度核仅依赖于 (U_t, U_{t-k}) 的耦合, 并不直接依赖于 (X_t, X_{t-k}) 的分布, 因此 (6-29) 中的参数仅在一个较窄的范围内取值. 这使得 L 的选择也限定在一个较小的范围内. 实际上, 当 L 从 5 到 20 间变动时, 从模拟与数据分析的例子中, 可以发现: 谱估计的结论都十分相似. 本书建议实际应用中取 $L = 10$ 作为默认选择.

在完成 L 的选择后, 需要设定 κ. 在产生的 Markov 链长度不是很短时, 谱估计的结果对 κ 的选择也是不敏感的. 如可以考虑在 5 到 50 间任意取值.

6.2.4　船体振动耦合谱密度核的贝叶斯推断

因耦合谱密度核的贝叶斯推断独立于光滑参数的人工设定, 且其表现优于光滑周期图的估计效果, 这里, 我们用船体振动耦合谱密度核的贝叶斯估计探讨船体振动序列的自相依性特征.

例 6.3 (例 6.1)　这里仍然分析例 6.1 中同样的船体振动数据 VAC. 在执行 HMC 时, 设定 $\kappa = 30$. 取 $d = 5$, $\boldsymbol{\tau} = (0.05, 0.25, 0.50, 0.75, 0.95)^{\mathrm{T}}$, 将耦合谱密度核估计算法运行 5000 次迭代并舍弃前面的 2000 次迭代. 图 6-8 给出了耦合谱密度核的估计值及其 95% 可信区间. 由图 6-8 可得如下结论. 第一, 对于所有耦合谱密度核的实部部分, 在频率点 $\omega/(2\pi) = 0.3$ 处的峰值都清晰可辨. 这个峰值实际上是由波浪驱动的振动周期所致. 第二, 诸如 $f_{q_{0.75},q_{0.75}}(\omega)$, $f_{q_{0.95},q_{0.95}}(\omega)$ 与 $\Re(f_{q_{0.75},q_{0.95}}(\omega))$ 都在原点处产生了一个峰值, 这很可能是由于 VAC 序列的某种长程记忆性所致. 具体地, 该长程记忆性在超过 1/2 分位点的状态处出现的概率更大. 第三, 虚部元素 $\Im(f_{q_{0.25},q_{0.50}}(\omega))$, $\Im(f_{q_{0.25},q_{0.75}}(\omega))$ 与 $\Im(f_{q_{0.25},q_{0.95}}(\omega))$ 在某些频率区间上偏离 0, 这暗示了状态空间的其他分位点对下四分位点的时间

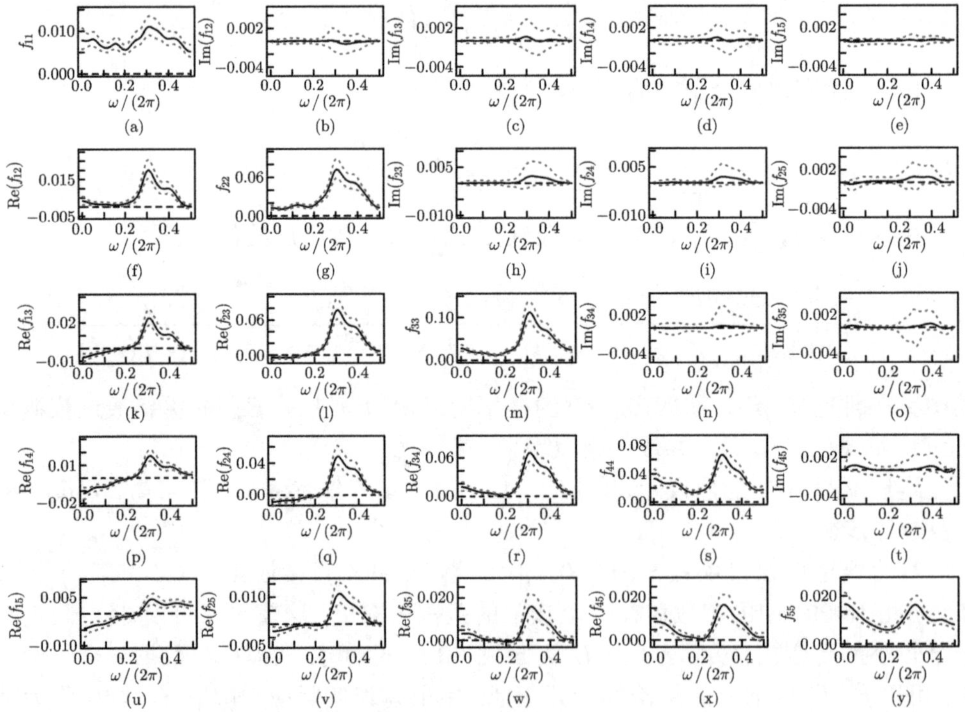

图 6-8　船首垂向加速度的耦合谱密度核估计 (–) 及其 95% 可信区间 (···). 图中短划线 (- - -) 是对应于 0 的水平线

不可逆效应. 相反地, 诸如 $\Im(f_{q_{0.05},q_{0.25}}(\omega))$, $\Im(f_{q_{0.05},q_{0.95}}(\omega))$ 与 $\Im(f_{q_{0.50},q_{0.75}}(\omega))$ 等虚部元素是非常接近于 0 的, 这暗示了数据模型在这些状态空间分位点处的时间可逆性, 也就是, $\mathbf{P}(X_t \leqslant q_{0.05}, X_{t+k} \leqslant q_{0.25})$, $\mathbf{P}(X_t \leqslant q_{0.05}, X_{t+k} \leqslant q_{0.95})$ 与 $\mathbf{P}(X_t \leqslant q_{0.50}, X_{t+k} \leqslant q_{0.75})$ 分别近似等于 $\mathbf{P}(X_t \leqslant q_{0.25}, X_{t+k} \leqslant q_{0.05})$, $\mathbf{P}(X_t \leqslant q_{0.95}, X_{t+k} \leqslant q_{0.05})$ 与 $\mathbf{P}(X_t \leqslant q_{0.75}, X_{t+k} \leqslant q_{0.50})$. 这里得到了比 6.1.5 小节更为丰富具体的结论. 在时间域上, 序列振动周期及长程记忆性等都不易被发现. 这些结论也进一步验证了文献 [173] 中的高斯滑动平均模型不能全面捕获 VAC 序列的自相依特征, 因为高斯滑动平均是时间可逆的过程.

6.3 基于耦合谱的模型性质检验及其应用

若一个时间序列 $\{X_t\}$ 的有限维分布关于时间指标的逆是不变的, 则称该时间序列是时间可逆的. 众所周知, 除了独立同分布的序列外, 高斯 ARMA 模型属于时间可逆的时间序列. 时间可逆的一类较弱但较易处理的必要条件是成对时间可逆性, 即时间序列的二维边际分布函数满足对任意的 $(a,b) \in \mathbb{R}^2$ 及 $k \in \mathbb{N}$, $F_{X_t,X_{t-k}}(a,b) = F_{X_t,X_{t+k}}(a,b)$. 对于 Markov 过程而言, 时间可逆性与成对时间可逆性是等价的. 因其相依性质完全由自协方差函数决定, 二阶平稳的高斯过程一定是成对时间可逆的. 因此, 拒绝成对可逆性一般用于模型对高斯性或线性性假设偏离的描述. 最近几十年来, 在计量经济学领域, 非线性及非高斯模型受到广泛关注, 如文献 [22,33,156] 等.

大多数现存的有关时间可逆性检验的方法实际上是验证各种各样成对时间可逆性的必要条件. 早期的工作关注于对任意 k, $X_t - X_{t-k}$ 分布的对称性. 例如, 文献 [136] 通过验证 $\mathbf{E}[(X_t - X_{t-k})^3] = 0$(等价条件为 $\mathbf{E}[X_t^2 X_{t-k}] = \mathbf{E}[X_t X_{t-k}^2]$) 给出了一种基于矩的时间可逆性检验方法 (RR 检验). 注意到分布对称性与特征函数虚部为 0 等价, 文献 [32] 通过验证 $\mathbf{E}[\psi_g(X_t - X_{t-k})] = 0$ 给出了另一时间可逆性检验方法 (CCK 检验), 其中 $\psi_g(x) = \int_0^\infty \sin(\omega x) g(\omega)\,\mathrm{d}\omega$, g 是一使得 $\int_0^\infty g(\omega)\,\mathrm{d}\omega < \infty$ 的正值函数. 执行该类检验时选择合适的 g 是非常重要的. 文献 [32] 将 g 取为指数或半正态分布的密度函数. 文献 [33] 修正了 CCK 检验, 使其可以用于探测条件分布的对称性. 文献 [122, 132] 都建议利用再抽样技术去检验差 $X_t - X_{t-k}$ 是否具有中位数 0, 但前者仅考虑了 Markov 过程的情况.

还有几种借助于包含 (X_t, X_{t-k}) 联合与边际密度非对称度量的检验方法. 假设 (X_t, X_{t-k}) 的密度具有一种非线性的标准化分解, 文献 [43] 借助于非线性标准化相关系数分析考虑了一种基于核的检验方法. 利用通过比较 (X_t, X_{t-k}) 的联合密度与边际密度乘积定义的相依性测度, 文献 [134] 提供了一种用于时间可逆性稳健检验的测度熵统计量.

谱域方法是成对时间可逆性检验方法的另一类选择. 根据偏度的谱分解, 文献 [71] 给出了一类包含双频频谱虚部平方和的频率域检验方法. 最近, 文献 [166] 通过应用三频频谱将文献 [71] 中的方法推广至包含峰度谱分解的和式统计量. 这些谱域方法实际上是通过验证时间序列三阶或四阶矩的对称性实现的.

上述检验的一个共同缺点在于它们仅仅与成对时间可逆性的某些具体形式相吻合, 也就是说, 每个检验的原假设仅为成对时间可逆性的一必要而非充分条件. 更近的一些工作 (如文献 [18,145]) 本质上是从联合分布角度检验成对时间可逆性的特征, 但其应用仅限于 Markov 模型. 除了谱域方法外, 其他可获得的方法还有一个缺点就是检验统计量包含滞后阶数. 实践中会出现在一些滞后阶数处检验显著而在另外一些处不显著. 为了避免得到相矛盾的结论, 文献 [31] 基于有限个具有不同滞后阶数的时间序列成对差的和式, 给出了 RR 检验或 CCK 检验的复合式版本形式. 然而, 这类修正的检验仅可用于探测序列独立性对时间可逆性的问题. 最后, 诸如 RR 检验及大多数谱域检验等很多方法都需要时间序列高阶矩的存在性, 这将经济与金融领域的很多时间序列排除在适用范围之外.

事实上, (X_t, X_{t-k}) 的联合分布包含着如下两个方面的信息. 一是一维边际分布的信息, 即一维边际累积分布函数 $F(x)$. 二是 $(F(X_t), F(X_{t-k}))$ 的联合分布信息. 从这一点上来看, X_t 与 X_{t-k} 间的相依信息完全包含在 U_t 与 U_{t-k} 的相依性之中, 其中 $U_t := F(X_t)$. 而 U_t 与 U_{t-k} 的相依结构包含在交叉协方差函数集 $\gamma_k^U := \{\gamma^{(\tau_1,\tau_2)}(k)|(\tau_1,\tau_2 \in [0,1]^2)\}$ 中, 其中 $\gamma^{(\tau_1,\tau_2)}(k) = \mathrm{Cov}(\mathbb{I}_{(0,\tau_1]}(U_t), \mathbb{I}_{(0,\tau_2]}(U_{t-k}))$ 为 $\{X_t\}$ 的滞后阶数为 $k \in \mathbb{Z}$ 的分位数-耦合交叉协方差函数. 一个平稳时间序列是成对时间可逆的当且仅当对所有的 $(\tau_1,\tau_2) \in [0,1]^2$ 及 $k \in \mathbb{Z}$, 等式 $\gamma^{(\tau_1,\tau_2)}(k) = \gamma_{-k}^U(\tau_1,\tau_2)$ 成立. 这也等价于对所有的 $(\tau_1,\tau_2) \in [0,1]^2$ 及 $\omega \in (0,\pi)$, $\Im f_{q_{\tau_1},q_{\tau_2}}(\omega) = 0$ (见命题 6.2), 其中 $f_{q_{\tau_1},q_{\tau_2}}(\cdot)$ 为由 (6-19) 定义的耦合谱密度核. 令 $d \geqslant 2$ 为一充分大的正整数, 并设 $0 \leqslant \tau_1 < \cdots < \tau_d \leqslant 1$. 则成对时间可逆性的检验就转化为对每对 (τ_i,τ_j), $1 \leqslant i < j \leqslant d$, 检验

$$H_0^{(\tau_i,\tau_j)}: \int_0^\pi \left(\Im f_{q_{\tau_i},q_{\tau_j}}(\omega)\right)^2 \mathrm{d}\omega = 0. \tag{6-35}$$

通过变化 (τ_i,τ_j), 检验 (6-35) 便可提供相较于大多数时间可逆性检验而言更加全面的时间可逆性质. 检验的结论可能是: 在某些分位数对处, 时间序列存在时间可逆性; 在其他的分位数对处, 时间可逆性是不存在的. 这使得检验结论可以用于从时间可逆性角度检验一类给定的模型是否对实际数据充分拟合.

6.3.1 检验统计量及其渐近性质

成对时间可逆性意味着对所有的 $k \in \mathbb{Z}$, $(X_t, X_{t+k}) \stackrel{d}{=} (X_t, X_{t-k})$ 成立. 这等

价于对所有的 $k \in \mathbb{Z}$ 及 $(\tau_1, \tau_2) \in [0,1]^2$, $\gamma^{(\tau_1,\tau_2)}(k) = \gamma^{(\tau_1,\tau_2)}(-k)$ 成立, 也就是说, 条件

$$\Im f_{q_{\tau_1},q_{\tau_2}}(\omega) = 0, \qquad \omega \in (0,\pi), \quad (\tau_1,\tau_2) \in [0,1]^2 \tag{6-36}$$

成立.

$f_{q_{\tau_1},q_{\tau_2}}(\omega)$ 的虚部不为零说明对于某些 k 值 $\mathbf{P}(X_t \leqslant q_{\tau_1}, X_{t-k} \leqslant q_{\tau_2})$ 与 $\mathbf{P}(X_t \leqslant q_{\tau_1}, X_{t+k} \leqslant q_{\tau_2})$ 是不同的, 这暗含着 $\{X_t\}$ 是时间不可逆的. 我们考虑检验在分位数水平对 (q_{τ_1}, q_{τ_2}) 处 $\{X_t\}_{t\in\mathbb{Z}}$ 是时间可逆的, 也就是检验

$$H_0^{(\tau_1,\tau_2)}: \Im f_{q_{\tau_1},q_{\tau_2}}(\omega) = 0, \quad \omega \in (0,\pi). \tag{6-37}$$

既然 (τ_1,τ_2) 可取为 $[0,1]^2$ 上的任意一对水平, 通过变化 $(\tau_1,\tau_2) \in [0,1]^2$, 在任何一对分位数下的时间可逆性可以通过检验 (6-37) 来实现. 若对所有的 $(\tau_1,\tau_2) \in [0,1]^2$, 假设 (6-37) 成立, 则条件 (6-36) 成立.

1. 检验统计量

假设 (6-37) 的另一种表示形式为

$$T^{(\tau_1,\tau_2)} := \int_0^{\pi} \left(\Im f_{q_{\tau_1},q_{\tau_2}}(\omega)\right)^2 \mathrm{d}\omega = 0, \tag{6-38}$$

这一表示形式将变量 ω 通过积分积掉了.

(6-38) 中的量 $T^{(\tau_1,\tau_2)}$ 可视为耦合谱密度核与其在原假设 (6-37) 下的值的 L^2 距离, 该距离显然当且仅当原假设成立时为零.

为了估计 $T^{(\tau_1,\tau_2)}$, 对于每个 $M > 1$, 考虑检验统计量

$$T_{n,M}^{(\tau_1,\tau_2)} = \frac{\pi}{M}\sum_{m=1}^{M} \Im I_{n,c}^{\tau_1,\tau_2}\left(\frac{m}{M}\pi\right) \Im I_{n,c}^{\tau_1,\tau_2}\left(\frac{m-1}{M}\pi\right), \tag{6-39}$$

其中 $I_{n,c}^{\tau_1,\tau_2}(\omega)$ 由 (6-25) 定义. 在分析 $T_{n,M}^{(\tau_1,\tau_2)}$ 的渐近行为的过程中, 将其用一不能观测的量

$$\widetilde{T}_{n,M}^{(\tau_1,\tau_2)} = \frac{\pi}{M}\sum_{m=1}^{M} \Im I_{n,U}^{\tau_1,\tau_2}\left(\frac{m}{M}\pi\right) \Im I_{n,U}^{\tau_1,\tau_2}\left(\frac{m-1}{M}\pi\right) \tag{6-40}$$

来近似, 其中

$$I_{n,U}^{\tau_1,\tau_2}(\omega) := \overline{y_{n,U}^{\tau_1}(\omega)}\, y_{n,U}^{\tau_2}(\omega), \quad \omega \in (0,2\pi), \quad (\tau_1,\tau_2) \in [0,1]^2, \tag{6-41}$$

$y_{n,U}^{\tau_1}(\omega)$ 是像 (6-21) 一样从离散 Fourier 变换

$$y_{n,U}^{\tau}(\omega_{k,n}) = (\sqrt{2\pi n})^{-1} \sum_{t=1}^{n} \mathbb{I}_{(0,\tau]}(U_t)\mathrm{e}^{\mathrm{i}\omega_{k,n} t} \tag{6-42}$$

扩展而得的分段常值函数, 其中 $U_t = F(X_t)$.

事实上, 在某些正则性条件下, 当 $n \to \infty$ 时, 有

$$\sqrt{M}(T_{n,M}^{(\tau_1,\tau_2)} - \widetilde{T}_{n,M}^{(\tau_1,\tau_2)}) = o_P(1); \tag{6-43}$$

参见文献 [178] 中的公式 (A.1). 这使得 $T_{n,M}^{(\tau_1,\tau_2)}$ 的渐近行为可以在 $\widetilde{T}_{n,M}^{(\tau_1,\tau_2)}$ 的渐近行为建立之后进行讨论.

需要指出的是, 对于每个 $\omega \in (0,\pi]$, $\mathbf{E}[I_{n,U}^{\tau_1,\tau_2}(\omega)] \approx f_{q_{\tau_1},q_{\tau_2}}(\omega)$ 成立 (参见文献 [178, 引理 A.5]). 直观地, 给定耦合谱密度核 $f_{q_{\tau_1},q_{\tau_2}}(\omega)$ 关于 ω 的连续性, 对于充分大的 M, 有

$$\begin{aligned}\mathbf{E}[\widetilde{T}_{n,M}^{(\tau_1,\tau_2)}] &\approx \frac{\pi}{M}\sum_{m=1}^{M} \Im f_{q_{\tau_1},q_{\tau_2}}\left(\frac{m}{M}\pi\right)\Im f_{q_{\tau_1},q_{\tau_2}}\left(\frac{m-1}{M}\pi\right)\\ &\approx \frac{\pi}{M}\sum_{m=1}^{M}\left(\Im f_{q_{\tau_1},q_{\tau_2}}\left(\frac{m}{M}\pi\right)\right)^2 \approx \int_0^{\pi}\left(\Im f_{q_{\tau_1},q_{\tau_2}}(\omega)\right)^2 \mathrm{d}\omega.\end{aligned}$$

结合 (6-43), 这一计算说明 $T_{n,M}^{(\tau_1,\tau_2)}$ 是 $T^{(\tau_1,\tau_2)}$ 的相合估计量.

2. 渐近结论

(6-39) 中统计量 $T_{n,M}^{(\tau_1,\tau_2)}$ 渐近性质的推导需要对过程施加一些假设. 我们对过程 $\{X_t\}_{t\in\mathbb{Z}}$ 相依结构的假设如下.

假设 6.6　过程 $\{X_t\}_{t\in\mathbb{Z}}$ 是严平稳且指数 β-混合的, 即对每个 $n \in \mathbb{N}$ 及某个 $K < \infty$ 与 $\eta \in (0,1)$, β-混合系数

$$\begin{aligned}\beta(n) :=& \sup\{\mathbf{P}(B|A) - \mathbf{P}(B):\ A \in \sigma(X_k; k \leqslant 0),\ B \in \sigma(X_k; k \geqslant n),\ \mathbf{P}(A) > 0\}\\ &\leqslant K\eta^n.\end{aligned}$$

β-混合过程类已得到很好的研究, 它包含线性过程及非线性过程中广泛的子类. 在对参数施加额外温和附加条件的情况下, 诸如 ARMA, ARCH, GARCH 等一些著名的模型类都满足假设 6.6(参见文献 [44]).

为了得到等式 (6-43), 我们对 $\{X_t\}_{t\in\mathbb{Z}}$ 的边际分布施加一个光滑性条件 (参见文献 [44, 假设 (A2)]).

假设 6.7　X_t 的分布函数与 (X_t, X_{t+k}) 的联合分布函数是连续可微的, 并且关于其自变量及 k 具有一致有界的导数. 进一步, 存在 $(0,1)$ 的子集 $\mathcal{T}$ 及对任意的 $\tau \in \mathcal{T}$ 存在正实数 d_τ, 使得 $\inf_{|x-q_\tau|\leqslant q_\tau} f(x) > 0$, 其中 $f(\cdot)$ 与 q_τ 分别表示 X_t 分布的密度及其 τ-分位数.

为了得到统计量 $T_{n,M}^{(\tau_1,\tau_2)}$ 在原假设与备择假设下的渐近分布, M 应以合适的速度趋于无穷大. 确切地, M 应当具有如下增长速度.

假设 6.8 当 $n \to \infty$ 时, $M = O(n^{1/2-\delta})$, 其中 δ 可取为满足 $0 < \delta < 1/2$ 的任意常数. 为了符号简单起见, 这里省去了 M 对 n 的相依关系.

以下结论对统计量 $T_{n,M}^{(\tau_1,\tau_2)}$ 在原假设及备择假设下的渐近分布进行了具体化 (参见文献 [178, 定理 3.1]).

定理 6.3 假定假设 6.6 与假设 6.7 成立, 则在假设 6.8 的条件下, 对 $\tau_1, \tau_2 \in \mathcal{T}$, 有

$$\sqrt{M}\big(T_{n,M}^{(\tau_1,\tau_2)} - T^{(\tau_1,\tau_2)}\big) \rightsquigarrow N(0, V^{(\tau_1,\tau_2)}), \tag{6-44}$$

其中, 对于任意 $0 \leqslant \tau_1, \tau_2 \leqslant 1$,

$$\begin{aligned}V^{(\tau_1,\tau_2)} = &\frac{\pi}{4}\int_0^\pi \left\{f_{q_{\tau_1},q_{\tau_1}}(\omega)f_{q_{\tau_2},q_{\tau_2}}(\omega) + (\Im f_{q_{\tau_1},q_{\tau_2}}(\omega))^2 - (\Re f_{q_{\tau_1},q_{\tau_2}}(\omega))^2\right\}^2 \mathrm{d}\omega \\ &+ 2\pi\int_0^\pi (\Im f_{q_{\tau_1},q_{\tau_2}}(\omega))^2\big\{f_{q_{\tau_1},q_{\tau_1}}(\omega)f_{q_{\tau_2},q_{\tau_2}}(\omega) + (\Im f_{q_{\tau_1},q_{\tau_2}}(\omega))^2 \\ &- (\Re f_{q_{\tau_1},q_{\tau_2}}(\omega))^2\big\}\,\mathrm{d}\omega.\end{aligned} \tag{6-45}$$

注 6.5 如果原假设 (6-37) 成立, 我们有

$$\sqrt{M}T_{n,M}^{(\tau_1,\tau_2)} \rightsquigarrow N(0, V_0^{(\tau_1,\tau_2)}),$$

其中渐近方差 $V_0^{(\tau_1,\tau_2)}$ 具有较简单的形式

$$V_0^{(\tau_1,\tau_2)} = \frac{\pi}{4}\int_0^\pi \left\{f_{q_{\tau_1},q_{\tau_1}}(\omega)f_{q_{\tau_2},q_{\tau_2}}(\omega) - (\Re f_{q_{\tau_1},q_{\tau_2}}(\omega))^2\right\}^2 \mathrm{d}\omega. \tag{6-46}$$

注 6.6 注意到

$$\sqrt{M}\big(T_{n,M}^{(\tau_1,\tau_2)} - T^{(\tau_1,\tau_2)}\big) = \sqrt{M}\big(T_{n,M}^{(\tau_1,\tau_2)} - \widetilde{T}_{n,M}^{(\tau_1,\tau_2)}\big) + \sqrt{M}\big(\widetilde{T}_{n,M}^{(\tau_1,\tau_2)} - T^{(\tau_1,\tau_2)}\big).$$

施加的假设 6.6 与假设 6.7 保证在假设 6.8 的条件下, 渐近正态性

$$\sqrt{M}\big(\widetilde{T}_{n,M}^{(\tau_1,\tau_2)} - T^{(\tau_1,\tau_2)}\big) \rightsquigarrow N(0, V^{(\tau_1,\tau_2)}) \tag{6-47}$$

及等式 (6-43) 成立. (6-47) 的证明可参见文献 [178].

定理 6.3 提供了检验假设 (6-37) 的一种自然方法. 注意到由 (6-45) 定义的渐近方差 $V^{(\tau_1,\tau_2)}$ 在原假设成立时简化为由 (6-46) 定义的 $V_0^{(\tau_1,\tau_2)}$. 相应地, 若 $\hat{V}_0^{(\tau_1,\tau_2)}$ 是 $V_0^{(\tau_1,\tau_2)}$ 的相合估计量, 我们定义检验统计量

$$\mathcal{Z}_{n,M}^{(\tau_1,\tau_2)} = \sqrt{M}T_{n,M}^{(\tau_1,\tau_2)}\Big/\sqrt{\hat{V}_0^{(\tau_1,\tau_2)}}. \tag{6-48}$$

由定理 6.3 可知, 若

$$\mathcal{Z}_{n,M}^{(\tau_1,\tau_2)} \geqslant z_{1-\alpha}, \tag{6-49}$$

应作出拒绝原假设的判断. 这样, 检验 (6-49) 具有渐近显著性水平 α, 其中 $z_{1-\alpha}$ 表示标准正态分布的 $1-\alpha$ 分位点.

我们考虑借助光滑周期图 (6-26) 构造 $V_0^{(\tau_1,\tau_2)}$ 的相合估计量. 也就是说, 采用像注 6.5 中 $V_0^{(\tau_1,\tau_2)}$ 的定义相同的表达式来定义 $\hat{V}_0^{(\tau_1,\tau_2)}$, 只不过将 (6-46) 中的 $f_{q_{\tau_1},q_{\tau_2}}(\omega)$ 由 (6-26) 中的 $\hat{G}_{n,R}(\tau_1,\tau_2;\omega)$ 替换. 下面将考虑 $\hat{V}_0^{(\tau_1,\tau_2)}$ 由这种方式定义的统计量 (6-48). 现在便可陈述检验统计量 $\mathcal{Z}_{n,M}^{(\tau_1,\tau_2)}$ 的渐近结论了 (证明参见文献 [178]).

定理 6.4　假定假设 6.5—假设 6.7 成立. 假设存在常数 $\kappa>0$ 与 $k\in\mathbb{N}$, 使得

$$h_n=o(n^{-1/(2k+1)})\quad 且\quad b_n n^{1-\kappa}\to\infty.$$

则在假设 6.8 的条件下, 若原假设 (6-37) 成立且 $\tau_1,\tau_2\in\mathcal{T}$, 则检验统计量 $\mathcal{Z}_{n,M}^{(\tau_1,\tau_2)}$ 依分布收敛到标准正态分布.

注 6.7　依靠时间序列的线性表示形式, 文献 [45] 中提出的统计量方差的相合统计量是由周期图构造而得到的, 它不依赖于任何调节参数. 然而, $\{\mathbb{I}_{(0,\tau]}(U_t),\ t\in\mathbb{Z}\}$ 是没有线性表示形式的, 借助于仅依赖于基于秩的周期图而构建的统计量是无法得到参数 $V_0^{(\tau_1,\tau_2)}$ 估计量的相合性的.

3. 调节参数的选择

在使用 (6-48) 定义的统计量 $\mathcal{Z}_{n,M}^{(\tau_1,\tau_2)}$ 时, 有三个调节参数需要提前设定: 权重核函数 W、带宽 b_n 及整数 M. 下面讨论它们的选择.

W 的选择. 推荐权重核函数选为 $W(x)=\dfrac{3}{4\pi}\left(1-\left(\dfrac{x}{\pi}\right)^2\right)\mathbb{I}_{[-\pi,\pi]}(x)$. 这是文献 [59] 推导出来的 (0,2) 阶最优核函数, 称为 Epanechnikov 核. 在给定带宽参数的情况下, 该核函数在同时最小化渐近方差与渐近积分均分误差意义下是最优的.

b_n 的选择. 众所周知, 在估计密度函数时 b_n 的选择比 W 的选择更加重要 (参见文献 [149]). 然而, 在统计量 $\mathcal{Z}_{n,M}^{(\tau_1,\tau_2)}$ 中 b_n 的选择是对谱估计的积分施加影响的. b_n 出现在 $f_{q_{\tau_1},q_{\tau_2}}(\omega)$ 的估计量中, 但这些函数关于 ω 被进行了积分. 积分运算导致 $\hat{V}_0^{(\tau_1,\tau_2)}$ 的估计对 b_n 的选择敏感性较弱. 为了说明 b_n 选择的不敏感性, 考虑具有形式 $X_t=-0.3X_{t-1}+\varepsilon_t$ 的 $AR(1)$ 模型, 其中 $\varepsilon_t\ (t=1,2,\cdots)$ 为独立同分布的 $N(0,1)$ 随机变量. 对每个样本容量 $n=125,250,500,1000$ 及每对取值于 $\{0.10,0.50,0.90\}$ 中的概率水平, 我们计算 $\hat{V}_0^{(\tau_1,\tau_2)}$ 在两种不同选择 $b_n=n^{-1/5}$ 与 $n^{-1/3}$ 下的比值. 将该试验进行 500 次 Monte Carlo 重复. 图 6-9 给出了利用在两种不同 b_n 选择下所得的 $\hat{V}_0^{(\tau_1,\tau_2)}$ 的比值所绘制的箱线图. 由图 6-9 可见: 虽然 b_n 是不同的, 但在每个样本容量 n 及每对水平 (τ_1,τ_2) 下, 所得比值中位数都

非常接近于 1. 并且, 当 $n \to \infty$ 时, 在不同 b_n 选择下所得的 $\hat{V}_0^{(\tau_1,\tau_2)}$ 的值的比趋于 1.

M 的选择. 一方面, 既然基于裁剪时间序列的周期图被定义为分段常值函数且其值仅在 $\omega_{k,n} = 2\pi k/n(k = 1, \cdots, [n/2])$ 处变化, 因此 M 应满足 $M \leqslant [n/2]$. 另一方面, 为了确保标准正态分布可以提供零假设下检验统计量 $\mathcal{Z}_{n,M}^{(\tau_1,\tau_2)}$ 分布的一个很好的近似, M 应当满足假设 6.8. 结合这两点, 自然选具有形式 $M = \min\{[n/2], [Cn^{1/2-\delta}]\}$ 的 M, 其中 $C > 0$ 与 $\delta \in (0, 1/2)$ 为两事先设定的常数. 尽管理论上渐近正态性 (6-44) 仅可在 M 以低于 $O(n^{1/2})$ 的速度增加时才可得到, 但文献 [178] 中的经验结论显示: 当 $n \leqslant 2500$ 时, 若取 $M = [n/2]$, 统计量 (6-49) 的检验效果表现良好. 具体地, 若当 $n \leqslant 2500$ 时取 $M = [n/2]$, 可保证检验在保证经验第一类错误的比率非常接近于显著性水平的同时, 检验的经验势相对较高. 因此, 实践中 C 可以取得较大, 而 δ 可以取得非常接近于 0, 以使得当 $n \leqslant 2500$ 时, $M = \min\{[n/2], [Cn^{1/2-\delta}]\}$ 实际上等于 $[n/2]$.

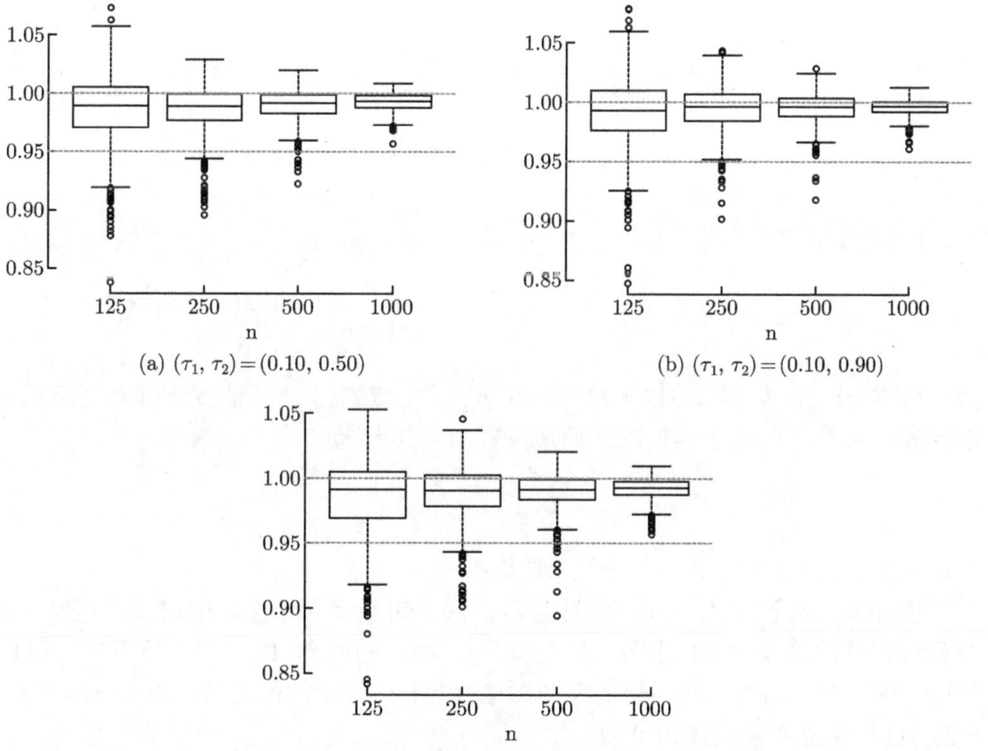

(a) $(\tau_1, \tau_2) = (0.10, 0.50)$

(b) $(\tau_1, \tau_2) = (0.10, 0.90)$

(c) $(\tau_1, \tau_2) = (0.50, 0.90)$

图 6-9 在两种不同 b_n 选择下所得的 $\hat{V}_0^{(\tau_1,\tau_2)}$ 值的比的箱线图

6.3.2 船体振动序列的时间可逆性检验

为分析船体振动数据序列的时间可逆性特征, 我们将考虑通过检验 (6-49) 来检验原假设 (6-37). 权重核函数 W 及整数 M 的设定方法都已在调节参数的选择中给出, 带宽取为 $b_n = n^{-1/5}$. 为了比较, 我们还将考虑具有指数加权函数 $g(\omega) = \exp(-\omega)\mathbb{I}_{(0,\infty)}(\omega)$ 的 CCR 检验 (参见文献 [32]). CCR 检验统计量由

$$\mathcal{C}_{n,k} = \sqrt{n-k}\,\bar{\psi}_{\exp,k}/\hat{\sigma}_{\exp,k} \tag{6-50}$$

给出, 这里

$$\begin{aligned}
\bar{\psi}_{\exp,k} &= \frac{1}{n-k}\sum_{t=k+1}^{n}\psi_{\exp}(X_t - X_{t-k}),\\
\hat{\sigma}^2_{\exp,k} &= \frac{1}{n-k}\sum_{t=k+1}^{n}(\psi_{\exp}(X_t - X_{t-k}) - \bar{\psi}_{\exp,k})^2\\
&\quad + \frac{2}{n-k}\sum_{v=1}^{n-k-1}\kappa(v)\sum_{t=v+k+1}^{n}(\psi_{\exp}(X_t - X_{t-k})\\
&\quad - \bar{\psi}_{\exp,k})(\psi_{\exp}(X_{t-v} - X_{t-v-k}) - \bar{\psi}_{\exp,k}),
\end{aligned}$$

其中 $\psi_{\exp}(\omega) = \omega/(1+\omega^2)$,

$$\kappa(v) = \left(1 - \frac{v}{n-k}\right)[1 - 0.5(n-k)^{-1/3}]^v + \frac{v}{n-k}[1 - 0.5(n-k)^{-1/3}]^{n-k-v}$$

为一确保 $\hat{\sigma}^2_{\exp,k}$ 为非负的核函数. 既然 $\mathcal{Z}_{n,M}^{(\tau_1,\tau_2)}$ 与 $\mathcal{C}_{n,k}$ 在原假设下都具有渐近标准正态分布且不依赖于模型的任何矩条件, CCR 检验

$$\mathcal{C}_{n,k} \geqslant z_{1-\alpha} \tag{6-51}$$

可以作为评估检验 (6-49) 的一个重要参考.

例 6.4 我们采用时间可逆性检验方法探讨船体振动序列的时间可逆性. 所分析的时间序列与 6.1.5 小节中的相同, 仍然为 2009 年 12 月 13 日下午 15:00–16:00 “育锋轮” 船首一测点处的垂向加速度数据 (VAC) 序列, 序列包含 $n = 1801$ 个观测值, 观测时间间隔为 2 秒.

对于检验 (6-49), 每对概率水平 (τ_1, τ_2) 的值取自 $\{0.10, 0.50, 0.90\}$. 对于 CCR 检验 (6-51), 考虑四种不同的滞后阶数 $k = 1, 2, 3, 4$. 检验统计量 $\mathcal{Z}_{n,M}^{(\tau_1,\tau_2)}$ 与 $\mathcal{C}_{n,k}$ 的观测值及检验的 p-值都列在了表 6-1 中.

表 6-1 由 VAC 序列算得的检验统计量 (6-48) 与 (6-50) 的观测值及相应检验的 p-值

	$\mathcal{Z}_{n,M}^{(\tau_1,\tau_2)}$ 中的 (τ_1,τ_2)			$\mathcal{C}_{n,k}$ 中的 k			
	(0.10,0.50)	(0.10,0.90)	(0.50, 0.90)	$k=1$	$k=2$	$k=3$	$k=4$
统计量	6.219	6.577	5.401	0.884	−1.031	1.139	0.650
p-值	0.000	0.000	0.000	0.188	0.849	0.127	0.258

由表 6-1 可见: 对于不同的 k 值, CCR 检验 (6-51) 的 p-值都较大, 并不能探测出时间序列的时间不可逆性; 但是, 利用检验 (6-49) 会发现在每对考虑的概率水平下, 都支持拒绝原假设, 即存在时间不可逆性. 另外, 虽然利用耦合谱密度核的非参数估计也可以从直观上发现在某些分位点对处时间序列的时间不可逆性, 但直观判断的结论因人而异, 缺乏客观性.

6.4 本章小结

同时基于分位数和耦合的概念, 6.1 节给出了描述平稳随机过程自相依性的一个概念: 分位数-耦合交叉协方差函数. 分位数-耦合交叉协方差函数将对 X_t 与 X_{t-u} 的相依性讨论转化为 $U_t=F(X_t)$ 与 $U_{t-u}=F(X_{t-u})$ 在其平稳分布不同分位点处的相依性讨论, 这一转化将随机过程的状态空间规范化, 从而弱化了估计量 (6-15) 对随机过程 $\{X_t\}$ 有限维分布性质 (如矩存在性) 的依赖性. 例如, 矩性质差异较大的两模型 (如 6.1.2 小节中的模型 A 与 B) 的分位数-耦合交叉协方差函数估计量的小样本性质 (如均方误差) 差别较小. 相对于自协方差函数, 该函数可以描述平稳过程更丰富的自相依特征, 如时间可逆性、状态相依性、二阶矩不存在时的长程相依性等.

借助分位数-耦合交叉协方差函数在分析随机过程自相依性时, 以下几个问题尚需进一步探讨.

(1) 构造具有渐近正态性的估计量. 基于离散抽样, 6.1 节给出了分位数-耦合交叉协方差函数的一个具有相合性的估计量 (6-15). 一方面, 估计量 (6-15) 的计算量小, 使用较为方便. 但另一方面, 在估计量 (6-15) 的构造过程中使用了二重估计, 即 $\hat{\gamma}^{(\tau_1,\tau_2)}(u)$ 为过程 $\mathbb{I}_{(0,\tau_1]}(\hat{U}_t)$ 与 $\mathbb{I}_{(0,\tau_2]}(\hat{U}_t)$ 的经验交叉协方差函数, 而 $\{\hat{U}_t\}$ 又是 $\{U_t\}$ 通过 $F_{n,h}(x)$ 得到的估计量. 这使得估计量 $\hat{\gamma}^{(\tau_1,\tau_2)}(u)$ 相对于 $\gamma^{(\tau_1,\tau_2)}(u)$ 的收敛速度依赖于 $F_{n,h}(x)$ 收敛到 $F(x)$ 的收敛速度, 而 $F_{n,h}(x)$ 收敛到 $F(x)$ 的收敛速度由 (6-16) 给出, 且无法进一步提高, 致使讨论 $\hat{\gamma}^{(\tau_1,\tau_2)}(u)$ 关于 $\gamma^{(\tau_1,\tau_2)}(u)$ 的渐近正态性十分困难. 因此, 构造分位数-耦合交叉协方差函数具有渐近正态性的估计量是一个值得进一步研究的问题.

(2) 时间可逆性检验. 借助分位数-耦合交叉协方差函数可以从时域角度检验随机过程的时间可逆性, 即检验

$$H_0：对所有的(\tau_1,\tau_2)\in(0,1)^2,\ \gamma^{(\tau_1,\tau_2)}(u) 关于 u 都为偶函数.$$

(3) 关于时间两两独立性的检验. 借助分位数-耦合交叉协方差函数可以检验平稳随机过程本身是否关于时间具有两两独立性, 也可以通过随机过程增量分位数-耦合交叉协方差函数的研究检验一个随机过程的平稳增量是否具有两两独立性. 由命题 6.1, 这类问题实际上是检验

$$H_0：\gamma^{(\tau_1,\tau_2)}(u)=0 对所有的 u\neq 0 及 (\tau_1,\tau_2)\in(0,1)^2 都成立.$$

(4) 平稳高斯过程之外的时间可逆过程. 因两变量高斯分布完全由其协方差阵决定, 故平稳的高斯过程一定是时间可逆的过程. 例如, 布朗运动驱动的 OU 型过程、CIR 模型、高斯滑动平均等都具有时间可逆性. 但是, 还有哪些其他典型过程也一定具有时间可逆性尚待进一步考证.

对于一个单变量的时间序列 $\{X_t\}$, (X_t, X_{t-k}) 联合概率分布更多特征的发现依赖于更多耦合谱密度核估计值的获得. 将文献 [138] 中多变量谱估计方法与参数分组策略和 HMC 算法相结合, 6.2 节给出了一种可同时估计大量耦合谱密度核的贝叶斯方法. 该估计方法可以根据数据特点自动选择光滑参数, 并且计算速度较快. 最近, 文献 [21] 将耦合谱密度核的概念推广到局部耦合谱密度核用于捕获局部平稳时间序列耦合谱密度核的时变特征. 与一些分析时变谱的适定方法 (如 5.2 节中的方法及文献 [99] 中的方法等) 相结合, 6.2 节中的方法有推广到用于估计局部耦合谱密度核的潜力.

与传统的时间可逆性不同, 6.3 节考虑了在状态空间两状态点处的时间可逆性问题, 即将时间序列边际分布一对分位点处的成对时间可逆性检验问题转化为谱检验问题 (6-35), 并提供了一具有渐近正态性的检验统计量, 该统计量不依赖于滞后阶数的选择. 所给出的检验适用于具有任意形式备择假设的成对时间可逆性检验问题. 具体地, 通过改变概率对 (τ_i, τ_j), 所给出的检验方法可以提供比任何现存的其他时间可逆性检验更为具体的时间可逆性探测信息. 模型可能在一些分位数对处呈现时间可逆性, 而在另一些分位数对处不具有时间可逆性. 该方法可具有从时间可逆性角度评估给定的模型是否对真实数据拟合得充分好. 在模型选择中, 仅知道时间序列是时间不可逆是不充分的. 提供更详细的信息是非常必要的. 比如, 在哪些分位点对处, 时间序列表现出时间可逆性, 而在其他的分位点对处, 时间序列没有时间可逆性. 基于检验 (6-49) 的相关结论, 模型选择的精确性可以进一步提升.

在船舶建造及船舶安全驾驶方面, 基于分位数谱的船体受力统计分析也有着广阔的应用空间. 例如, 可用于调查相同海况下船体不同部位所受应力的统计性质差异, 为造船工业提供科学参考; 考察船体不同位置受力的时间可逆性质与海况、航向、浪向等间的联系, 探讨相应数据分析结论在船体受力建模与大风浪中船舶安全驾驶相应对策的设计等.

第 7 章　结　束　语

本章首先针对前述各章由船舶安全营运问题驱动的谱域统计分析在研究结论与方法上的创新之处进行系统总结, 然后给出作者关于大数据背景下谱域统计分析研究的进一步思考.

7.1　总　　结

受航海数据及航海安全营运问题驱动, 本著作较为系统地介绍了谱域统计分析的若干新成果、新思想和新方法。主要有:

第一, 谱域分析基本概念、理论、方法的总结、整理与提升. 本书系统地阐述了随机过程谱域分析的基本概念和基本理论, 提供了近年来在航海数据统计分析、船舶船体疲劳损伤统计分析中出现的一些与谱概念有一定关联度的参数化统计模型与统计分析方法; 提出了大数据背景下, 传统航海数据统计分析的局限性、数据特点的新变化与航海数据科学的新思路. 本书在第 1, 2, 4 章重点完成了这些工作.

第二, 平稳功率谱非参数估计的理论与方法. 谱密度蕴含随机过程的一切二阶自相关信息, 也是振动信号能量强弱的一种刻画工具. 除 3.8 节外, 第 3 章其余部分系统全面地总结阐述了近几十年来平稳功率谱非参数估计的主流理论方法, 主要是一维与多维时间序列谱密度估计中有较宽拓展空间的光滑周期图谱估计与基于光滑样条展开的贝叶斯谱估计. 这些内容也是后继第 5, 6章中谱估计方法的基础与铺垫.

第三, 基于不规则间距数据的非参数谱密度估计. 在贝叶斯框架下, 3.8 节给出了一种基于不规则间距数据谱密度估计的迂回估计方法 (detouring approach). 该迂回估计方法共分为三步: 先通过时间-尺度变换将数据规范化, 再估计变换后的谱密度, 最后通过变换前后谱密度的联系得到原始数据的谱估计. 所提出的迂回估计方法不仅使得光滑样条中基函数的选择与抽样设计无关, 而且使得估计无须根据不同的不规则抽样改变其中的调节参数. 在确定好可以获得可靠谱估计的频率区间后, 基于不规则间距数据的非参数谱密度估计存在两个困难: 一是如何选择基函数, 其选择可能依赖于抽样设计; 二是在抽样中怎样调整光滑参数, 光滑参数的调整也有可能依赖于抽样设计. 在设法引入时间-尺度变换后，这两个困难便通过一种迂回方法得以解决.

第四, 多变量非平稳时间序列谱密度的适定估计方法. 在贝叶斯统计框架下, 提出了一种新的估计非平稳多变量时间序列时变谱的适定估计方法——光滑随机近似 Monte Carlo 方法 (SSAMC), 该方法可用于分析非平稳多变量时间序列, 并对谱矩阵随时间光滑变化与突然变化两种情况都是可靠的; 利用该方法对集装箱船体纵向振动数据进行分析, 找到了减小船体疲劳损伤的最优航行入浪角. 针对多变量时间序列谱推断, 在研究方法上的创新之处有如下三方面. ① 谱矩阵光滑样条基的选择. 对于修正 Cholesky 分解中的复元素单位上三角矩阵, 根据非对角元素实部与虚部关于频率奇偶性的不同, 选择了不同的基函数, 该基选择方法明显较以往类似问题中基函数的选择更加合理. ② 时间变化矩阵的后验抽样方法. 面对一随时间变化的矩阵推断问题, 后验抽样十分复杂, 通过分析后验分布的特点设计了 Metroplis-Hastings 方法中合理的建议分布, 使得后验分布的抽样更新效率提高. ③ 将谱推断成功应用于解决航海安全中的实际问题. 通过数据意义的充分挖掘, 将谱推断方法成功应用于分析集装箱船舶的纵向振动数据, 最终提供了一个在恶劣海况下减小船舶疲劳损伤的航向角范围. 5.2 节所介绍的多变量非平稳时间序列谱密度估计方法正是这一适定谱估计方法. 文献 [99] 的方法对这一适定方法进一步改良, 使其容许谱密度矩阵中不同谱元素的适定分割点可以不同.

第五, 多变量平稳与非平稳时间序列边际谱密度一致性检验的理论和方法. 基于两时间序列在不同频率点的周期图比值序列, 构造了 Pearson 型、Anderson-Darling 型等统计量, 这些统计量可用于检验两平稳或非平稳时间序列边际谱的一致性, 其主要优点在于适用性广、不依赖于任何参数或非参数估计量、不管时间序列是否独立以及是否平稳; 在原假设成立的情况下, 证明了统计量的渐近性质, 如收敛到卡方分布、A-D 分布、指数分布等; 进一步, 将检验方法用于检验船体首尾振动谱的一致性, 以解决船舶安全营运中的航行安全风险预警. 针对这一谱一致性检验问题, 在研究方法上的创新之处有如下两方面. ① 注意到谱密度相同的两个独立时间序列周期图在同一频率处的比值近似服从自由度为 (2,2) 的 F 分布, 通过考虑两时间序列在两不同频率处的比值, 同时要求这两个频率在大样本情况下是渐近相等的, 将独立时间序列发现的周期图比的相关性质拓展到相依时间序列, 进而, 将时间序列谱一致性的问题转化为一组渐近独立的周期图比值是否取自 $F(2,2)$ 分布的分布拟合优度检验问题.② 针对这一检验问题提出了 Pearson 型检验统计量和 Anderson-Darling 型统计量, 这两类统计量各有优势, 前者收敛到卡方分布, 后者极限分布不依赖 $F(2,2)$ 分布样本空间的划分. 通过局部谱的比较, 进一步将上述方法分别推广到两类最大值检验统计量, 用于检验时变谱密度的一致性. 在本书中, 5.3 节较为详尽地阐述了这一新的谱比较的思想和方法.

第六, 时间序列二阶平稳性的检验理论和方法. 基于谱比较的思想, 提出了检验时间序列二阶平稳性的一类新方法, 该检验方法的最大优势在于适用范围广泛且不依赖于模型的任何非参数或参数估计量; 在原假设成立的条件下, 借助于自助法, 通过模拟提出了检验统计量渐近分布的近似方法. 5.1 节阐述了这一检验方法, 它具有广泛适用性且检验效果良好, 不仅可以探测时间序列的突然变化也可探测其缓慢变化, 对于通过航海数据分析了解海况的变化有一定的实际意义. 在研究方法上, 通过利用分块策略, 将二阶平稳性的检验问题转化为分块时间序列不同片段上局部谱的比较问题; 基于每两个时间序列片段上同一频率点处周期图的比, 构造了 Anderson-Darling 型统计量用于比较它们的谱; 通过最大化若干个 A-D 统计量, 构造了用于检验时间序列二次平稳性的检验统计量.

第七, 平稳随机过程相依性的诊断. 基于分位数和耦合的概念, 提出了平稳随机过程分位数-耦合交叉协方差函数的概念, 该函数可以描述平稳过程的时间可逆性、状态相依性、二阶矩不存在时的长程相依性等自协方差函数无法刻画的过程特征; 基于离散抽样，给出了分位数-耦合交叉协方差函数的估计量, 并证明了其相合性; 利用提出的估计方法, 对具有相同一维平稳边际分布和自协方差函数的不同类型随机过程 (Gamma-OU 过程与 CIR 模型) 的分位数-耦合交叉协方差函数进行比较, 得到了其自相依性质的差别; 将估计方法应用于船体振动序列自相依性分析, 为船体振动模型选择提供借鉴. 在研究方法上, 主要创新之处在于: 将对随机过程两不同时刻状态相依性的讨论转化为其在平稳分布不同分位点处的相依性讨论, 这一转化将随机过程的状态空间规范化, 从而弱化了分位数-耦合交叉协方差函数估计量对随机过程有限维分布性质 (如矩存在性) 的依赖性. 例如, 对于矩性质差异较大的两模型, 其分位数-耦合交叉协方差函数估计量小样本性质 (如均方误差) 的差别却非常小. 6.1 节讨论了分位数-耦合交叉协方差函数的估计方法及其在研究平稳随机过程相依性特征中的应用. 相对于自协方差函数, 该函数可以描述平稳过程更丰富的自相依特征.

第八, 平稳时间序列的贝叶斯耦合谱分析 (copula spectral analysis). 本书提出了一种在贝叶斯框架下耦合谱密度核的非参数估计方法，该方法可自动选择光滑参数并同时估计多组耦合谱密度核，计算速度快. 具体地, ① 通过研究在三角函数基下一类时间序列秩分位点回归系数的性质构建了估计耦合谱密度核的 Whittle 型似然函数; ② 在贝叶斯框架下, 给出了利用光滑样条自动拟合耦合谱密度核矩阵中元素的估计方法; ③ 利用提出的方法对船体振动等实际数据进行分析, 得到了诸如序列在部分分位数处的长程相依性及时间不可逆性等传统谱分析不能获得的结论, 其研究结论可为航海数据的统计模型选择等问题提供重要参考. 在研究方法上的创新之处在于: 耦合谱密度核矩阵的估计实际上是传统谱密度矩阵估计的一个特例. 但是当矩阵维数较高时，诸如文献 [138] 与 [94] 等的方法实际上都是不可行的. 前者依赖于矩阵 Cholesky 分解, 分解的元素个数随维数的增大增长迅速致使程序编码困难, Markov 链收敛速度也变慢. 而后者含有复杂约束优化问题, 随着维数增加, 优化速度极慢. 6.2 节介绍的贝叶斯方法采用了样条基系数分组和在 Gibbs 抽样中嵌套入 Hamiltonian Monte Carlo 抽样方法两个策略. 前者使程序编码大大简化, 后者降低了计算的时间复杂性. 两者结合使同时估计大量耦合谱密度核变为可行.

第九, 成对时间可逆性的耦合谱检验. 探讨基于耦合谱密度核的成对时间可逆性检验问题, 具体地, ① 提出了不依赖于滞后阶数, 适用范围广 (不依赖于模型的矩条件) 的检验统计量, 证明了检验统计量在原假设和备择假设下都服从渐近正态分布; ② 提出的检验统计量具有广泛的适用性, 无论时间序列的矩条件是否存在、是否具有 Markov 性, 检验统计量都可以用于探测对于时间可逆性的偏离; ③ 提出的检验方法与任何形式的备择假设都相容, 通过变换不同的概率对, 检验方法实际上可以验证成对时间可逆性的充分必要条件. 在研究方法上, 构造了一个合适的基于秩的周期图的和项, 依此来作为耦合谱密度核虚部的估计. 6.3 节给出的时间可逆性检验方法, 实际上可用于从自相依性质方面检验一组数据用某一类模型拟合是否合适的问题.

7.2　展望与思考

在钢质结构船舶设备上安装振动与应力监测系统只有近一二十年的历史, 基于实测数据统计分析进行安全航运与安全生产是一项长期的工作, 需要工程技术人员、船舶驾驶与维护人员、统计工作者等通力合作. 据笔者了解, 作为由工程技术中实际问题驱动的统计问题研究, 由航运安全问题驱动的统计问题研究工作较为匮乏, 还需要统计工作者努力工作, 为实现国家的海洋强国梦贡献更大的力量. 本书仅是对航运安全问题与统计研究相结合的一次尝试, 还有诸多问题需要进一步探讨.

第一, 船体振动与受力参数化模型的再思考. 分位数-耦合交叉协方差函数分析及耦合谱分析已说明高斯滑动平均等模型在统计性质上并不能完全刻画数据的统计特征. 但由于参数化模型的解释能力强, 提供更为合理的参数化统计分析模型, 对船体振动或受力的形成机理进行具体描述是一项非常有意义的工作, 值得进一步探讨和研究. 在进行这方面工作时, 第 6 章中所提供的数据及模型统计性质估计和检验的方法对从若干备选模型中挑选对数据本身统计性质描述贴切的模型是十分有帮助的.

第二, 谱域统计分析向随机场方向的拓展. 本书的大部分内容主要针对船体在某方向上的振动或船体关键部位所受主应力进行讨论和研究, 因此所研究的对象可以视为 (向量值) 随机过程或 (多维) 时间序列的观测. 而在很多其他的领域, 如环境科学领域中空气质量的研究, 所研究的指标就变成空间数据随时间变化的轨迹–随机场的一次实现. 研究空间数据的谱分析也是一类非常富有应用价值的统计问题. 而本书中谱密度的非参数贝叶斯估计方法在推广到空间数据分析时也有巨大潜力. 例如, 文献 [179] 引入了一种不失空间谱基本性质的新型光滑样条表示形式, 通过将 HMC 抽样方法推广到矩阵形式, 实现了二次型矩阵的后验分布抽样, 最后基于二阶平稳网格数据, 自动选择光滑参数获得空间谱密度的非参数估计. 结合不规则间距数据离散 Fourier 变换的相关结论和性质 (参见文献 [11,153]), 自动非参数谱估计的相关方法还可进一步拓展到估计不规则间距数据的空间谱密度等.

第三, 在线实时统计分析的思考. 本书中所提供的大部分数据分析的方法都是用于处理和分析离线数据的. 但是, 一个可靠的船舶安全实时监控系统需要具有在线数据的实时分析能力. 将本书中的相关统计分析方法与在线数据处理的相关技术相结合, 建立数据实时分析系统, 以融合以往的推断结论与现时的观测数据, 得到即时的推断结论在船舶实时安全监控中更有实际意义, 这也是一个非常值得探究的问题.

第四, 基于谱域统计分析的船舶安全综合评估. 作为一项尝试性的工作, 本书中大部分的研究都是由船体局部的安全问题驱动的, 如船体主梁的安全. 将对局部谱域研究的成果适当融合, 提出船舶综合安全评估方案也是一项非常有价值的工作. 例如, 考察船体不同位置振动与受力的谱域性质, 将之与海况、航向、浪向等建立起联系, 探讨相应数据分析结论在船舶制造与大风浪中船舶安全驾驶相应对策中的应用等. 这方面的工作需要多学科的交叉方可顺利开展, 是船舶自动安全驾驶领域的一项非常有意义的工作.

参考文献

[1] Adrian R J, Yao C S. Power spectra of fluid velocities measured by laser doppler velocimetry. Experiments in Fluids, 1987, 5: 17–28.

[2] Akaike H. Information theory and an extension of the maximum likelihood principle//Petrov B N, Csaki F, eds. Second International Symposium on Information Theory. Budapest: Akademia Kiado, 1973: 267–281.

[3] Anderson T W, Darling D A. Asymptotic theory of certain "goodness of fit" criteria based on stochastic processes. The Annals of Mathematical Statistics, 1952, 23: 193–212.

[4] Anderson T W, Darling D A. A test of goodness of fit. Journal of the American Statistical Association, 1954, 49: 765–769.

[5] Andreou E, Ghysels E. Structural breaks in financial time series//Anderson T G, Davis R A, Kreiss J P, Mikosch T, eds. Handbook of Financial Time Series. Berlin: Springer, 2008: 839–870.

[6] Andrews L C. Special Functions for Engineers and Applied Mathematicians. New York: Macmillan Publishing Company, 1984.

[7] Ango Nze P, Doukhan P. Weak dependence: Models and applications to econometrics. Econometric Theory, 2004, 20: 995–1045.

[8] Applebaum D. Lévy Processes and Stochastic Calculus. Cambridge: Cambridge University Press, 2004.

[9] Applebaum D. Lectures on Lévy Processes, Stochastic Calculus and Financial Applications. Ovronnaz, 2005.

[10] Babu P, Stoica P. Spectral analysis of nonuniformly sampled data—a review. Digital Signal Processing, 2010, 20: 359–378.

[11] Bandyopadhyay S, Lahiri S N. Asymptotic properties of discrete Fourier transforms for spatial data. Sankhyā Ser. A, 2009, 71: 221–259.

[12] Bandyopadhyay S. Lahiri S N, Nordman D J. A frequency domain empirical likelihood method for irregularly spaced spatial data. The Annals of Statistics, 2015, 43: 519–545.

[13] Bandyopadhyay S, Subba Rao S. A test for stationarity for irregularly spaced spatial data. Journal of the Royal Statistical Society: Series B (Statistical Methodology), 2017, 79: 95–123.

[14] Barhoumi M, Storhaug G. Assessment of whipping and springing on a large container vessel. International Journal of Naval Architecture and Ocean Engineering, 2014, 6: 442–458.

[15] Barndorff-Nielsen O E, Shephard N. Non-Gaussian Ornstein-Uhlenbeck-based models and some of their uses in financial economics (with discussion). Journal of the Royal Statistical Society: Series B (Statistical Methodology), 2001, 63: 167–241.

[16] Baruník J, Kley T. Quantile cross-spectral measures of dependence between economic variables. arXiv: 1501.06946, 2015.

[17] Baxter G. An asymptotic result for the finite predictor. Mathematica Scandinavica, 1962, 10: 137-144.

[18] Beare B K, Seo J. Time irreversible copula-based Markov models. Econometric Theory, 2014, 30: 923–960.

[19] Benedict L, Nobach H, Tropea C. Estimation of turbulent velocity spectra from laser Doppler data. Measurement Science and Technology, 2000, 11: 1089–1104.

[20] Beran J, Feng Y, Ghosh S, Kulik R. Long-Memory Processes: Probabilistic Properties and Statistical Methods. London: Springer, 2013.

[21] Birr S, Volgushev S, Kley T, Dette H, Hallin M. Quantile spectral analysis for locally stationary time series. Journal of the Royal Statistical Society, Series B (Statistical Methodology), 2017, 79: 1619–1643.

[22] Bollerslev T. Generalized autoregressive conditional heteroskedasticity. Journal of Econometrics, 1986, 31: 307–327.

[23] Brillinger D R. Times Series: Data Analysis and Theory. San Franisco: Holden Day, 1981.

[24] Brillinger D R. Times Series: Data Analysis and Theory. 2nd ed. Philadelphia: SIAM, 2001.

[25] Brockwell P J. Representations of continuous-time ARMA processes. Journal of Applied Probability, 2004, 41: 375–382.

[26] Brockwell P, Davis R A. Time Series: Theory and Methods. 2nd ed. New York: Springer, 1991.

[27] Brockwell P J, Matsuda Y. Continuous auto - regressive moving average random fields on $\mathbb{R}^n$. Journal of the Royal Statistical Society: Series B (Statistical Methodology), 2017, 79: 833–857.

[28] Bruce S A, Hall M H, Buysse D J, Krafty R T. Conditional adaptive Bayesian spectral analysis of nonstationary biomedical time series. Biometrics, 2018, 74: 260–269.

[29] Caiado J, Crato N, Peña D. A periodogram-based metric for time series classification. Computational Statistics & Data Analysis, 2006, 50: 2668–2684.

[30] Caiado J, Crato N, Peña D. Comparison of times series with unequal length in the frequency domain. Communications in Statistics - Simulation and Computation, 2009, 38: 527–540.

[31] Chen Y. Testing serial independence against time irreversibility. Studies in Nonlinear Dynamics & Econometrics, 2003, 7: 1–28.

[32] Chen Y, Chou R Y, Kuan C. Testing time reversibility without moment restrictions. Journal of Econometrics, 2000, 95: 199-218.

[33] Chen Y, Kuan C. Time irreversibility and EGARCH effects in US stock index returns. Journal of Applied Econometrics, 2002, 17: 565–578.

[34] Choudhuri N, Ghosal S, Roy A. Bayesian estimation of the spectral density of a time series. Journal of the American Statistical Association, 2004, 99: 1050–1059.

[35] Cox J C, Ingersoll J E, Ross S A. A theory of the term structure of interest rates. Econometrica, 1985, 53: 385–407.

[36] Coates D S, Diggle P J. Tests for Comparing two estimated spectral densities. Journal of Time Series Analysis, 1986, 7: 7–20.

[37] Cressie N. Statistics for Spatial Data. New York: Wiley, 1993.

[38] Dahlhaus R. On the Kullback-Leibler information divergence of locally stationary processes. Stochastic Processes and Their Applications, 1996, 62: 139–168.

[39] Dahlhaus R. Fitting time series models to nonstationary processes. The Annals of Statistics 1997, 25: 1–37.

[40] Dahlhaus R. A likelihood approximation for locally stationary processes. The Annals of Statistics, 2000, 28: 1762–1794.

[41] Dahlhaus R. Local inference for locally stationary time series based on the empirical spectral measure. Journal of Econometrics, 2009, 151: 101–112.

[42] Dai M, Guo W. Multivariate spectral analysis using Cholesky decomposition. Biometrika, 2004, 91: 629–643.

[43] Darolles S, Florens J P, Gouriéroux C. Kernel-based nonlinear canonical analysis and time reversibility. Journal of Econometrics, 2004, 119: 323–353.

[44] Dette H, Hallin M, Kley T, Volgushev S. Of copulas, quantiles, ranks and spectra: An L_1-approach to spectral analysis. Bernoulli, 2015, 21: 781–831.

[45] Dette H, Kinsvater T, Vetter M. Testing non-parametric hypotheses for stationary processes by estimating minimal distances. Journal of Time Series Analysis, 2011, 32: 447–461.

[46] Dette H, Paparoditis E. Bootstrapping frequency domain tests in multivariate time series with an application to comparing spectral densities. Journal of the Royal Statistical Society: Series B (Statistical Methodology), 2009, 71: 831–857.

[47] Dette H, Preuβ P, Vetter M. A measure of stationarity in locally stationary processes with applications to testing. Journal of the American Statistical Association, 2011, 106: 1113–1124.

[48] Decowski J, Li L. Wavelet-based tests for comparing two time series with unequal lengths. Journal of Time Series Analysis, 2015, 36: 189–208.

[49] Diggle P J, Fisher N I. Nonparametric comparison of cumulative periodograms. Journal of the Royal Statistical Society: Series B (Statistical Methodology), 1991, 71: 831–857.

[50] Doukhan P. Mixing: Properties and Examples. Lecture Notes in Statistics 85. New York: Springer, 1994.

[51] Downing S D, Socie D F. Simple rainflow counting algorithms. International Journal of Fatigue, 1982, 4: 31–40.

[52] Dwivedi Y, Subba Rao S. A test for second-order stationarity of a time series based on the discrete Fourier transform. Journal of Time Series Analysis, 2011, 32: 68–91.

[53] Eichler M. Testing nonparametric and semiparametric hypotheses in vector stationary process. Journal of Multivariate Analysis, 2008, 99: 968–1009.

[54] Eubank R L. Nonparametric Regression and Spline Smoothing. 2nd ed. New York: Marcel Dekker, 1999.

[55] Faraway J, Marsaglia G, Marsaglia J, Baddeley A. goftest: Classical goodness-of-fit tests for univariate distributions. 2015. URL https://CRAN.R-project.org/ package=goftest.

[56] Fuentes M. Spectral methods for nonstationary spatial processes. Biometrika, 2002, 89: 197–210.

[57] Fuentes M, Reich B. Spectral Domain//Gelfand A E, Diggle P J, Fuentes M, Guttorp P, eds. Handbook of Spatial Statistics. Baca Roton: Taylor & Francis, 2010: 57–77.

[58] Fuller W A. Introduction to Statistical Time Series. 2nd ed. New York: John Wiley, 1996.

[59] Gasser T, Müller H G, Mammitzsch V. Kernels for nonparametric curve estimation. Journal of the Royal Statistical Society: Series B (Methodology), 1985, 47: 238–252.

[60] Gelman A. Inference and monitoring convergence//Gilks W, Richardson S, Spiegelhalter D, eds. Markov Chain Monte Carlo in Practice. New York: Chapman and Hall, 1996: 131–143.

[61] Gelman A. Prior distributions for variance parameters in hierarchical models. Bayesian Analysis, 2006, 1: 515–534.

[62] Gelman A, Carlin J B, Stern H S, Dunson D B, Vehtari A, Rubin D B. Bayesian Data Analysis. 3rd ed. Boca Raton: Taylor & Francis Group, 2014.

[63] Goodman N R. Statistical analysis based on a certain multivariate complex Gaussian distribution (an introduction). The Annals of Mathematical Statistics, 1963, 34: 152–177.

[64] Green P J. Reversible jump Markov chain Monte Carlo computation and Bayesian model determination. Biometrika, 1995, 82: 711–732.

[65] Gröchenig K.Weight functions in time - frequency analysis//Rodino L et al. eds. Pseudo-differential Operators: Partial Differential Equations and Time - Frequency Analysis. Fields Inst Commun, 2007, 52: 343–366.

[66] Guo W, Dai M, Ombao H, von Sachs R. Smoothing spline ANOVA for time-dependent spectral analysis. Journal of the American Statistical Association, 2003, 98: 643–652.

[67] Guo W, Dai M. Multivariate time-dependent spectral analysis using Cholesky decomposition. Statistica Sinica, 2006, 16: 825–845.

[68] Hagemann A. Robust spectral analysis. 2013. Available at arXiv:1111.1965v2.

[69] Hansen P F. On combination of slamming- and wave-induced responses. Journal of Ship Research, 1994, 38: 104–114.

[70] Hannan E J. The asymptotic theory of linear time series models. Journal of Applied Probability, 1973, 10: 130–145.

[71] Hinich M J, Rothman R. Frequency-domain test of time reversibility. Macroeconomic Dynamics, 1998, 2: 72–88.

[72] Hong Y. Generalized spectral tests for serial dependence. Journal of the Royal Statistical Society: Series B (Statistical Methodology), 2000, 62: 557–574.

[73] Horváth L, Kokoszka P, Rice G. Testing stationarity of functional time series. Journal of Econometrics, 2014, 179: 66–82.

[74] Hušková M, Prášková Z, Steinebach J. On the detection of changes in autoregressive time series, I. Asymptotics. Journal of Statistical Planning and Inference, 2007, 137: 1243–1259.

[75] Iacus S M. Simulation and Inference for Stochastic Differential Equations. New York: Springer, 2008.

[76] Ibragimov I A, Linnik Y V. Independent and stationary sequences of random variables. Netherlands: Wolters-Noordhoff Publishing Groningen, 1971.

[77] IMO. International Shipping Facts and Figures-Information Resources on Trade, Safety, Security, Environment. London: IMO, 2012.

[78] Jenkins G M. General considerations in the analysis of spectra. Technometrics, 1961, 3: 133–166.

[79] Jensen J J, Capul J. Extreme response predictions for jack-up units in second order stochastic waves by FORM. Probabilistic Engineering Mechanics, 2006, 21: 330-337.

[80] Jensen J J. Fatigue damage estimation in non-linear systems using a combination of Monte Carlo simulation and the first order reliability method. Marine Structures, 2015, 44: 203–210.

[81] Jentsch C, Pauly M. Testing equality of spectral densities using randomization techniques. Bernoulli, 2015, 21: 697–739.

[82] Jentsch C, Subba Rao S. A test for second-order stationarity of a multivariate time series. Journal of Econometrics, 2015, 185: 124–161.

[83] Jentsch C, Pauly M. A note on using periodogram-based distances for comparing spectral densities. Statistics & Probability Letters, 2012, 82: 158–164.

[84] Jiao G. Probabilistic prediction of extreme stress and fatigue damage for ships in slamming conditions. Marine Structures, 1996, 9: 759–785.

[85] Jin L. A data-driven test to compare two or multiple time series. Computational Statistics & Data Analysis, 2011, 55: 2183–2196.

[86] 金永兴, 伍生春. 船舶结构与设备. 北京: 人民交通出版社, 2002.

[87] 金永兴, 张世斌. 集装箱船体波浪载荷应力短期分布的统计分析. 上海交通大学学报, 2012, 46: 1243-1247, 1262.

[88] Krafty R T, Rosen O, Stoffer D S, Buysse D J, Hall M H. Conditional spectral analysis of replicated multiple time series with application to nocturnal physiology. Journal of the American Statistical Association, 2017, 112: 1405–1416.

[89] Karlin S, Taloy H M. A First Course in Stochastic Processes. 2nd ed. New York: Academic Press, 1975.

[90] Kim D, Kim K O, Oh, H S. Extending the scope of empirical mode decomposition by smoothing. EURASIP Journal on Advances in Signal Processing, 2012: 168.

[91] Kirch C, Muhsal B, Ombao H. Detection of changes in multivariate time series with application to EEG data. Journal of the American Statistical Association, 2015, 110: 1197–1216.

[92] Kley T, Volgushev S, Dette H, Hallin M. Quantile spectral processes: Asymptotic analysis and inference. Bernoulli, 2016, 22: 1770–1807.

[93] Koenker R. Quantile Regression. Econometric Society Monographs 38. Cambridge: Cambridge Univ. Press, 2005.

[94] Krafty R T, Collinge W O. Penalized multivariate Whittle likelihood for power spectrum estimation. Biometrika, 2013, 100: 447–458.

[95] Kreiss J P, Paparoditis E, Politis D N. On the range of validity of the autoregressive sieve bootstrap. The Annals of Statistics, 2011, 39: 2103-2130.

[96] Kukkanen T, Matusiak J. Nonlinear hull girder loads of a RoPax ship. Ocean Engineering, 2014, 75: 1–14.

[97] Lahiri S N. Central limit theorems for weighted sums of a spatial process under a class of stochastic and fixed designs. Sankhyā Ser. A, 2003, 65: 1–33.

[98] Li T H. Quantile periodograms. Journal of the American Statistical Association, 2012, 107: 765–776.

[99] Li Z, Krafty R T. Adaptive Bayesian time-frequency analysis of multivariate time series. Journal of the American Statistical Association, 2019, 114: 453–465.

[100] Li Z, Rosen O, Ferrarelli F, Krafty R T. Adaptive Bayesian spectral analysis of high-dimensional nonstationary time series. Journal of Computational and Graphical Statistics, 2021, DOI: 10.1080/10618600.2020.1868305.

[101] Liang F. Improving SAMC using smoothing methods: Theory and applications to Bayesian model selection proalems. The Annals of Statistics, 2009, 37: 2626–2654.

[102] Liang F, Liu C, Carroll R J. Stochastic approximation in Monte Carlo computation. Journal of the American Statistical Association, 2007, 102, 305–320.

[103] Li Z, Ma C. Asymptotic properties of estimators in a stable Cox-Ingersoll-Ross model. Stochastic Processes and their Applications, 2015, 125: 3196–3233.

[104] Lindgren G. Lectures on Stationary Stochastic Processes. Lund: Lund University, 2006.

[105] Lomb N R. Least-squares frequency-analysis of unequally spaced data. Astrophysics and Space Science, 1976, 39: 447–462.

[106] Maharaj E A. Comparison of non-stationary time series in the frequency domain. Computational Statistics & Data Analysis, 2002, 40: 131–141.

[107] Mansour A, Lozow J. Stochastic theory of the slamming response of marine vehicles in random seas. Journal of Ship Research, 1982, 26: 279–285.

[108] Marsaglia G, Marsaglia J. Evaluating the Anderson-Darling distribution. Journal of Statistical Software, 2004, 9(2): 1–5.

[109] Masuda H. On multidimensional Ornstein–Uhlenbeck processes driven by a general Lévy process. Bernoulli, 2004, 10: 97–120.

[110] Matsuda Y, Yajima Y. Fourier analysis of irregularly spaced data on $\mathbb{R}^d$. Journal of the Royal Statistical Society: Series B (Statistical Methodology), 2009, 71: 191–217.

[111] Mengersen K, Tweedie R. Rates of convergence of the Hastings and Metropolis algorithms. The Annals of Statistics, 1996, 24: 101–121.

[112] Metropolis N, Rosenbluth A, Rosenbluth M, Teller A, Teller E. Equation of state calculations by fast computing machines. The Journal of Chemical Physics, 1953, 21: 1087–1092.

[113] Meyer M, Kreiss J P. On the vector autoregressive sieve bootstrap. Journal of Time Series Analysis, 2015, 36: 377–397.

[114] Miner M A. Cumulative damage in fatigue. The Journal of Applied Mechanics, 1945, 12: A159–A164.

[115] Nelsen R B. An Introduction to Copulas. 2nd ed. New York: Springer, 2006.

[116] Ochi M K. Prediction of occurrence and severity of ship slamming at sea. Proceedings of the 5th Symposium on Naval Hydrodynamics, ONR, Bergen, Norway, 1964: 545–596.

[117] Ochi M K, Motter L. Prediction of slamming characteristics and hull response for ship design. Paper 4 of the Annual Meeting of the Society of Naval Architects and Marine Engineers, SNAME Transactions, Washington D.C., 1973.

[118] Ochi M K, Bolton W E. Statistics for the prediction of ship performance in a seaway. International Shipbuilding Progress, 1973, 20: 346–373.

[119] Ombao H, Raz J, von Sachs R, Malow B. Automatic statistical analysis of bivariate nonstationary time series. J. Amer. Statist. Assoc., 2001, 96: 543–560.

[120] Ombao H, von Sachs R, Guo W. SLEX analysis of multivariate nonstationary time series. Journal of the American Statistical Association, 2005, 100: 519–531.

[121] Paparoditis E. Testing temporal constancy of the spectral structure of a time series. Bernoulli, 2009, 15: 1190–1221.

[122] Paparoditis E, Politis D N. The local bootstrap for Markov processes. Journal of Statistical Planning and Inference, 2002, 108: 301–328.

[123] Paparoditis E, Preuß P. On local power properties of frequency domain-based tests for stationarity. Scandinavian Journal of Statistics, 2016, 43: 664-682.

[124] Pedersen P T, Jensen J J. Estimation of hull girder vertical bending moments including non-linear and flexibility effects using closed form expressions. Proceedings of the Institution of Mechanical Engineers, Part M: Journal of Engineering for the Maritime Environment, 2009, 223(3): 377–390.

[125] Pearson K. On the criterion that a given system of deviations from the probable in the case of a correlated system of variables is such that it can be reasonably supposed to have arisen from random sampling. Philosophical Magazine: Series 5, 1900, 50: 157–175.

[126] Pourahmadi M. Foundations of Time Series Analysis and Prediction Theory. New York: John Wiley & Sons, 2001.

[127] Pötscher B M, Reschenhofer E. Discriminating between two spectral densities in case of replicated observations. Journal of Time Series Analysis, 1988, 9: 221–224.

[128] Prause K. The Generalized Hyperbolic Model: Estimation, Financial Derivatives, and Risk Measures. Freiburg: University of Freiburg, 1999.

[129] Preuß P, Vetter M, Dette H. A test for stationarity based on empirical processes. Bernoulli, 2013, 19: 2715-2749.

[130] Preuss P, Puchstein R, Dette H. Detection of multiple structural breaks in multivariate time series. Journal of the American Statistical Association, 2015, 110: 654–668.

[131] Priestley M B. Evolutionary spectra and non-stationary processes. Journal of the Royal Statistical Society: Series B (Methodology), 1965, 27: 204–237.

[132] Psaradakis Z. Assessing time reversibility under minimal assumptions. Journal of Time Series Analysis, 2008, 29: 881-905.

[133] Qin L, Wang Y. Nonparametric spectral analysis with applications to seizure characterization using EEG time series. The Annals of Applied Statistics, 2008, 2: 1432–1451.

[134] Racine J S, Maasoumi E. A versatile and robust metric entropy test of time-reversibility, and other hypotheses. Journal of Econometrics, 2007, 138: 547-567.

[135] Rajput B S, Rosinski J. Spectral representations of infinitely divisible processes. Probability Theory and Related Fields, 1989, 82: 451–487.

[136] Ramsey J B, Rothman P. Time irreversibility and business cycle asymmetry. Journal of Money, Credit and Banking, 1996, 28: 3–20.

[137] Robert C P, Casella G. Monte Carlo Statistical Methods. 2nd ed. New York: Springer, 2005.

[138] Rosen O, Stoffer D S. Automatic estimation of multivariate spectra via smoothing splines. Biometrika, 2007, 94: 335–345.

[139] Rosen O, Wood S, Stoffer D. Local spectral analysis via a Bayesian mixture of smoothing splines. Journal of the American Statistical Association, 2009, 104: 249–262.

[140] Rosen O, Stoffer D, Wood S. AdaptSPEC: Adaptive spectral estimation for nonstationary time series. Journal of the American Statistical Association, 2012, 107: 1575–1589.

[141] Ross S M. Introduction to Probability Models. 10th ed. Singapore: Elsevier, 2011.

[142] Salvesen N, Tuck E O, Faltinsen O. Ship motions and sea loads. Trans. SNAME, 1970, 78: 250–287.

[143] Sato K. Lévy Processes and Infinitely Divisible Distributions. Cambridge: Cambridge University Press, 1999.

[144] Scargle J D. Studies in astronomical time series analysis II. Statistical aspects of spectral analysis of unevenly spaced data. The Astrophysical Journal, 1982, 263: 835–853.

[145] Sharifdoost M, Mahmoodi S, Pasha E. A statistical test for time reversibility of stationary finite state Markov chains. Applied Mathematical Sciences, 2009, 3(52): 2563–2574.

[146] Sheinberg R, Cleary C, Stambaugh K, Storhaug G. Investigation of wave impact and whipping response on the fatigue life and ultimate strength of a semi-displacement patrol boat. Proceeding of the 11th International Conference onFAST2011, Honolulu, USA, 2011: 569–576.

[147] Shumway R H, Stoffer D S. Time Series Analysis and Its Applications: With R Examples. 2nd ed. New York: Springer, 2006.

[148] Shumway R H, Stoffer D S. Time Series Analysis and Its Applications with R Examples. 3rd ed. New York: Springer, 2011.

[149] Silverman B. Density Estimation for Statistics and Data Analysis. London: Chapman & Hall, 1986.

[150] St. Denis M, Pierson W J. On the motion of ships in confused seas. Transactions, Soc. Naval Architects and Marine Engineers, 1953, 61: 280-357.

[151] Stoica P, Sandgren N. Spectral analysis of irregularly-sampled data: Paralleling the regularly-sampled data approaches. Digital Signal Processing, 2006, 16: 712–734.

[152] Storhaug G, Moe E, Piedras Lopes T A. Whipping measurements onboard a midsize container vessel operating in the North Atlantic. Marintec China Proceedings (RINA, CMP and SNAME), International Symposium on Ship Design and Construction, 2007: 55–70.

[153] Subba Rao S. Statistical inference for spatial statistics defined in the Fourier domain. The Annals of Statistics, 2018. 46: 469–499.

[154] 陶建华. 水波的数值模拟. 天津: 天津大学出版社, 2005.

[155] Tick L J. Certain probabilities associated with bow submergence and ship slamming in irregular sea. Journal of Ship Research, 1958, 2: 30–36.

[156] Tong H. Nonlinear Time Series: A Dynamic System Approach. Oxford: Oxford University Press, 1990.

[157] Uhlig H. On Singular Wishart and Singular Multivariate Beta Distributions. The Annals of Statistics, 1994, 22: 395–405.

[158] van der Vaart A W. Asymptotic Statistics. Cambridge: Cambridge Univ. Press, 1998.

[159] Vanmarcke E H. On the distribution of the first-passage time for normal stationary random processes. Journal of Applied Mechanics, 1975, 42: 215–220.

[160] Venables W N, Ripley B D. Modern Applied Statistics with S-PLUS. 3rd ed. New York: Springer, 1999.

[161] von Sachs R, Neumann M H. A wavelet-based test for stationarity. Journal of Time Series Analysis, 2000, 21: 597–613.

[162] 王梓坤. 概率论基础及其应用. 3 版. 北京: 北京师范大学出版社, 2007.

[163] Wheaton J W, Kano C H, Diamant P T, Bailey F C. Analysis of slamming data from the S. S. Wolverine State. Report SSC-210, Ship Structure Committee, 1970.

[164] Whittle P. Curve and periodogram smoothing. Journal of the Royal Statistical Society, Series B (Methodology Methodology), 1957, 19: 38–47.

[165] Whittle P. Gaussian estimation in stationary time series. Bull Inst. Int. Statisti., 1962, 39: 105–129.

[166] Wild P, Foster J, Hinich M J. Testing for non-linear and time irreversible probabilistic structure in high frequency financial time series data. J. R. Statist. Soc. A, 2014, 177: 643–659.

[167] Wood A T A, Chan G. Simulation of stationary Gaussian processes in $[0,1]^d$. Journal of Computational and Graphical Statistics, 1994, 3: 409–432.

[168] Wood S, Jiang W, Tanner M. Bayesian mixture of splines for spatially adaptive nonparametric regression. Biometrika, 2002, 89: 513–528.

[169] Wyatt L R. The Ocean wave direcional spectrum. Oceanography, 1997, 10(2): 85–89.

[170] 杨代盛, 桑国光, 李维扬, 戴仰山. 船舶强度的概率方法. 哈尔滨: 哈尔滨工程大学出版社, 2007.

[171] Zhang S. Transitionlaw-based simulation of generalized inverse Gaussian Ornstein–Uhlenbeck processes. Methodology and Computing in Applied Probability, 2011, 13: 619–656.

[172] Zhang S. Exact simulation of tempered stable Ornstein–Uhlenbeck processes. Journal of Statistical Computation and Simulation, 2011, 81: 1533–1544.

[173] Zhang S. Empirical likelihood methods for discretely observed Gaussian moving averages. Journal of Statistical Computation and Simulation, 2016, 86: 942–958.

[174] Zhang S. Adaptive spectral estimation for nonstationary multivariate time series. Computational Statistics and Data Analysis, 2016, 103: 330–349.

[175] Zhang S. Bayesian copula spectral analysis for stationary time series. Computational Statistics and Data Analysis, 2019, 133, 166–179.

[176] Zhang S. Nonparametric Bayesian inference for the spectral density based on irregularly spaced data. Computational Statistics and Data Analysis, 2020, 151: 107019.

[177] Zhang, S. A test for second-order stationarity of a time series based on the maximum of Anderson-Darling statistics. Journal of Statistical Planning and Inference, 2021, 215: 109–126.

[178] Zhang S. A copula spectral test for pairwise time reversibility. Submission for publication, 2020.

[179] Zhang S. Automatic estimation of spatial spectra via smoothing splines. Submission for publication, 2020.

[180] Zhang S, He X. Inference based on adaptive grid selection of probability transforms. Statistics, 2016, 50(3): 667–688.

[181] 张世斌, 林正炎. 时间变换稳定 Lévy 过程幂变差的极限定理. 数学年刊 A 辑, 2013, 34: 385–400.

[182] Zhang S, Lin Z, Zhang X. A least squares estimator for Lévy-driven moving averages based on discrete time observations. Communications in Statistics-Theory and Methods, 2015, 44: 1111–1129.

[183] Zhang S, Tu X M. Tests for comparing time-invariant and time-varying spectra based on the Pearson statistic. Journal of Time Series Analysis, 2018, 39: 709–730.

[184] Zhang S, Tu X M. Tests for comparing time-invariant and time-varying spectra based on the Anderson-Darling statistic. http://arxiv.org/abs/1705.04821, 2019.

[185] Zhang S, Zhang X. Parametric estimation of discretely sampled Gamma-OU processes. SCIENCE CHINA Mathematics, 2006, 49: 1231-1257.

[186] Zhang S, Zhang X. Exact simulation of IG-OU processes. Methodology and Computing in Applied Probability, 2008, 10: 337-355.

[187] Zhang S, Zhang X. Moment estimation of parameters for discretely sampled OU-compound Poisson processes. Chinese Journal of Applied Probability and Statistics, 2010, 26: 384-398.

[188] Zhang S, Zhang X. A least squares estimator for discretely observed Ornstein–Uhlenbeck processes driven by symmetric α-stable motions. Annals of the Institute of Statistical Mathematics, 2013, 65: 89–103.

[189] Zhang S, Zhang X. Test for autocorrelation change in discretely observed Ornstein–Uhlenbeck processes driven by Lévy processes. Science China Mathematics, 2013, 56: 339-357.

[190] 张世斌, 张新生. 基于分位数与耦合诊断平稳随机过程相依性. 中国科学: 数学, 2019, 49(3): 591–606.

[191] Zhang S, Zhang X, Sun S. Parametric estimation of discretely sampled Gamma-OU processes. Science China Mathematics 20, 2006, 49: 1231–1257.

[192] Zhu S, Wu M, Moan T. Experimental investigation of hull girder vibrations of a flexible backbone model in bending and torsion. Applied Ocean Research, 2011, 33: 252–274.

附录 A　正弦与余弦正交函数系

设 $n \in \mathbb{N}$ 及 $j, k \in \{0, \cdots, [n/2]\}$. 对于正弦函数系 $\left\{\sin\left(2\pi\frac{j}{n}t\right), t = 0, \cdots, n-1\right\}$ 及余弦函数系 $\left\{\cos\left(2\pi\frac{j}{n}t\right), t = 0, \cdots, n-1\right\}$, 它们满足

$$\sum_{t=0}^{n-1}\cos\left(2\pi\frac{j}{n}t\right) = 0, \quad j \neq 0,$$

$$\sum_{t=0}^{n-1}\sin\left(2\pi\frac{j}{n}t\right) = 0,$$

$$\sum_{t=0}^{n-1}\cos\left(2\pi\frac{j}{n}t\right)\cos\left(2\pi\frac{k}{n}t\right) = \begin{cases} n, & j = k = 0 \text{ 或} n/2, \\ n/2, & j = k \neq 0 \text{ 或} n/2, \\ 0, & j \neq k, \end{cases}$$

$$\sum_{t=0}^{n-1}\cos\left(2\pi\frac{j}{n}t\right)\sin\left(2\pi\frac{k}{n}t\right) = 0,$$

$$\sum_{t=0}^{n-1}\sin\left(2\pi\frac{j}{n}t\right)\sin\left(2\pi\frac{k}{n}t\right) = \begin{cases} n/2, & j = k \neq 0 \text{ 或} n/2, \\ 0, & j \neq k. \end{cases}$$

使用 Euler 公式

$$\cos(2\pi x) = \frac{\mathrm{e}^{2\pi \mathrm{i}x} + \mathrm{e}^{-2\pi \mathrm{i}x}}{2}, \quad \sin(2\pi x) = \frac{\mathrm{e}^{2\pi \mathrm{i}x} - \mathrm{e}^{-2\pi \mathrm{i}x}}{2}$$

及几何序列的求和公式

$$\sum_{j=1}^{n} r^j = \frac{r(1-r^n)}{1-r}$$

即可证明正弦与余弦正交函数序列的上述等式.

附录 B　Bessel 函数简介

1824 年, Bessel 第一次系统地总结了某些函数的性质, 这些函数即为今天所讲的 Bessel 函数. 本章主要介绍 Bessel 函数的无穷级数表示形式、积分表示形式及其渐近公式. 本章内容亦可参见文献 [6, 128] 等.

Bessel 函数常分为四类, 其中两类直接称为 Bessel 函数, 另两类是在前两类的基础上修正得到, 故称为修正的 Bessel 函数. 下面一一简要介绍.

第一类 p 阶 (p 为任意实数)Bessel 函数 $J_p(x)$ 的无穷级数表示为

$$J_p(x)=\sum_{k=0}^{\infty}\frac{(-1)^k(x/2)^{2k+p}}{k!\Gamma(k+p+1)},\quad -\infty<x<\infty;$$

第一类 p 阶 $\left(p>-\dfrac{1}{2}\right)$Bessel 函数 $J_p(x)$ 的积分表示为

$$J_p(x)=\frac{(x/2)^p}{\sqrt{\pi}\Gamma\left(p+\dfrac{1}{2}\right)}\int_{-1}^{1}(1-t^2)^{p-\frac{1}{2}}\mathrm{e}^{\mathrm{i}xt}\,\mathrm{d}t,\quad x>0$$

或

$$J_p(x)=\frac{(x/2)^p}{\sqrt{\pi}\Gamma\left(p+\dfrac{1}{2}\right)}\int_{0}^{\pi}\cos(x\cos\theta)\sin^{2p}\theta\,\mathrm{d}\theta,\quad x>0;$$

第一类 Bessel 函数 $J_p(x)$ 的递推关系为

$$J_{p-1}(x)+J_{p+1}(x)=\frac{2p}{x}J_p(x);$$

第一类 Bessel 函数 $J_p(x)$ 的渐近性质为

$$J_p(x)\sim\frac{(x/2)^p}{\Gamma(p+1)},\quad x\to0^+,\quad p\neq-1,-2,-3,\cdots,$$

当 $p\geqslant0$ 时,

$$J_p(x)\sim\sqrt{\frac{2}{\pi x}}\cos\left[x-\frac{\left(p+\dfrac{1}{2}\right)\pi}{2}\right],\quad x\to\infty;$$

第二类 p 阶 (p 为任意实数)Bessel 函数 $Y_p(x)$ 的定义为

$$Y_p(x)=\frac{(\cos p\pi)J_p(x)-J_{-p}(x)}{\sin p\pi};$$

第二类 Bessel 函数 $Y_p(x)$ 的递推关系为

$$Y_{p-1}(x)+Y_{p+1}(x)=\frac{2p}{x}Y_p(x);$$

第二类 Bessel 函数 $Y_p(x)$ 的渐近性质为

$$Y_0(x)\sim\frac{2}{\pi}\log x,\quad x\to 0^+,$$

当 $p>0$ 时,

$$Y_p(x)\sim-\frac{\Gamma(p)}{\pi}\left(\frac{2}{x}\right)^p,\quad x\to 0^+;$$

当 $p\geqslant 0$ 时,

$$Y_p(x)\sim\sqrt{\frac{2}{\pi x}}\sin\left[x-\frac{\left(p+\frac{1}{2}\right)\pi}{2}\right],\quad x\to\infty.$$

第一类修正的 p 阶 (p 为任意实数)Bessel 函数 $I_p(x)$ 的无穷级数表示为

$$I_p(x)=\mathrm{i}^{-p}J_p(\mathrm{i}x)=\sum_{k=0}^{\infty}\frac{(x/2)^{2k+p}}{k!\Gamma(k+p+1)},\quad -\infty<x<\infty;$$

第一类修正的 p 阶 $\left(p>-\frac{1}{2}\right)$Bessel 函数 $I_p(x)$ 的积分表示为

$$I_p(x)=\frac{(x/2)^p}{\sqrt{\pi}\Gamma\left(p+\frac{1}{2}\right)}\int_{-1}^{1}(1-t^2)^{p-\frac{1}{2}}\mathrm{e}^{xt}\,\mathrm{d}t,\quad x>0;$$

第一类修正的 Bessel 函数 $I_p(x)$ 的递推关系为

$$I_{p-1}(x)-I_{p+1}(x)=\frac{2p}{x}I_p(x);$$

第一类修正的 Bessel 函数 $I_p(x)$ 的渐近性质为

$$I_p(x)\sim\frac{(x/2)^p}{\Gamma(p+1)},\quad x\to 0^+,\quad p\neq-1,-2,-3,\cdots,$$

当 $p \geqslant 0$ 时,

$$I_p(x) \sim \frac{e^x}{\sqrt{2\pi x}}, \quad x \to \infty.$$

第二类修正的 p 阶 (p 为任意实数)Bessel 函数 $K_p(x)$ 的定义为

$$K_p(x) = \frac{\pi}{2} \frac{I_{-p}(x) - I_p(x)}{\sin p\pi};$$

第二类修正的 p 阶 (p 为任意实数)Bessel 函数 $K_p(x)$ 的积分形式为

$$K_p(x) = \frac{1}{2}\left(\frac{x}{2}\right)^p \int_0^\infty e^{-t-(x^2/4t)} t^{-p-1}\,dt, \quad x > 0,$$

当 $p > -\dfrac{1}{2}$ 时, 积分形式亦可表示为

$$K_p(x) = \frac{\sqrt{\pi}(x/2)^p}{\Gamma\left(p + \frac{1}{2}\right)} \int_1^\infty (t^2 - 1)^{p-\frac{1}{2}} e^{-xt}\,dt, \quad x > 0,$$

第二类修正的 Bessel 函数 $K_p(x)$ 的递推关系为

$$K_{p-1}(x) - K_{p+1}(x) = -\frac{2p}{x} K_p(x);$$

第二类修正的 Bessel 函数 $K_p(x)$ 的渐近性质为

$$K_0(x) \sim -\log x, \quad x \to 0^+,$$

当 $p > 0$ 时,

$$K_p(x) \sim \frac{\Gamma(p)}{2}\left(\frac{2}{x}\right)^p, \quad x \to 0^+;$$

当 $p \geqslant 0$ 时,

$$K_p(x) \sim \sqrt{\frac{\pi}{2x}} e^{-x}, \quad x \to \infty.$$

附录 C　Markov 链 Monte Carlo 简介

如欲从分布 $\pi(\boldsymbol{x})$ 中抽样, 将所有能够产生一个以 $\pi(\boldsymbol{x})$ 为平稳分布的遍历 Markov 链 (状态为正常返非周期) 的方法, 统称为 Markov 链 Monte Carlo (MCMC) 方法.

在统计问题 (尤其是贝叶斯统计分析) 中, 经常关心一个分布泛函的数学期望, 例如

$$\mathbf{E}(f(X)), \quad \text{其中} \quad X \sim \pi(\boldsymbol{x}). \tag{C-1}$$

如果这个数学期望很难用传统方法进行求解, 便可借助 MCMC 方法. 用 MCMC 方法解决此类问题可概括为如下三步.

第 1 步, 在定义域中选一个合适的 Markov 链, 使其转移核为 $K(\cdot,\cdot)$, "合适"的含义主要指 $\pi(\boldsymbol{x})$ 应是其相应的平稳不变分布;

第 2 步, 由定义域中某点 $X^{(0)}$(初始值) 出发, 用第 1 步中的 Markov 链转移机制产生点序列 $X^{(1)},\cdots,X^{(n)}$;

第 3 步, 对某个 m(m 步之前的 Markov 链部分称为欲烧期) 和大的 n, 任一函数 $f(x)$ 的期望用

$$\widehat{E}_\pi f = \frac{1}{n-m}\sum_{t=m+1}^{n} f(X^{(t)}) \tag{C-2}$$

进行估计.

MCMC 方法可以产生一分布的近似经验分布. 例如, 在贝叶斯统计中, 可以利用 MCMC 产生参数后验分布的近似经验分布, 有了后验分布的近似经验分布, 贝叶斯统计的各种计算问题迎刃而解.

由 MCMC 方法的步骤可以看出: 采用 MCMC 方法时, 构造转移核是至关重要的. 不同的 MCMC 方法往往是因为转移核的构造方法不同. 根据构造转移核方法的不同, MCMC 方法产生 Markov 链的抽样方法可以分为 Metropolis-Hastings 抽样法和 Gibbs 抽样法两大类. 以下将简要介绍这两种抽样方法, 更具体的内容可以参见文献 [137].

C.1　Metropolis-Hastings 算法

1. Metropolis-Hastings 算法的一般理论

Metropolis-Hastings 算法的目标是从具有密度函数为 $\pi(\boldsymbol{x})$ 的总体中抽样的问题转化为产生一个以 $\pi(\boldsymbol{x})$ 为平稳分布的 Markov 链的过程. 其手段是: 为要建立一个以 $\pi(\boldsymbol{x})$ 为平稳分布的 Markov 链, 先选一个转移概率 $q(\cdot|\cdot)$ 以及一个函数 $\alpha(\cdot,\cdot)$(满足 $0<\alpha(\cdot,\cdot)\leqslant 1$), 通过从转移概率 $q(\cdot|\cdot)$ 中抽样并按比例 $\alpha(\cdot,\cdot)$ 更新以实现从具有平稳分布 $\pi(\boldsymbol{x})$ 的 Markov 链中抽样. 这里, $q(\cdot|\cdot)$ 要取得使具有该转移核的 Markov 链容易抽样, 它常取为对称, 即 $q(\boldsymbol{x}|\boldsymbol{y})=q(\boldsymbol{y}|\boldsymbol{x})$ 对所有 $\boldsymbol{x}$ 和 $\boldsymbol{y}$ 成立. Metropolis-Hastings 抽样法的具体算法如下.

算法 C.1 (Metropolis-Hastings 算法)　给定 $\boldsymbol{x}^{(t)}$,

(1) 产生 $Y_t\sim q(\boldsymbol{y}|\boldsymbol{x}^{(t)})$.

(2) 取

$$\boldsymbol{x}^{(t+1)}=\begin{cases}Y_t, & \text{依概率 } \alpha(\boldsymbol{x}^{(t)},Y_t),\\ \boldsymbol{x}^{(t)}, & \text{依概率 } 1-\alpha(\boldsymbol{x}^{(t)},Y_t),\end{cases}$$

其中

$$\alpha(\boldsymbol{x},\boldsymbol{y})=\min\left\{\frac{\pi(\boldsymbol{y})q(\boldsymbol{x}|\boldsymbol{y})}{\pi(\boldsymbol{x})q(\boldsymbol{y}|\boldsymbol{x})},1\right\}.$$

在算法 C.1 中, $q(\boldsymbol{y}|\boldsymbol{x})$ 称为建议 (proposal) 分布, 概率 $\alpha(\boldsymbol{x},\boldsymbol{y})$ 称为 Metropolis-Hastings 接受概率.

注 C.1　Metropolis-Hastings 算法仅依赖于两个比率

$$\frac{\pi(\boldsymbol{y}_t)}{\pi(\boldsymbol{x})}\quad\text{与}\quad\frac{q(\boldsymbol{x}^{(t)}|\boldsymbol{y}_t)}{q(\boldsymbol{y}_t|\boldsymbol{x}^{(t)})}.$$

也就是, 这一算法在实施时与所涉及的分布的规范化常数没有关系.

要保证 Metropolis-Hastings 算法所产生的 Markov 链的平稳分布为 $\pi(\boldsymbol{x})$, 我们需要验证 $\pi(\boldsymbol{x})$ 为所产生的 Markov 链的平稳可逆分布. 若 Metropolis-Hastings 算法所产生的 Markov 链的转移核为 $K(x,y)$, 则需验证等式

$$K(\boldsymbol{y},\boldsymbol{x})\pi(\boldsymbol{y})=K(\boldsymbol{x},\boldsymbol{y})\pi(\boldsymbol{x})\tag{C-3}$$

对所有的 $(\boldsymbol{x},\boldsymbol{y})$ 都成立.

定理 C.1　设 $\{X^{(t)}\}$ 为由算法 C.1 所产生的 Markov 链, 对于每个支撑集包含 $\pi(\boldsymbol{x})$ 支撑集的条件分布 q, 满足:

(1) Markov 链的核 $K(x,y)$ 满足条件 (C-3);

(2) $\pi(\boldsymbol{x})$ 是 Markov 链的平稳分布.

证明 (1) 算法 C.1 所产生的 Markov 链的转移核为

$$K(\boldsymbol{x},\boldsymbol{y})=\alpha(\boldsymbol{x},\boldsymbol{y})q(\boldsymbol{y}|\boldsymbol{x})+(1-r(\boldsymbol{x}))\delta_{\boldsymbol{x}}(\boldsymbol{y}),$$

其中 $r(\boldsymbol{x})=\int\alpha(\boldsymbol{x},\boldsymbol{y})q(\boldsymbol{y}|\boldsymbol{x})\,\mathrm{d}\boldsymbol{y}$ 表示转移至离开 $\boldsymbol{x}$ 的概率, $\delta_{\boldsymbol{x}}$ 是关于 $\boldsymbol{x}$ 的 Dirac 质量函数. 要验证 (C-3), 只需验证

$$\alpha(\boldsymbol{x},\boldsymbol{y})q(\boldsymbol{y}|\boldsymbol{x})\pi(\boldsymbol{x})=\alpha(\boldsymbol{y},\boldsymbol{x})q(\boldsymbol{x}|\boldsymbol{y})\pi(\boldsymbol{y})$$

与

$$(1-r(\boldsymbol{x}))\delta_{\boldsymbol{x}}(\boldsymbol{y})\pi(\boldsymbol{x})=(1-r(\boldsymbol{y}))\delta_{\boldsymbol{y}}(\boldsymbol{x})\pi(\boldsymbol{y}).$$

而这显然都是满足的.

(2) 由文献 [137, 定理 6.46] 可得该结论. 证毕.

Metropolis-Hastings 算法在构造具有平稳分布 $\pi(\boldsymbol{x})$ 的 Markov 链时, 几乎可以利用任意条件分布 q, 这正是 Metropolis-Hastings 算法魅力之所在. 但是, 要想通过 Metropolis-Hastings 算法产生的 Markov 链可以用于利用 (C-2) 近似 (C-1), 我们还需要如下定理.

定理 C.2 如果 Metropolis-Hastings 算法的建议概率 $q(\boldsymbol{y}|\boldsymbol{x})$ 满足

$$q(\boldsymbol{y}|\boldsymbol{x})>0, \tag{C-4}$$

对所有 q 支撑集上的 $\boldsymbol{x}$ 与 $\boldsymbol{y}$ 都成立, 则若 $h\in L^1(\pi)$, 有

$$\lim_{T\to\infty}\frac{1}{T}\sum_{t=1}^{T}h(\boldsymbol{x}^{(t)})=\int h(\boldsymbol{x})\pi(\boldsymbol{x})\,\mathrm{d}\boldsymbol{x},\quad \text{a.s..}$$

更进一步, 如果 Metropolis-Hastings 算法所产生的 Markov 链 $\{\boldsymbol{x}^{(t)}\}$ 与建议概率 $q(\boldsymbol{y}|\boldsymbol{x})$ 满足

$$\boldsymbol{P}\big(\pi(\boldsymbol{x}^{(t)})q(Y_t|\boldsymbol{x}^{(t)})\leqslant\pi(Y_t)q(\boldsymbol{x}^{(t)}|Y_t)\big)<1,\ \text{其中}Y_t\sim q(Y_t|\boldsymbol{x}^{(t)}), \tag{C-5}$$

则

$$\lim_{n\to\infty}\big\|K^n(\boldsymbol{x},\cdot)-\pi(\cdot)\big\|_{TV}=0$$

对任意的起始分布 μ 都成立. 这里,

$$K^n(\boldsymbol{x},\cdot)=\int_{\mathcal{E}}K^{n-1}(\boldsymbol{y},\cdot)K(\boldsymbol{x},\mathrm{d}\boldsymbol{y})$$

为 Markov 链的 n 步转移核, 其中 $K^1=K$, $\mathcal{E}=\operatorname{supp}\pi$ 为 π 的支撑集.

注 C.2　条件 (C-4) 保证 Metropolis-Hastings 算法所产生的 Markov 链为不可约的; 条件 (C-5) 保证 Metropolis-Hastings 算法所产生的 Markov 链为非周期的. 定理 C.2的两个结论正是文献 [137] 中的定理 6.63 与定理 6.51 的直接推论.

当选择转移核具有对称性时, $\alpha(x, y) = \min\left\{1, \dfrac{\pi(y)}{\pi(x)}\right\}$.

2. 独立 Metropolis-Hastings 算法

如果建议分布 $q(\boldsymbol{y}|\boldsymbol{x})$ 与当前状态无关, 即 $q(\boldsymbol{y}|\boldsymbol{x}) = g(\boldsymbol{y})$, 这时的 Metropolis-Hastings 抽样法称为独立 Metropolis-Hastings 算法. 具体如下.

算法 C.2 (独立 Metropolis-Hastings 算法)　给定 $\boldsymbol{x}^{(t)}$,

(1) 产生 $Y_t \sim g(\boldsymbol{y})$.

(2) 取

$$\boldsymbol{x}^{(t+1)} = \begin{cases} Y_t, & \text{依概率 } \alpha(\boldsymbol{x}^{(t)}, Y_t), \\ \boldsymbol{x}^{(t)}, & \text{依概率 } 1 - \alpha(\boldsymbol{x}^{(t)}, Y_t), \end{cases}$$

其中

$$\alpha(\boldsymbol{x}, \boldsymbol{y}) = \min\left\{\frac{\pi(\boldsymbol{y})g(\boldsymbol{x})}{\pi(\boldsymbol{x})g(\boldsymbol{y})}, 1\right\}.$$

在算法 C.2 中, 虽然 Y_t 的产生是独立的, 但最后所得到的链 $\{X^{(t)}\}$ 却不是独立的, 因为算法中 Y_t 的接受概率依赖于 $X^{(t)}$.

当密度函数 g 在 π 的支撑集上都为正值时, 算法 C.2 所产生的 Markov 链的收敛性如定理 C.2 中的结论. 独立 Metropolis-Hastings 算法所生成 Markov 链更强的收敛性结论由文献 [111] 给出.

定理 C.3　如果存在一个常数 M, 使得

$$\pi(\boldsymbol{x}) \leqslant M g(\boldsymbol{x})$$

对所有 $\boldsymbol{x} \in \operatorname{supp} \pi$ 都成立, 则独立 Metropolis-Hastings 算法产生了一个一致遍历的 Markov 链, 即转移核满足

$$\|K^n(\boldsymbol{x}, \cdot) - \pi(\cdot)\|_{TV} \leqslant 2\left(1 - \frac{1}{M}\right)^n. \tag{C-6}$$

注 C.3　(C-6) 中所给出的结论表示 Markov 链**几何遍历**. 它表示 Markov 链收敛到平稳不变分布的速度较快, 以几何阶收敛. 对于 Metroplis-Hastings 算法, 所生成的 Markov 链的收敛速度越快, 在计算 (C-2) 时, m 与 $n - m$ 的数值可以取得相对小一些以节约计算时间.

3. 随机游动的 Metropolis-Hastings 算法

算法 C.1 中, 建议概率 q 允许依赖于当前状态 $X^{(t)}$. 首先可以考虑依据

$$Y_t = X^{(t)} + \varepsilon_t$$

来模拟 Y_t, 其中 ε_t 为具有分布 g 的随机扰动, 且独立于 $X^{(t)}$. 现在, 算法 C.1 中的 $q(\boldsymbol{y}|\boldsymbol{x})$ 具有形式 $g(|\boldsymbol{x}-\boldsymbol{y}|)$, 相应于 q 的 Markov 链是随机游动的, 因此, 相应的抽样法称为随机游动 Metropolis-Hastings 抽样法.

Metroplis 等[112] 提出的 Metroplis-Hastings 算法的最原始思想就是随机游动的 Metropolis-Hastings 算法, 并且选择 g 为偶函数, 即 $g(-t)=g(t)$. 这时的具体算法如下.

算法 C.3 (随机游动的 Metropolis-Hastings 算法) 给定 $\boldsymbol{x}^{(t)}$,

(1) 产生 $Y_t \sim g(|\boldsymbol{y}-\boldsymbol{x}^{(t)}|)$.

(2) 取

$$\boldsymbol{x}^{(t+1)} = \begin{cases} Y_t, & \text{依概率 } \alpha(\boldsymbol{x}^{(t)}, Y_t), \\ \boldsymbol{x}^{(t)}, & \text{依概率 } 1-\alpha(\boldsymbol{x}^{(t)}, Y_t), \end{cases}$$

其中

$$\alpha(\boldsymbol{x},\boldsymbol{y}) = \min\left\{\frac{\pi(\boldsymbol{y})}{\pi(\boldsymbol{x})}, 1\right\}.$$

尽管随机游动 Metroplis-Hastings 算法简单自然, 但它并不具有一致遍历性 (参见文献 [111]). 虽然没有一致遍历性, 但在一定条件下, Mengersen 和 Tweedie 给出了算法几何遍历的结论 (参见文献 [111]).

定理 C.4 考虑一密度函数 $\pi(x)$. 假设 $\pi(x)$ 为偶函数, 并且当 $|x|$ 充分大时为对数凹函数, 即存在 $\alpha>0$ 及 x_1, 使得

$$\log \pi(x) - \log \pi(y) \geqslant \alpha |y-x|$$

对一切 $y<x<-x_1$ 或 $x_1<x<y$ 成立. 如果密度 g 是正的偶函数, 则算法 C.3 所产生的 Markov 链 $\{X^{(t)}\}$ 是几何遍历的. 如果密度 g 不是偶函数, 则当存在常数 $b>0$ 使得 $g(t) \leqslant b\exp(-\alpha|t|)$ 时, Metroplis-Hastings 算法所产生的 Markov 链是几何遍历的.

C.2 Gibbs 抽样方法

Gibbs 抽样是最简单、应用最广泛的 MCMC 抽样方法之一. 应用该抽样方法的前提是要分布 $\pi(\boldsymbol{x})$ 的满条件分布 (full conditional distributions) 已知, 即对

于任意 i, 在已知 $\boldsymbol{x}$ 第 i 个分量以外其他分量值的条件下, 第 i 个分量的条件分布已知. 在给定初值点 $\boldsymbol{x}^{(0)}=(x_1^{(0)},\cdots,x_p^{(0)})$ 后, 假定第 t 次迭代值为 $\boldsymbol{x}^{(t)}$, 则第 $t+1$ 次迭代分为如下 p 步 (这里 p 表示 x 共有 p 个分量).

算法 C.4 (Gibbs 抽样)　给定 $\boldsymbol{x}^{(t)}=(x_1^{(t)},\cdots,x_p^{(t)})$,

(1) 生成 $x_1^{(t+1)}\sim\pi_1(x_1|x_2^{(t)},\cdots,x_p^{(t)})$,

$\cdots$

(i) 生成 $x_i^{(t+1)}\sim\pi_i(x_i|x_1^{(t+1)},\cdots,x_{i-1}^{(t+1)},x_{i+1}^{(t)},\cdots x_p^{(t)})$,

$\cdots$

(p) 生成 $x_p^{(t+1)}\sim\pi_p(x_p|x_1^{(t+1)},\cdots,x_{p-1}^{(t+1)})$.

注 C.4　在算法 C.4中, 产生的每个分量不局限于数值, 也可以是向量.

以下定理描述了 Gibbs 抽样与 Metroplis-Hastings 算法之间的联系.

定理 C.5　Gibbs 抽样方法 (算法 C.4) 等价于 p 次 Metroplis-Hastings 算法的组合, 其中每次 Metroplis-Hastings 算法的接受概率都恒为 1.

证明　仅需证明算法 C.4 的每一步都是接受概率为 1 的 Metroplis-Hastings 算法即可. 考虑第 i 步, 事实上建议分布取为

$$q_i(\boldsymbol{y}'|\boldsymbol{y})=\delta_{\boldsymbol{y}_{-i}}(\boldsymbol{y}'_{-i})\times\pi_i(y'_i|\boldsymbol{y}_{-i}),$$

其中 $\boldsymbol{y}_{-i}=(y_1,\cdots,y_{i-1},y_{i+1},\cdots,y_p)^{\mathrm{T}}$. 相应地, 接受概率为

$$\begin{aligned}\alpha(\boldsymbol{y},\boldsymbol{y}')&=\min\left\{\frac{\pi(\boldsymbol{y}')q_i(\boldsymbol{y}|\boldsymbol{y}')}{\pi(\boldsymbol{y})q_i(\boldsymbol{y}'|\boldsymbol{y})},1\right\}\\&=\min\left\{\frac{\pi_i(y'_i|\boldsymbol{y}'_{-i})\pi(\boldsymbol{y}'_{-i})\delta_{\boldsymbol{y}'_{-i}}(\boldsymbol{y}_{-i})\pi_i(y_i|\boldsymbol{y}'_{-i})}{\pi_i(y_i|\boldsymbol{y}_{-i})\pi(\boldsymbol{y}_{-i})\delta_{\boldsymbol{y}_{-i}}(\boldsymbol{y}'_{-i})\pi_i(y'_i|\boldsymbol{y}_{-i})},1\right\}\\&=1.\end{aligned}$$

C.3　MCMC 收敛性诊断

确定 Markov 链的收敛性即为确定 Markov 链达到稳定状态时算法迭代的次数 (达到稳定状态前的那一段链称为“预烧期”). 通常没有一种全能方法确定 Markov 链达到了稳定状态. 监视链的收敛性有许多方法, 但每种方法都是针对收敛性问题的不同方面提出的. 以下介绍几种常用诊断方法.

(1) 样本路径图.

划样本路径图 (trace plot), 如果所有的值都在一个区域内且没有明显的周期性和趋势性, 可以认为 Markov 链已进入平稳状态.

(2) 自相关函数图.

划所产生的 Markov 链的自相关函数 (auto-correlation function, ACF), 较低的自相关性表明 Markov 较快的收敛性.

(3) Gelman-Rubin 方法.

达到平稳后的链表现应该是充分混合的, Gelman-Rubin 方法就是通过不同链充分混合的程度考查链的收敛性, 其基本原理是方差分析的思想, 即达到平稳后链内离差均方和与链间离差均方和应该是 (近似) 相等的.

假定感兴趣的参数为 θ. 再假定通过 MCMC 方法迭代产生了 k 条链, 每条链的长度为 n, 记 $\theta_j^{(t)}$ 为 θ 的第 j 条链的第 t 个迭代值.

定义链间离差均方和和链内离差均方和分别为

$$B_T = \frac{1}{k}\sum_{j=1}^{k}(\bar{\theta}_j - \bar{\theta})^2, \qquad W_T = \frac{1}{k}\sum_{j=1}^{k}\frac{1}{T}\sum_{t=1}^{T}(\theta_j^{(t)} - \bar{\theta}_j)^2,$$

其中

$$\bar{\theta}_j = \frac{1}{T}\sum_{t=1}^{T}\theta_j^{(t)}, \qquad \bar{\theta} = \frac{1}{k}\sum_{j=1}^{k}\bar{\theta}_j.$$

再记

$$\hat{\sigma}_T^2 = \frac{T-1}{T}W_T + B_T.$$

Gelman[60] 注意到: 作为参数 θ 方差的两个估计, 只要不同链仍然逗留在其初值附近, $\hat{\sigma}_T^2$ 就会高估 $\mathbf{Var}(\theta)$, 而 W_T 则会低估 $\mathbf{Var}(\theta)$.

索　引

彩　　图

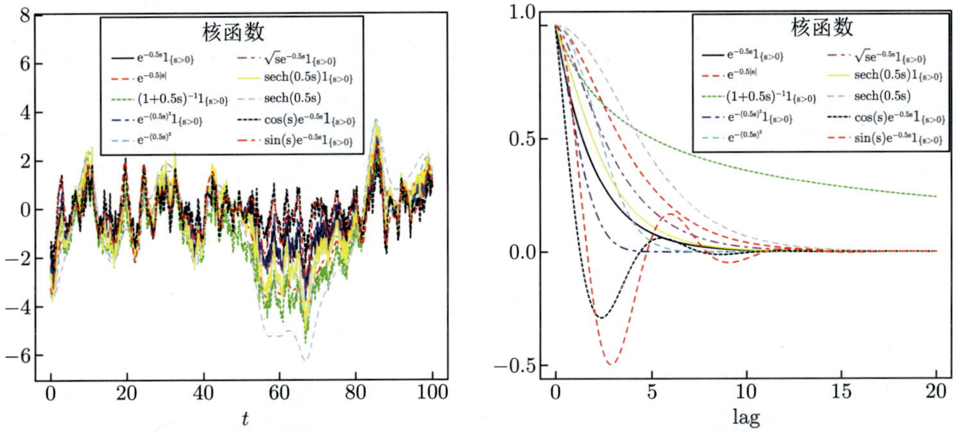

(a) $X(t)$随t的变化　　(b) 自相关系数图

图 1-1　10 条具有不同核函数 K 的高斯滑动平均的轨道

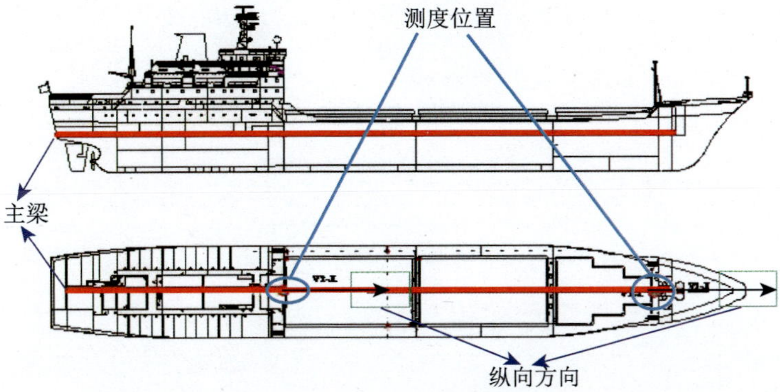

图 3-4　测点布局示意图

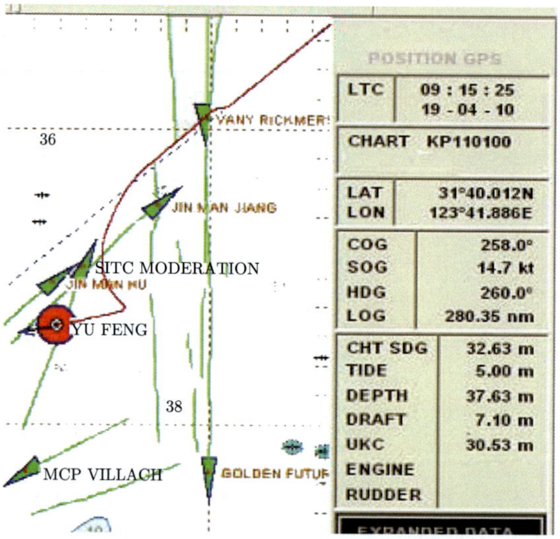

图 5-2　集装箱船舶转体实验轨迹图

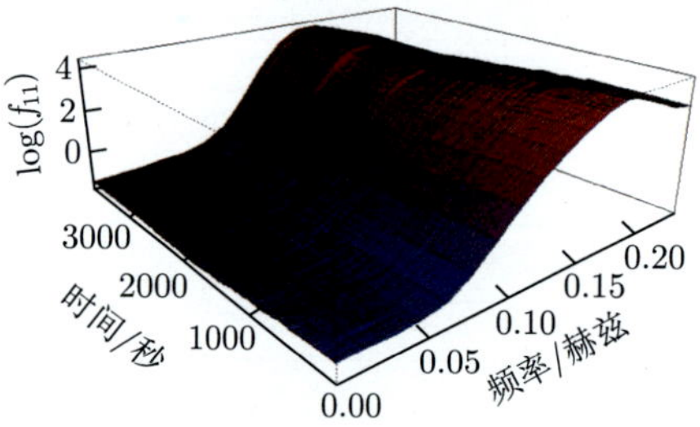

(a) $\log(f_{11}(t, v))$的估计

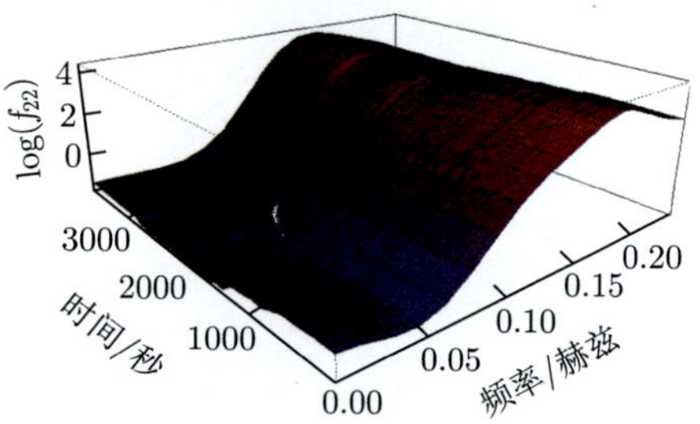

(b) $\log(f_{22}(t, v))$的估计

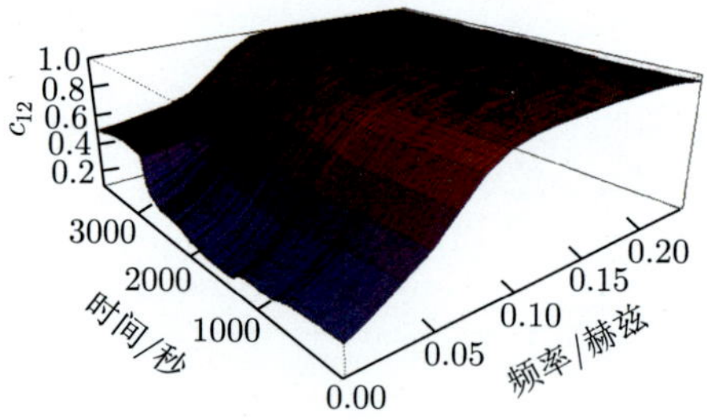

(c) $c_{12}(t, v)$的估计

图 5-4　船体转向实验中纵向振动数据相关时变谱元素时间-频率平面估计图